Der Autor

Prof. Dr. Gerhard Oestreich, geb. 1910 in Zehden/Oder, habilitierte sich 1954 an der Freien Universität Berlin. Lehrstuhlinhaber: FU Berlin 1959, Hamburg 1962, Marburg 1966. Mitglied der Vereinigung zur Erforschung der neueren Geschichte und Leiter der deutschen Sektion der Commission Internationale pour l'Histoire des Assemblées d'Etats. Forschungen zur preußischen und deutschen Geschichte, zum niederländischen Späthumanismus, zum europäischen Absolutismus, zur Geschichte der Ständeverfassung und zur Historiographie (Karl Lamprecht, Johan Huizinga, Otto Hintze, dessen ›Gesammelte Abhandlungen‹ er 1962–1970 in drei Bänden neu herausgab). Veröffentlichungen: ›Geschichte der Menschenrechte und Grundfreiheiten‹ (1968); ›Das Reich – Habsburgische Monarchie – Brandenburg-Preußen 1648–1803‹ in: ›Handbuch der europäischen Geschichte‹ Bd. 4 (1968); ›Geist und Gestalt des frühmodernen Staates‹ (1969); ›Friedrich Wilhelm, der Große Kurfürst‹ (1971). Mitherausgeber der Zeitschrift ›Der Staat‹.

Gebhardt
Handbuch der deutschen Geschichte

Neunte, neu bearbeitete Auflage,
herausgegeben von
Herbert Grundmann

Band 11

Gerhard Oestreich:
Verfassungsgeschichte vom Ende des Mittelalters
bis zum Ende des alten Reiches

Deutscher
Taschenbuch
Verlag

Band 11 der Taschenbuchausgabe enthält den ungekürzten Text des HANDBUCHS DER DEUTSCHEN GESCHICHTE, Band 2: Von der Reformation bis zum Ende des Absolutismus, Teil IV. Unsere Zählung Kapitel 1–20 entspricht den §§ 90–109 im Band 2 des Originalwerkes.

1. Auflage März 1974
2. Auflage August 1976: 16. bis 25. Tausend
Deutscher Taschenbuch Verlag GmbH & Co. KG,
München
© 1970 Ernst Klett Verlag, Stuttgart
Umschlaggestaltung: Celestino Piatti
Gesamtherstellung: C. H. Beck'sche Buchdruckerei,
Nördlingen
Printed in Germany · ISBN 3-423-04211-7

Inhalt

Abkürzungsverzeichnis

Abh. Ak.	Abhandlung(en) der Akademie der Wissenschaften . . ., phil.-hist. Klasse (wenn nicht anders angegeben)
ADB	Allgemeine Deutsche Biographie (56 Bde. München 1875–1912)
AHR	The American Historical Review (New York 1895 ff.)
AKG	Archiv für Kulturgeschichte (1903 ff.)
AnnHVNiederrh.	Annalen des Historischen Vereins für den Niederrhein (Köln 1855 ff.)
AÖG	Archiv für österreichische Geschichte (Wien 1848 ff.)
APP	Die auswärtige Politik Preußens, hg. v. d. Histor. Reichskommission (1933 ff.)
ARG	Archiv für Reformationsgeschichte (1903 ff.)
AUF	Archiv für Urkundenforschung (18 Bde. 1908–1919), fortgesetzt im Archiv für Diplomatik (1955 ff. = Arch. f. Dipl.)
B.	Bischof; Bt. = Bistum
CCC	Constitutio Criminalis Carolina (Peinliche Halsgerichtsordnung Karls V. 1530/32)
DA	Deutsches Archiv für Geschichte des Mittelalters (1937 ff., seit Bd. 8: für Erforschung des Mittelalters; Zeitschrift der MGH)
DALVF	Deutsches Archiv für Landes- und Volksforschung (8 Bde. 1937–1944)
Diss.	Dissertation; Diss.Ms. = ungedruckte Dissertation in Maschinenschrift
DLZ	Deutsche Literaturzeitung (1880 ff.)
Dt., dt.	deutsch; Dtld. = Deutschland
DVLG	Deutsche Vierteljahrsschrift für Literaturwissenschaft und Geistesgeschichte (1923 ff.)
DW⁹	Dahlmann-Waitz, Quellenkunde der deutschen Geschichte, 9. Aufl., hg. v. H. Haering (1931, Registerband 1932)
DW¹⁰	dasselbe, 10. Aufl., hg. v. H. Heimpel u. H. Geuss (seit 1965 im Erscheinen)
DZG	Deutsche Zeitschrift für Geschichtswissenschaft (14 Bde. 1890–1898, fortgesetzt in HV)
Eb.	Erzbischof; Ebt. = Erzbistum
Ehg.	Erzherzog
EHR	The English Historical Review (London 1886 ff.)
EL Jb.	Elsaß-Lothringisches Jahrbuch (21 Bde. 1922–1943)
Fb.	Fürstbischof
FBPG	Forschungen zur brandenburgischen und preußischen Geschichte (55 Bde. 1888–1944)
FDG	Forschungen zur deutschen Geschichte (26 Bde. 1862–1886)
GBll.	Geschichtsblätter
Gf.	Graf; Gfsch. = Grafschaft
GGA	Göttingische Gelehrte Anzeigen (1739 ff.)
GV	Geschichtsverein
GWU	Geschichte in Wissenschaft und Unterricht, Zeitschrift des Verbandes der Geschichtslehrer Deutschlands (1950 ff.)
Hdwb.	Handwörterbuch
hg.v.	herausgegeben von; (Hg.) = Herausgeber

Abkürzungsverzeichnis

Hg.	Herzog; Hgt. = Herzogtum
HJb	Historisches Jahrbuch der Görresgesellschaft (1880 ff.)
HV	Historische Vierteljahrsschrift (Fortsetzung der DZG, 31 Bde. 1898–1938). – In anderen Zeitschriften-Titeln HV = Historischer Verein
HZ	Historische Zeitschrift (1859 ff.)
Jb.	Jahrbuch; Jbb. = Jahrbücher
K.	Kaiser
Kf.	Kurfürst; Kft. = Kurfürstentum
Kg.	König; Kgr. = Königreich
KiG	Kirchengeschichte
KiR	Kirchenrecht
LG	Landesgeschichte
Lgf.	Landgraf
LThK	Lexikon für Theologie und Kirche, hg. v. M. Buchberger (10 Bde. 1930–1938); 2. Aufl. hg. v. J. Höfer u. K. Rahner (11 Bde. 1957–1967)
MA	Mittelalter; mal. = mittelalterlich
MIÖG	Mitteilungen des Instituts für österreichische Geschichtsforschung (Wien 1880 ff.); MÖIG = Mitteilungen des österreich. Inst. f. Geschichtsforschung, Bd. 39–55 (1923–1944)
MÖStA	Mitteilungen des Österreichischen Staatsarchivs (Wien 1948 ff.)
N	Neu, News
NA	Neues Archiv der Gesellschaft für ältere deutsche Geschichtskunde (50 Bde. 1876–1935; Zeitschrift der MGH, fortgesetzt im DA)
Ndr.	Neudruck, Nachdruck
NF	Neue Folge
NZ	Neuzeit
ÖStA	Österreichisches Staatsarchiv
PRE	Realenzyklopädie für protestantische Theologie und Kirche, begr. v. J. J. Herzog, 3. Aufl. hg. v. A. Hauck (24 Bde. 1896 bis 1913)
QFItA	Quellen und Forschungen aus italienischen Archiven und Bibliotheken (1897 ff., Zeitschrift des Preußischen bzw. Deutschen Historischen Instituts in Rom)
RG	Rechtsgeschichte
RGG	Die Religion in Geschichte und Gegenwart, 3. Aufl. hg. v. K. Galling (6 Bde. 1957–1962)
RH	Revue historique (Paris 1876 ff.)
RH Dipl.	Revue d'histoire diplomatique (Paris 1887 ff.)
RH mod.	Revue d'histoire moderne et contemporaine (Paris 1926 ff.)
RHE	Revue d'histoire ecclésiastique (Louvain 1900 ff.)
Rhein. Vjbll.	Rheinische Vierteljahrsblätter, Mitteilungen des Instituts für geschichtl. Landeskunde der Rheinlande an der Universität Bonn (1931 ff.)
RHR	Reichshofrat
RKG	Reichskammergericht
RPO	Reichspolizeiordnung
RQH	Revue des questions historiques (134 Bde. Paris 1866–1939)
RQs	Römische Quartalschrift für christliche Altertumskunde und für Kirchengeschichte (1887 ff.)

RT	Reichstag
Sachsen u. Anh.	Sachsen und Anhalt, Jahrbuch der landesgeschichtlichen Forschungsstelle für die Provinz Sachsen und Anhalt (17 Bde. 1925–1943)
SB	Sitzungsberichte der Akad. d. Wiss. . . ., phil.-hist. Klasse
Schot	K. Schottenloher, Bibliographie zur deutschen Geschichte im Zeitalter der Glaubensspaltung (s. u. S. 11)
StA	Staatsarchiv
SVRG	Schriften des Vereins für Reformationsgeschichte (1883 ff.)
Tb.	Taschenbuch
V	Verein
Vfg.	Verfassung; VG = Verfassungsgeschichte
VSWG	Vierteljahrsschrift für Sozial- und Wirtschaftsgeschichte (1903 ff.)
VuG	Vergangenheit und Gegenwart, Zeitschrift für den Geschichtsunterricht und für staatsbürgerliche Erziehung (Leipzig 1911–1944)
WaG	Die Welt als Geschichte, Zeitschrift für universalgeschichtliche Forschung (23 Bde. 1935–1963)
WB	Wörterbuch
ZA	Zeitalter
ZGORh	Zeitschrift für die Geschichte des Oberrheins (1850 ff., NF seit 1886)
ZKiG	Zeitschrift für Kirchengeschichte (1876 ff.)
ZRG GA	Zeitschrift der Savigny-Stiftung für Rechtsgeschichte, Germanistische Abteilung (1880 ff.)
ZRG KA	dasselbe, Kanonistische Abteilung (bei Sonderzählung ihrer Bände entspricht Bd. 1 [1911] dem Jahrgang 32 der gesamten Zeitschrift)
Zs.	Zeitschrift
ZVG Schles.	Zeitschrift des Vereins für Geschichte und Altertum Schlesiens (77 Bde. 1856–1943)

Quellen- und Literaturverweise innerhalb des Handbuchs wurden auf die neue Einteilung in Taschenbücher umgestellt. So entspricht z. B. Bd. 8, Kap. 4 dem § 4 im Band 2 der Originalausgabe.
Bei Verweisen innerhalb eines Bandes wurde auf die Angabe des Bandes verzichtet und nur das Kapitel angegeben.

Allgemeine Bibliographie

Eine Übersicht über Hilfsmittel, Quellensammlungen und allgemeine Darstellungen findet sich am Schluß des Bandes.

Bibliographie: Allg. DW[9] (1931), laufend DW[10] (seit 1965). In Ermangelung einer verfassungsgeschichtl. Spezialbibliographie s. die ausführlichen Lit.-Angaben bei H. CONRAD, Dt. Rechtsgesch. 2: Neuzeit bis 1806 (1966). Landesgeschichtl. Bibliographien Bd. 13, Kap. 1 ff. (Die dt. Territorien).

Quellen: 1. Reich: Eine einheitl. Sammlung besteht nicht. Auswahl bei K. ZEUMER, Quellensamml. zur Gesch. d. Dt. Reichsverfassung in MA u. Neuzeit ([4]1926). Dt. RTA Jüng. Reihe (seit 1893), Bd. 1–4: 1519–1524, Bd. 7: 1527–1529, Bd. 8: 1529/30; dazu H. GRUNDMANN, in: Die Histor. Kommission bei d. Bayer. Akad. d. Wiss. (1958); ergänzend V. v. Tetleben, Protokoll des Augsburger Reichstags 1530, hg. v. H. GRUNDMANN (1958). Sonst die umfassenden Editionen d. 18. Jh., vgl. Kap. 10. – 2. Territorien. Brandenburg-Preußen: W. ALTMANN, Ausgew. Urkunden zur Brandenburg-preuß. Verf.- u. Verwaltungsgesch. 1 ([2]1914); C. O. MYLIUS, Corpus Constitutionum Marchicarum, 6 Bde. u. 4 Forts. bis 1750 (1737–1755), Novum Corpus Const. Prussico-Brandenburgensium 1751–1806 (1753–1807). Württemberg: A. L. REYSCHER, Samml. d. württemb. Gesetze, 19 Bde. bis 1848 (1828–1851). So für jedes Land, s. F. GEISTHARDT, Ediktensammlungen, in: Festschr. H. O. Meisner (1956).

Nachschlagewerke: DW[9] 2250 f.; auch die älteren Staatslexika C. v. ROTTECK-K. Th. WELCKER ([3]1856–1866); J. C. BLUNTSCHLI-K. BRATER (1857–1870) und H. WAGENER (1859–1867); Staatslexikon (8 Bde. [6]1957–1963); Hdwb. d. Sozialwissenschaften (12 Bde. 1956–1965); E. HABERKERN-J. F. WALLACH, Hilfswörterbuch f. Historiker ([2]1964); H. RÖSSLER-G. FRANZ, Sachwörterbuch z. dt. Gesch. (1958).

Darstellungen: A. SCHULTE, Der dt. Staat. Verfassung, Macht u. Grenzen 919–1914 (1933); F. HARTUNG, Dt. VG vom 15. Jh. bis zur Gegenwart ([8]1964) grundlegend, für ältere Lit. auch die früheren Auflagen heranziehen; H. E. FEINE, Dt. VG der Neuzeit ([3]1943); E. FORSTHOFF, Dt. VG der Neuzeit ([3]1967); R. SCHEYHING, Dt. VG der Neuzeit (1968); E. MOLITOR, Grundzüge der neueren VG (1948). Daneben die Rechtsgeschichten: H. CONRAD, Dt. RG 2 (1966); G. DAHM, Dt. Recht, Die geschichtl. u. dogmat. Grundlagen d. geltenden Rechts ([2]1963); R. SCHROEDER, Lehrbuch der dt. RG ([7]1932); Cl. v. SCHWERIN-H. THIEME, Grundzüge der dt. RG ([4]1950); H. FEHR, Dt. RG ([6]1962); H. PLANITZ, Dt. RG ([2]1961); H. MITTEIS-H. LIEBERICH, Dt. RG ([11]1969); A. ZYCHA, Dt. RG der Neuzeit ([2]1949); E. DÖHRING, Gesch. d. dt. Rechtspflege seit 1500 (1953); W. EBEL, Gesch. d. dt. Gesetzgebung ([2]1958); G. OESTREICH, Gesch. d. Menschenrechte u. Grundfreiheiten im Umriß (1968); F. WIEACKER, Privatrechtsgesch. der Neuzeit unter bes. Berücksichtigung der dt. Entwicklung ([2]1967; eine Gesch. des europ. Rechtsdenkens, geht weit über den engeren Fachbereich hinaus); A. ERLER u. E. KAUFMANN, Hdwb. z. dt. RG (1964 ff.) – Territorien: allg. Darstellungen der Landesgesch. s. Kap. 11 ff. u. bei G. W. SANTE (Hg.), Gesch. d. dt. Länder (Territorien-Ploetz) 1 (1964). Zur Verf.-, Verwaltungs- u. Rechtsgesch. für Bayern: E. ROSENTHAL, Gesch. d. Gerichtswesens u. d. Verwaltungsorganisation Bayerns (2 Bde. 1889–1906), bis 1744; für Brandenburg-Preußen: C. BORNHAK, Preuß. Staats- u. Rechtsgesch. (1903); F. HOLTZE, Gesch. d. Kammergerichts in Brdbg.-Preußen (4 Bde. 1890–1904); C. ISAACSOHN, Gesch. d. preuß. Beamtentums (3 Bde. 1874–1884); E. LOENING, Gerichte u. Verwaltungsbehörden in Br.-Pr., Verwaltungsarchiv 2/3 (1894/95), erweitert in dess. Abh. u. Aufs. 1 (1914); E. SCHMIDT, Rechtsentwicklung in Preußen (1923); G. SCHMOLLER, Preuß. Verf.-, Verwaltungs- u. Finanzgesch. 1640–1888 (1921); A. STÖLZEL, Brdbg.-Preußens Rechtsverwaltung u. Rechtsverf. (2 Bde. 1888); ders., Die Entwickl. d. gelehrten Rechtsprechung (2 Bde. 1901–1910); F. SCHNEIDER, Gesch. d. formellen Staatswirtschaft von Br.-Preußen (1952); Hannover: E. v. MEIER, Hannoversche Verf.- u. Verwaltungsgesch. 1680 bis 1866 (2 Bde. 1898/99); Mecklenburg: M. HAMANN, Das staatl. Werden Mecklenburgs (1962); Österreich: F. WALTER, Österr. Verf.-u. Verwalt.gesch. v. 1500–1955 (1972); E. C. HELLBLING, Österr. Verf.- u. Verwalt.gesch. (1956); Die Entwicklung der Verf. Österreichs vom MA bis z. Gegenwart (1963); Ostfriesland: J. KÖNIG, Verwaltungsgesch. Ostfrieslands bis z. Aussterben s. Fürstenhauses (1955); Südwesten: K. S. BADER, Der dt. Südwesten in s. territorialstaatl. Entwicklung (1950); Württemberg: A. DEHLINGER, Württembergs Staatswesen in s. gesch. Entwicklung bis heute 1 (1951) mit Bibliogr.; F. WINTTERLIN, Gesch. d. Behördenorganisation in Württ. (2 Bde. 1902–1906).

Sammlungen u. allgem. Werke: DW⁹ 2337–2344; O. BRUNNER, Neue Wege der Verf.- u. Sozialgesch. (²1968); F. HARTUNG, Volk u. Staat in d. dt. Gesch., Ges. Abh. (1940); ders., Staatsbildende Kräfte der NZ (1961); O. HINTZE, Ges. Abh., hg. v. G. OESTREICH, Bd. 1–3: Staat u. Verfassung (³1970), Soziologie u. Gesch. (²1964), Regierung u. Verwaltung (²1967); GIERKE DW⁹ 2380, LOTZ DW⁹ 2508; G. OESTREICH, Geist u. Gestalt des frühmod. Staates (1969); G. SCHMOLLER, Über Behördenorganisation, Amtswesen u. Beamtentum im allg. u. spez. in Dtld. u. Preußen bis 1713, Einleitung zu Acta Borussica, Abt. 1: Behördenorganis. (1894); Festschrift H. Kretzschmar (1953); Festschrift H. O. Meisner (1956); Festschrift F. Hartung (1958).

Kapitel 1
Grundfragen der neueren Verfassungsgeschichte

Der zeitliche Ansatz der neueren Verfassungsgeschichte ist – wie in der allgemeinen Geschichte die Abgrenzung vom Mittelalter zur Neuzeit und überhaupt jede Periodisierung – umstritten. Das 14. und 15. Jh. wird man vom Standpunkt der Verfassungsgeschichte aus nicht so sehr als »Herbst des Mittelalters« als vielmehr als erste Epoche in der *Entwicklung zum Staat der Neuzeit* betrachten können. Das Wesen des modernen Staates ist schwer in einer Definition einzufangen. Allgemein kennzeichnend bleibt die ungemeine Steigerung der politischen Intensität und des staatlichen Bewußtseins[1], die zu einem erhöhten Machtwillen führen. Der äußeren Machtentfaltung im europäischen Staatensystem geht die innere Festigung parallel oder voraus. Der Aufbau einer kraftvollen innerpolitischen Organisation und das Streben nach Durchsetzung auf Gebieten, die allen öffentlichen Einflüssen bisher fernstanden, führen zur Übernahme vielfältiger neuer Aufgaben. Die Aufsicht über die Kirchen und über das früher kirchliche Bildungswesen sowie allgemein der Schutz der Untertanen nach außen und innen bringen die Erweiterung vorhandener Rechte mit sich. Ein rationeller Verwaltungsapparat wandelt zudem die bisherigen genossenschaftlichen in herrschaftlich-zentral gelenkte Rechte und Pflichten. Die genossenschaftlichen Aufgaben werden auf dem Gebiet der äußeren Verteidigung, der polizeilichen Ordnung, der gesamten inneren Verwaltung und des Gerichtswesens in fürstlich-staatliche Zuständigkeit eingeordnet. Darum knüpfte die Verfassungsgeschichte zunächst an den Aufbau des Behördenwesens an als sichtbaren Gradmesser des erreichten Entwicklungsstandes des frühmodernen bürokratischen Flächenstaates gegenüber dem mittelalterlichen Personenverbandsstaat. Das fürstliche Finanzwesen und die Anfänge einer kameralistischen Wirtschaftspolitik dienten schon im 15. Jh. der Ausbildung des frühmodernen Staates[2].

Der institutionelle Flächenstaat (Th. Mayer) mit Amtsprinzip – wobei institutionell zu betonen ist – wird vom Fürstentum, dem vornehmlichen Initiator des neuzeitlichen Staates auf deutschem Boden, gegen die Tradition immuner Gewalten und zugleich gegen Kaiser und Reich auf- und ausgebaut. So entsteht »ein Staatensystem in Deutschland, . . . das bis zur Gegenwart die Signatur der deutschen Politik bestimmt und ihre föderalistische Grundlage als historische Gegebenheit erweist« (Mitteis). Dem Reichsoberhaupt gelingt es in jenem Zeitraum nicht, das Reich als Staat im modernen Sinne umzugestalten. Anders als in Frankreich, wo das Königtum in stetiger Erbfolge neue Ansätze der Zentralgewalt und ein ständig durch Erbfälle und machtpolitische Entscheidungen wachsendes Krongut schafft, hat der Wahlcharakter des deutschen Königtums die Gewinne der königlichen Hausmacht dem Reichsgut entfremdet und die Mitregierung der Reichsstände befördert. Hausmachtpolitik ist zwar reichspolitische Notwendigkeit, da der König weder über beträchtliche Reichsfinanzen noch über ein effektives Reichsheer verfügt, bleibt aber zugleich in partikularistischen Interessen stecken. Letztere werden vornehmlich durch die Landesherrschaften verkörpert; deren Ausbildung und Festigung gegenüber dem Reich verleiht der deutschen Verfassungsgeschichte den *dualistischen Charakter*, der bis zum Ende des alten Reiches erhalten bleibt und sie von der staatsrechtlichen Entwicklung der anderen europäischen Nationen grundlegend unterscheidet. Die Erledigung der neu entstehenden Aufgaben wird mehr durch die fürstlichen als die landständischen Kräfte übernommen. Der frühmoderne Staat wird in den deutschen Territorien verwirklicht, deren monarchische Verwaltung sich an die Stelle der Reichsorganisation setzt. Damit ergibt sich zwangsläufig eine Zweiteilung der neueren Verfassungsgeschichte, die zunächst das Reich als den einen Partner in seiner Auseinandersetzung mit den Territorien, in seiner innenpolitischen Schutzfunktion gegenüber den schwachen Reichsständen wie auch gegenüber den Untertanen der Reichsstände und in seiner staatlichen Erstarrung aufzuzeigen hat, während auf der anderen Seite die Einzelstaaten als die Träger des sich fortbildenden politischen Lebens in den Mittelpunkt rücken.

Zwei charakteristische *Typen der europäischen Staatsbildung* und -verwaltung finden sich auch in Deutschland: die *herrschaftliche* und die *genossenschaftliche* Form, nicht so sehr nach dem Inhalt der Herrschaft selbst als nach der Form der Herrschaftsausübung verschieden, die eine mehr auf monarchischer Grundlage mit ständischer Beschränkung durch das Fürstentum, die andere mehr als Verbindung gleichmäßig Berechtigter durch Reichsstädte und Reichsritterschaft verkörpert[3]. Die Grundtendenz der neuzeitlichen Verfassungsgeschichte des alten Reiches, der föderative Gedanke, tritt in herrschaftlicher oder genossenschaftlicher Prägung unter dem Vorzeichen des Kaisers, der Reichsstände, der Konfessionen oder der Landschaften auf, ohne daß eine Einigung des Reiches auf einer dieser Ebenen erreicht wird.

Die Renaissance-Bewegung hat im 15. Jh. auf verwaltungsgeschichtlichem Gebiet durch ihre *gelehrten Beamten*, die Humanisten-Legisten, im Rechtswesen, in der Gerichtsbarkeit, den Finanzen und der allgemeinen Verwaltung mit der Losung »Gesetz und Ordnung« große Umformungen begonnen. In der Zeit Kaiser Sigmunds hat die kaiserliche Kanzlei zum ersten Male einen weltlichen studierten Leiter erhalten. Seitdem hat sich der Kreis der einflußreichen Juristen auf dem Gebiet des allgemeinen politischen Lebens ständig vergrößert. Der durch das gemeinsame Studium verbundene internationale Stand der Verwaltungsjuristen ist in seiner Kenntnis fremder fortschrittlicher Behördensysteme und politischer Auffassungen, ausgezeichnet durch allgemeinen Reformeifer und den Trieb zur Systematisierung, zum wesentlichen Schrittmacher der staatlichen Entwicklung in Deutschland geworden[4]. Aber auch die Geistlichkeit war noch in die Staatsbildung einbezogen. Sie spielte nicht nur in der Kirchenpolitik eine entscheidende Rolle, sondern die Beichtväter und Hofprediger beeinflußten auch zentrale Fragen der Innen-, ja der Außenpolitik. Neben dem Beamtentum hat die Geistlichkeit einen Teil der direkten oder indirekten Staatsdienerschaft gebildet. Die Konfessionalisierung und die darauf folgende Entkonfessionalisierung der Politik hat der Kirche und ihren Vertretern im Rahmen der allgemeinen Verfassungsentwicklung eine besondere Rolle zugewiesen.

Der Begriff des *Finanzstaates*[5] für das 16. Jh. deutet auch die Aufgaben der politischen Führungsschichten an, die nur durch die Verbindung des werdenden Staates mit den frühkapitalistischen Kräften bewältigt werden konnten. Die gesellschaftlichen Grundlagen stehen in der frühen Neuzeit im Zeichen der Wandlung einer vom Feudalismus geprägten Verfassungsstruktur zu bürokratischen Institutionen. Hinter den Institutionen die gesellschaftlichen Kräfte, die geistigen und wirtschaftlichen Antriebe intensiv sichtbar zu machen, gehört zur erweiterten Aufgabenstellung der modernen Verfassungsgeschichte. Aber hier sind für die frühe Neuzeit die Einzelforschungen erst im Gange und haben noch nicht zur Verdichtung allgemeiner Aussagen geführt, die sich bereits in den nachfolgenden Ausführungen in größerem Umfange niederschlagen könnten.

[1] O. HINTZE, Wesen und Wandlung des modernen Staats, in: HINTZE, Staat u. Verfassung (³1970); W. NÄF, Frühformen des modernen Staates, HZ 171 (1951); zustimmend F. HARTUNG, Schweizer Beitr. z. allg. Gesch. 10 (1952), S. 163; O. BRUNNER, Moderner Verfassungsbegriff u. mal. VG, in: Herrschaft u. Staat im MA (1956); E. KERN, Moderner Staat u. Staatsbegriff (1949); W. SCHLESINGER, Die Landesherrschaft der Herren von Schönburg, Eine Studie zur Gesch. d. Staates in Dtld. (1954). – A. O. MEYER, Zur Gesch. d. Wortes Staat, WaG 10 (1950); P. L. WEINACHT, Staat. Studien zur Bedeutungsgesch. d. Wortes von den Anfängen bis ins 19. Jh. (1968). – E. MAYER, Die Staatsziele im Wandel der Gesch., in: Festschr. J. Binder (1930).

[2] F. LÜTGE, Das 14.–15. Jh. in der Sozial- u. Wirtschaftsgesch., Studien z. Sozial- u. WG (1963); ders., Dt. Sozial- u. WG (³1966).

[3] W. NÄF, Die Epochen der neueren Gesch. Staat u. Staatengemeinschaft vom Ausgang des MA bis zur Gegenwart (2 Bde. 1945/46); K. S. BADER, Der dt. Südwesten (1950).

[4] DW⁹ 2507f.; O. HINTZE, Der Beamtenstand, in: HINTZE, Soziologie u. Gesch. (1964); F. HARTUNG, Berufsbeamtentum u. Staat (1931).

[5] So G. OESTREICH, Geist u. Gestalt des frühmodernen Staates (1969), S. 279ff.; dagegen P. L. WEINACHT (s. o. Anm. 1, S. 87; weitere Belege jedoch ebd. S. 81ff.).

Die Verfassungsgeschichte, die »die Gesamtheit der den Bau eines Staatskörpers ausmachenden und sein Leben ermöglichenden Kräfte, die Ordnung ihres gegenseitigen Verhältnisses« (Hartung) zu ihrem Gegenstand macht, muß über die Schilderung der realen Institutionen hinaus die geistigen Kräfte darlegen, die als *Staats-, Verfassungs- und Verwaltungstheorien* hinter der Wirklichkeit stehen. Sie beeinflussen den handelnden Menschen neben Tradition und Gewohnheit bei der Lösung der durch die jeweiligen Orts- und Zeitverhältnisse gewandelten Aufgaben. Ihre stärkste Verdichtung haben diese Lehren in den großen Sozialphilosophien gefunden, die durch das Setzen der Zwecke und Mittel oftmals den praktischen Einsatz der politischen Kräfte auf das sichtbarste mitbestimmt haben.

Die *Theorie vom frühneuzeitlichen Staat* gegenüber der Auffassung mittelalterlicher feudalistischer Ordnung wird in ihren Grundzügen im späten Mittelalter ausgebildet. In dem gewaltigen geistigen und politischen Umbruch seit dem ausgehenden 13. Jh., der beim Machtverfall von Imperium und Sacerdotium die Auflösung der abendländischen Einheit begleitet, erwächst eine neue Vorstellung vom Fürsten, der keinen höheren anerkennt und »Kaiser in seinem Königreich« ist, und der Ruf nach einem politischen Gemeinwesen, das eine vollkommene Gemeinschaft bildet[1]. Hiermit sind Elemente bezeichnet, die später im *Begriff der staatlichen Souveränität* zusammengefaßt werden, welche die neuzeitliche Entwicklung wesentlich bestimmt. Der werdende Staat dieser Theorien stellt noch kein selbständiges, abstraktes Wesen dar, sondern bleibt ein Verband, in dem der Fürst und geborene Ratgeber, Herrscher und Stände gemeinsam das »corpus rei publicae« sind. Den Ausgangspunkt dieses Denkens bildet der Kreis der Pariser Universität, voran Johann Quidort von Paris († 1306) und Marsilius von Padua (1290–1342/43), Schrittmacher sind die Deutschen Lupold von Bebenburg (1297–1363) und Nikolaus von Cues (1401–1464). Sie haben die innere Notwendigkeit und die Eigenwertigkeit des weltlichen Gemeinwesens gegenüber der Kirche durch eine naturrechtliche Begründung der politischen Gewalt (Vertragstheorie) und durch die Lehre vom Ursprung der Herrschaft im Volk (Vollgewalt des Volkes) dargelegt. So waren wichtige theoretische Voraussetzungen für einen Neubau gegeben.

Durch die von der antiken Geschichtsschreibung angeregten und aus der Erfahrung der italienischen Gegenwart unmittelbar geschöpften Schriften von Niccolo *Machiavelli* (1469–1527), das schmale Bändchen des ›Principe‹ 1516 und die ›Discorsi sopra la prima deca di Tito Livio‹ 1519, werden nun reine Zweckmäßigkeitserwägungen für den als selbständiges Wesen begriffenen Staat vertreten. Die schonungslose Offenheit über die Vorgänge der Machtergreifung, das kühle Abwägen der hierbei verwendeten Gewalt und List allein nach dem Zweck ohne religiöse und ethische Bindung, der natürliche Freimut, mit dem alle Mittel zur Behauptung der errungenen Macht skrupellos betrachtet werden, erregten ein ungeheures Aufsehen. Die »virtù«, die Machiavelli von seinem Fürsten und Staatsmann fordert, die rationale Energie, der politische Aktivismus, die gezielte Tüchtigkeit, erweist sich als eine Frieden und Ordnung schaffende Kraft, die auch die Gegner in ihrer Staatspraxis zu erreichen suchen. Die »necessità«, die Notlage des Vaterlandes, die politische Bedrohung und Gefährdung, der jeweilige Zwang der Umstände, all das erlaubt die Anwendung ungerechter, grausamer und schimpflicher Mittel. In der 2. Hälfte des 16. Jh., einer Epoche besonders harter, unerbittlicher politisch-religiöser Bürgerkriege und Staatenkämpfe, gewinnen die Lehren Machiavellis weite Verbreitung und Verwirklichung[2].

Die sich an ihn anschließende oder getarnt auf Tacitus zurückgehende Literatur über die »*ratio status*«, die zum politischen Schlagwort des säkularen Staates im 17. Jh. wird, nimmt seit Giovanni Botero (La ragion di stato 1589) und seinen zahlreichen italienischen Nachfolgern das Prinzip des mehr oder weniger rücksichtslos vertretenen Staatsinteresses zum Ausgang einer Lehre von der Sicherung, Erhaltung und dem Wachstum der Staaten. In Frankreich ragen die Schriften des Gabriel Naudé (Coups d'état 1639) und des Herzogs Heinrich von Rohan (L'interest des Princes 1636) hervor. In Deutschland beginnt die historisch-politische Publizistik über die Staatsräson nach frühen Werken, wie z. B. den ›Arcana Imperii‹ des Arnold Clapmarius (1605), erst in der Mitte des 30jährigen Krieges stärker durchzudringen. Unter ihnen nehmen der Gegner Habsburgs, Hippolithus a Lapide (De ratione status in imperio Romano-Germanico 1642/43), Conring, Imhoff und Keßler eine besondere Stellung ein. Die deutsche Staatsräson-Literatur betrachtet mehr die innere Politik als die äußere, sie forscht nach ewigen Gesetzen, die die absolute Fürstengewalt einschränken. In der Frage nach dem Verhältnis von Mensch und Staat werden wie in der außerdeutschen Staatsräson-Literatur die Grenzen zugunsten des letzteren gezogen[3].

Wie Machiavelli hat auch *Jean Bodin* (1530–1596) in seinen ›Six livres de la République‹ (1576) aufgrund der geschichtlichen Erfahrung eine starke staatliche Gewalt inmitten ihrer Schwäche begründen wollen. Erst er erhebt den epochemachenden Begriff der Majestas oder Souveränität, d. h. die Freisetzung und Lösung des Herrschers von allen trans-etatistischen Bindungen, zu seiner vollen Bedeutung: »Souverän ist jeder, der niemanden außer Gott über sich sieht.« Die in der Person des Fürsten zusammengefaßte oberste Herrschaftsgewalt ist einheitlich, unbeschränkt nach Aufgabe und Zeit und unteilbar. Er ist »legibus solutus«, aber an Gott und die natürliche Gerechtigkeit gebunden. Die Rechtsidee steht damit für Bodin höher als die Machtidee. Der Franzose hat eine Theorie des Absolutismus aus dem Geist des römisch-romanischen Staats- und Rechtsdenkens geschaffen. Die *Rezeption des römischen Rechts* bildet den Hintergrund, jener umfassende politische, soziale und kulturelle Vorgang des 13. bis 16. Jh., in dem die antike und italienische Rechtsliteratur und ihre wissenschaftlichen Methoden auf den Universitäten aufgenommen und durch den hier ausgebildeten gemeineuropäischen gelehrten Juristenstand für die fürstliche, ständische oder städtische Verwaltung, für Diplomatie, internationale Beziehungen und die Gerichtsbarkeit genutzt werden. Einerseits hat die Rezeption als entscheidende Folge die »Verwissenschaftlichung des deutschen Rechtswesens und seiner fachlichen Träger«[4] gebracht, andererseits schuf das römisch-rechtliche Denken eine alle Teile des öffentlichen Lebens ergreifende Umwandlung des genossenschaftlichen in ein herrschaftliches Denken – zunächst in der Rechtsfindung, sodann in den Rechtsbüchern[5].

Bodins Auffassungen stießen in Deutschland zunächst in reichsrechtlichen und ständestaatlichen Kreisen der Universitäten auf starken Widerstand, während die ›Politicorum libri sex‹ des Niederländers Justus *Lipsius* (1589), der eine moderne Verwaltungs- und Machtstaatslehre auf der theoretischen Grundlage von Tacitus, Machiavelli und des römischen Stoizismus bot, große Beachtung fanden. Lipsius zielte auf einen monarchischen Staat mit den ausgebildeten Machtinstrumenten der Verwaltung und des Militärs[6].

Den Höhepunkt der europäischen absolutistischen Staatstheorie bildet das Werk von Thomas *Hobbes* (1588–1679). Er geht vom Menschen aus und seinem doppelten Naturtrieb, alles zu besitzen und zugleich dem gewaltsamen Tode auszuweichen; im Naturzustand führt das zu einem Kampf aller gegen alle. Um Frieden und Recht zu schaffen, muß ein Wille über allen stehen, der vollkommen unbeschränkt ist. In der Hand der Staatsgewalt liegen daher die Entscheidung über Krieg und Frieden, die Gesetzgebung und die Interpretation aller weltlichen wie geistlichen Gesetze. Es gibt keine Freiheit des Eigentums, keine Geistesfreiheit in politischen Dingen und keine Freiheit der Religion. Die Nachwirkung der Werke von Hobbes, insbesondere seines ›De Cive‹ (1642) und des ›Leviathan‹ (1651), war sehr groß, weil sie gewisse Tendenzen der Zeit voll erfaßten.

Gegen die frühe absolutistische Theorie und Praxis des 16. Jh. trat eine Staatslehre auf, die sowohl aus konfessionellen wie älteren ständischen Quellen gespeist wurde. Calvinisten und Jesuiten vertraten die auch im positiven Recht des Ständestaates verwurzelte Auffassung, daß die Untertanen gegen den Monarchen ein *Widerstandsrecht* hätten, das teilweise sogar die Hinrichtung eines Herrschers rechtfertigt, der gegen das göttliche und natürliche Sittengesetz verstößt. Diese durch die religiösen Kämpfe bedingte, aber auch von den Ständen als Gegner eines starken Fürstentums vertretene These[7] wurde durch den Juristen Johannes *Althusius* in seinem Werk ›Politica methodice digesta‹ (1603) aufgrund der Lehre von der ursprünglichen Vollgewalt des Volkes im Sinne des Ständestaates abgewandelt. Das freie Volk, das sich erst durch den Gesellschafts- und Herrschaftsvertrag im Staatswesen dem Herrscher unterordnet und zum Gehorsam verpflichtet, kann den Herrscher absetzen und zum Tode verurteilen. Mit dieser Aufgabe werden als Hüter und Verteidiger der Volksfreiheit die »Ephoren«, d. h. ständische Gewalten, betraut[8].

Eine zwischen dem frühen Absolutismus und der ständestaatlichen Theorie vermittelnde Staatsauffassung entwickelt der Niederländer Hugo *Grotius*, der – obwohl mehr dem zwischenstaatlichen Recht, dem Völkerrecht zugewandt – gleichfalls auf dem Boden des Naturrechts eine auf den deutschen Universitäten sehr wirksame Lehre vom Staat in seinem Werk ›De iure belli ac pacis‹ (1625) schafft. Seine Fortsetzer sind auf deutscher Seite Samuel Pufendorf (1632–1694), Christian

Thomasius (1655–1728) und Christian Wolff (1679–1754; vgl. Kap. 15).

Für das Verhältnis von Landesherr und Untertan, Grundherr und Bauer bleiben die von Otto Brunner herausgestellten älteren Grundkategorien wie »Schutz und Schirm«, »Rat und Hilfe« in ihren Weiterbildungen bis ins 18. Jh. von Bedeutung[9]. Die frühneuzeitlichen Staatslehren in Deutschland[10] versuchen vielfach, das römisch-rechtliche Denken der Fürsten- und Staatssouveränität mit den Vorstellungen des »guten alten Rechts« anzureichern.

[1] W. BERGES, Die Fürstenspiegel des hohen und späten MA (1938); M. CREMER, Staatstheoretische Grundlagen der Verfassungsreformen im 14. u. 15. Jh. (Diss. Kiel 1939); F. A. v. d. HEYDTE, Die Geburtsstunde des souveränen Staates (1952), dazu jedoch mit Recht sehr kritisch H. HEIMPEL, GGA 208 (1954).

[2] F. MEINECKE, Die Idee der Staatsraison in der neueren Gesch. ([6]1963); G. RITTER, Die Dämonie der Macht. Machtstaat u. Utopie ([6]1948); G. HOLSTEIN, Gesch. d. Staatsphilosophie (Baeumler-Schröter, Hdb. d. Philos., Abt. IV, 1931); E. WOLF, Große Rechtsdenker der dt. Geistesgesch. ([4]1963); G. MÖBUS, Die polit. Theorien im ZA der absoluten Monarchie bis zur Französ. Revolution ([2]1966).

[3] R. KUNKEL, Die Staatsraison in der Publizistik des 17. Jh. m. bes. Berücks. d. dt. Publizistik (Diss. Ms. Kiel 1922); E. WOLF, Idee u. Wirklichkeit des Reiches im dt. Rechtsdenken des 16. u. 17. Jh., in: Reich u. Recht in der dt. Philos., hg. v. K. LARENZ (1943).

[4] F. WIEACKER, Privatrechtsgesch. d. NZ ([2]1967), S. 124 ff. mit weiterführender Lit.; allg. P. KOSCHAKER, Europa und das röm. Recht ([2]1958).

[5] W. KUNKEL, Das Wesen der Rezeption des röm. Rechts, Heidelb. Jb. 1 (1957).

[6] G. OESTREICH, Geist u. Gestalt des frühmod. Staates, Teil 1: Der Geist des Machtstaates u. die Antike (1969).

[7] Texte bei J. DENNERT (Hg.), Beza, Brutus, Hotman. Calvinistische Monarchomachen (1968).

[8] O. v. GIERKE, Joh. Althusius u. d. Entw. der naturrechtl. Theorien ([5]1958); K. WOLZENDORFF, Staatsrecht u. Naturrecht in der Lehre vom Widerstandsrecht des Volkes (1916); P. J. WINTERS, Die »Politik« des Johannes Althusius und ihre zeitgenöss. Quellen (1963).

[9] O. BRUNNER, Land und Herrschaft ([5]1965), auch für die neuere VG unentbehrlich, bes. für eine quellen- u. sachgemäße Begriffssprache.

[10] Hier O. v. GIERKE, Das dt. Genossenschaftsrecht, Bd. 4 (1913), noch immer die ausführlichste Darstellung der frühen NZ; ergänzend R. STINTZING-E. LANDSBERG, Gesch. der dt. Rechtswiss. 1–3 (1880–1910). Die dt. Staatslehren des 16. u. 17. Jh. sind zuletzt behandelt bei F. H. SCHUBERT, Die dt. Reichstage in der Staatslehre der frühen NZ (1966).

A. Das Reich

Kapitel 3
Ergebnisse der Reichsreformbewegung

Der Reichstag zu Worms 1495 hat die ersten großen Ergebnisse der Reichsreformbewegung des 15. Jh. gebracht, die dem Reich die zur Aufrechterhaltung von Recht, Frieden und Sicherheit nach außen und innen notwendigen Grundlagen schaffen wollte[1]. Nicht nur die einzelnen Beschlüsse: Verkündung des Ewigen Landfriedens, Aufrichtung des Kammergerichts, Erhebung des Gemeinen Pfennigs und »Handhabung Friedens und Rechts« sind an und für sich wichtig; von grundlegender Bedeutung ist ihr innerer Zusammenhang und ihr Verhältnis zu den noch folgenden Reformgesetzen. Das Verbot jeglicher Fehde und Eigenhilfe sowie die Bestimmung, daß alle Unbilden nur noch durch die ordentlichen Gerichte Sühne finden sollten, schuf die Voraussetzung zur Ausbildung einer wirklichen *Rechtsgemeinschaft* des Reiches. Denn die Fehde war nun nicht mehr rechtsmäßige Institution, nicht mehr Ersatz fehlender staatlicher Prozeßführung, sondern Friedensbruch und Unrecht. Aber erst durch die Einrichtung des Kammergerichts, das als oberste rechtliche Institution des Reiches über die Einhaltung des Landfriedens wachen soll, wird die praktische Durchführung ermöglicht. Unabhängig vom König und seinem wechselnden Aufenthaltsort wird eine Gerichtsorganisation geschaffen, die zunächst in Frankfurt ihren festen Sitz gewinnt. Gerade das *Kammergericht* ist Ausdruck einer ständischen Reichsreform, indem die Besetzung des Gerichts gegen Wunsch und Willen des Kaisers von den Ständen bestimmt wird. An der Spitze steht der vom Kaiser ernannte Kammerrichter, der spätere Präsident, welcher Fürst, Graf oder Freiherr sein sollte. Neben ihm stehen die sechzehn Urteiler oder Beisitzer (Assessoren), von denen sechs von den Kurfürsten, zwei von den Erblanden Österreich und Burgund und acht von den übrigen Reichsständen vorgeschlagen werden.

Damit war die kaiserliche Gerichtsgewalt und Rechtsprechung eingeschränkt und gebunden. Um die Unkosten für das Gericht zu decken und eine damals für Maximilian bewilligte Reichshilfe aufzubringen, wurde der Gemeine Pfennig als dauernde allgemeine *Reichssteuer* beschlossen, eine Verbindung zwischen Kopf- und Vermögenssteuer von jedem Reichsangehörigen. Maximilian dagegen hatte Steuerleistungen der Reichsstände aufgrund einer Reichsmatrikel gefordert. Die Erhebung des Gemeinen Pfennigs und damit die Reform auf dem Gebiet der Finanzen, Grundlage einer geordneten Reichsverwaltung, scheiterte aber am Fehlen eines eigenen Reichsbeamtentums. Da die Territorien mit ihrem Verwaltungsapparat sich versagten und auch sonst Widerstand leisteten, wurde die lokale Organisation der Kirche mit der Steuereinziehung betraut.

Eine *ständische Reichsregierung*, das Regiment, als Höhepunkt und Abschluß ständischer Reichsreform gedacht, konnte aber 1495 gegen die Widerstände Maximilians nicht durchgesetzt werden. Der Kompromiß, die »Handhabung Friedens und Rechts« in Form eines Vertrages zwischen König und Ständen, war ein gegenseitiges Versprechen, die neuen Einrichtungen streng durchzuführen und jährlich einen Reichstag von der Mindestdauer eines Monats zu halten. Die Stände meinten, sich mit der »Handhabung« einen Einfluß auf die Durchführung der Reichsgesetze sichern zu können, aber der Reichstag versagte sowohl wegen des Nichterscheinens der Stände auf den vielen, lange dauernden Sitzungsperioden als auch wegen seiner zu schwerfälligen Verfassung (Kap. 10). Als der Augsburger Reichstag von 1500 Maximilian das geplante Reichsregiment abtrotzen konnte, erwiesen sich Organisation und Wille der Stände als zu schwach. Das aus zwanzig Mitgliedern bestehende Regiment, in dem die Kurfürsten, ein geistlicher und weltlicher Fürst, die Vertreter von Österreich und Burgund, ferner der Prälaten und Grafen sowie der Reichsstädte und je ein Vertreter der neu geschaffenen sechs Kreise die gesamte Regierungsgewalt ausüben wollten, tagte zu Nürnberg unter dem Vorsitz des Königs oder des von ihm zu bestimmenden Stellvertreters. »Absente rege« sollte es alle Angelegenheiten des Reiches allein erledigen und das Reich nach innen und außen vertreten können; es besaß das Recht, einen Reichstag einzuberufen. Nach zwei Jahren erfolgloser Tätigkeit, insbesondere auf dem Gebiet der finanziellen Sicherstellung, löste sich jedoch das Reichsregiment wieder auf. Der ständische Einungsgedanke, der zwar eine Reichsregierung geschaffen hatte, erwies sich als zu schwach, um ihr Dauer zu verleihen.

Eine neue Institution stellte ihre Lebendigkeit und Entwicklungsfähigkeit bis zum Ende des Reiches unter Beweis: die Einteilung in *Reichskreise*. Die Kreisverfassung ist sehr widersprechend beurteilt worden; besonders hat sich K. S. Bader mit Recht für ihre höhere Bewertung eingesetzt[2]. Eine höchst wichtige staatsrechtliche Konstruktion wurde 1500 mit der Kreiseinteilung geschaffen, die in den Landfriedensbezirken seit Jahrhunderten eine Vorstufe hatte[3]. Zunächst waren die Kreise geographische Wahlbezirke, aus denen ein Teil der Regimentsräte ernannt werden sollte. Es wurden sechs Kreise gebildet: Franken, Bayern, Schwaben, Oberrhein, Niederrhein-Westfalen und Sachsen. Die kurfürstlichen Lande und die habsburgischen Erblande, auch z. B. die im Schwäbischen Kreis liegenden, waren zunächst ausgespart, weil sie schon im Reichsregiment vertreten waren. Die Kreise entsprachen in der Hauptsache den alten Hauptlanden des Reiches, die zunächst nur Ordnungszahlen erhielten und für die sich seit 1522 die Landschaftsbezeichnungen durchsetzten. 1507 erhielten die Kreisstände das Recht, Beisitzer des Kammergerichts zu wählen. Zwar wurden die erweiterten Kreisverfassungen von 1512 und 1522 nicht durchgeführt, aber ihre Gedanken sind von bleibendem Wert gewesen. 1512 wird die Zahl der Kreise um 4, den Österreichischen, Burgundischen, Obersächsischen (Kursachsen und Kurbrandenburg) und Kurrheinischen (Mainz, Köln, Trier, Kurpfalz) auf 10 vermehrt; damit sind auch die Kurfürstentümer und die österreichischen Erblande eingeschlossen. Den neben und über den Territorien sich erstreckenden, halb ständisch-öffentlichen, halb aus der Reichsgewalt abgeleiteten genossenschaftlichen Korporationen wird weiterhin die Wahrung des Landfriedens und die Verteidigung nach außen übertragen. Mit der Wahrnehmung ständiger Geschäfte war den neuen Selbstverwaltungskörpern die Möglichkeit einer festen Entwicklung gegeben. Gerade im modernstaatlichen Versagen der Reichsgewalt im 16. und 17. Jh. hat sich durch die Übernahme weiterer Verwaltungszweige die Unordnung in vielen Fällen steuern lassen.

Im ganzen wird man heute bei allen Schwächen und der Unzulänglichkeit der errichteten Reformgesetze doch einer positiveren Bewertung zustimmen. Maximilian hat sich mit den im ständischen Sinne durchgeführten Reformen innerlich wohl niemals abgefunden. Sein Versuch, eigene kaiserliche Behörden aufzubauen, führte 1498 zur Erneuerung des *Hofrates* und der *Hofkanzlei*[4]. Die Kanzlei des habsburgischen Hausbesitzes wurde nun zu den Reichsgeschäften stärker hinzugezogen und dadurch der Einfluß des Kurfürsten von Mainz, des Leiters der Reichshofkanzlei, abgeschwächt bzw. beseitigt. Allerdings drang Maximilian mit den Forderungen auf Errichtung eines königlichen Regiments ebensowenig durch, wie er seine Vorstellungen von der Ernennung der Kreishauptleute durch den Kaiser und ihre Unterstellung unter einen Reichshauptmann, d. h. die Schaffung von Reichsbeamten, 1512 verwirklichen konnte.

Weder die Stände noch das Reichoberhaupt hatten die Reichsreform in ihrem Sinne eindeutig entscheiden können. Erschwerend für jene trat der Abwehrkampf der schwächeren Reichsstände, der Grafen und Ritter, gegen die sich ausbreitende Fürstengewalt hinzu; diese sich verschärfenden sozialen Spannungen[5] haben auch die Kaiserwahlen und die Reichspolitik des 16. Jh. beeinflußt.

[1] Quellen u. Lit. s. Bd. 6, Kap. 25 u. Bd. 7, Kap. 41; für die einzelnen Reichsorgane s. Kap. 10; ferner: Aus Reichstagen des 15. u. 16. Jh. (Schriftenreihe d. Hist. Kommission 5, 1958).

[2] K. S. BADER, Kaiserliche u. ständische Reformgedanken in der Reichsreform d. endenden 15. Jh., HJb 73 (1953) mit früherer geringerer Beurteilung, bes. HARTUNG, HV 16 (1913), u. ders., Gesch. d. fränk. Kreises 1 (1910, ²1973); H. WIESFLECKER, Maximilian I. und die Reichsreform von 1495, Zs. d. Hist. V. Steiermark 49 (1958); K. S. BADER, Ein Staatsmann vom Mittelrhein, Berthold von Henneberg (1954); H. ANGERMEIER, Begriff u. Inhalt der Reichsreform, ZRG GA 75 (1958), sieht in ihr eine Neuverteilung der Befugnisse u. Verantwortung am Reiche als Ergebnis eines langen spätmal. Prozesses auf lehnsrechtlicher Grundlage; ders., Königtum u. Landfriede im dt. Spätmittelalter (1966).

[3] Vgl. G. PFEIFFER, Bündnis- u. Landfriedenspolitik d. Territorien zw. Weser u. Rhein, in: Der Raum Westfalen II 1 (1955).

[4] Zur Ergänzung von R. SMEND, Das Reichskammergericht, Gesch. u. Verf. (1911); H. SPANGENBERG, Die Entstehung d. Reichskammergerichts u. die Anfänge d. Reichsverwaltung, ZRG GA 46 (1926); H. GOLLWITZER, Unbekannte Versuche einer Erneuerung des Kgl. Kammergerichts 1505–1506, HZ 179 (1955).

[5] E. ZIEHEN, Mittelrhein u. Reich im ZA d. Reichsreform 1356–1504 (2 Bde. 1934); ders., Frankfurt, Reichsreform u. Reichsgedanke 1486–1504 (1940), ermöglicht schärfere Unterscheidungen in der ständischen Bewegung der Frühzeit. Entsprechende Arbeiten für das 16. Jh. fehlen.

Kapitel 4
Entwicklung unter Karl V.
und der Augsburger Reichstag von 1555

Die Reichsreform hatte unter Maximilian noch keineswegs die endgültige Gestalt gewonnen. Erst gegen Ende der Regierung Karls V. findet sie ihren Abschluß, nun allerdings unter Beimischung des konfessionellen Moments, das seit der Reformation in den Vordergrund gerückt war.

Die Kaiserwahl und die Königswahl Ferdinands erfolgten nur unter Zahlung gewaltiger Summen an die Kurfürsten und ihre Räte[1] und nach Annahme einer *Wahlkapitulation*. Die Wahlverschreibung von 1519 hat aus mehreren Gründen eine besondere Bedeutung gewonnen[2]. Die Kurfürsten konnten eine vertragsmäßige Begrenzung der kaiserlichen Rechte erreichen, einen Vertrag mit einseitigen Verpflichtungen des Kaisers, der als erste förmliche Wahlkapitulation eines deutschen Kaisers gleichsam die Reichsreform fortsetzte und über die Interessen der Kurfürsten hinausgehend das ganze Reich vor der gewaltigen Hausmacht Karls V. schützen sollte. Der Kaiser wurde zuerst verpflichtet, keinerlei Ausländer zu Reichsämtern heranzuziehen, ohne Zustimmung der Kurfürsten kein außerdeutsches Kriegsvolk ins Reich zu führen oder Krieg mit dem Ausland anzufangen, keine Reichs- oder Gerichtstage außerhalb des Reiches abzuhalten und keine andere Amtssprache als die deutsche und lateinische anzuwenden. Er wurde fernerhin verpflichtet, das Reich nach den bestehenden Gesetzen, insbesondere der Goldenen Bulle und dem Ewigen Landfrieden, zu regieren, und war bei allen wesentlichen Regierungshandlungen der Innen- und Außenpolitik an die Mitwirkung und Zustimmung der Reichsstände oder der Kurfürsten gebunden. Um die Einhaltung dieser Bestimmungen zu sichern, wurde wiederum ein Reichsregiment aufgerichtet, das im ständischen Sinne die Regierungsgewalt des Kaisers beschränken sollte. Zugunsten der Landeshoheit der Territorien wie auch einer Reichswirtschaftspolitk wurden Bestimmungen eingefügt.

Die Wahlkapitulation enthält somit Grundzüge einer Verfassung, stellt eine Art Verfassungsurkunde dar[3]. Sie wurde zum Vorbild aller später jeweils ergänzten Verträge bis zu der sogenannten »Capitulatio perpetua« von 1711, die bis zum Ende des Reiches maßgebend blieb. In der Wahlkapitulation für den Römischen König Ferdinand (1531) fehlen die Artikel über eine Reichsregierung, ein Regiment. Der nach der Abdankung Karls V. mit dem neuen Kaiser Ferdinand I. abgeschlossene Vertrag offenbart den mühseligen religiös-ständischen Kompromiß. Er verpflichtete den Kaiser auf den Reichsabschied von 1555, dessen Religionsfrieden und Exekutionsordnung, die neben der Goldenen Bulle und dem Ewigen Landfrieden als die wichtigsten Gesetze des Reiches bezeichnet wurden und mit dem späteren Westfälischen Frieden die Fundamentalgesetze des Reiches bildeten.

Der Wormser Reichstag von 1521 errichtete das zweite *Nürnberger Reichsregiment*[4], in dem gegenüber dem ersten der kaiserliche Einfluß durch zwei weitere von ihm ernannte Vertreter verstärkt wurde. In seiner zeitlichen Wirksamkeit war es beschränkt, weil es nur während der Abwesenheit des Kaisers vom Reiche in Aktion treten sollte. Die vielfach ernsten Reformversuche des Regiments, z. B. einer Exekutionsordnung zur Durchführung des Landfriedens auf der Grundlage der Kreise, einer Münzordnung, einer Reichssteuerordnung sowie einer Kriegsverfassung scheiterten am Widerstand der Territorialgewalten, wobei die konfessionelle Spaltung bereits die Gegensätze verschärfte. Der weitvorausschauende Plan, das Reich zu einem einzigen Zollgebiet mit Grenzzöllen umzugestalten, traf auf den Widerstand der Städte, die beim Kaiser intervenierten. Als 1526 das schon geschwächte Regiment die Entscheidung in den religiösen Fragen den Landesherren überließ, war das Todesurteil über die ständische Reichsregierung gesprochen, die mit der Rückkehr des Kaisers 1530 auch rechtlich aufhörte.

Dagegen entwickelte sich in den *Kreisen*, der wichtigsten innenpolitischen Reichseinrichtung, neues Leben, seitdem durch die Kammergerichtsordnung bzw. den erneuerten Landfrieden von 1521 bestimmt worden war, daß das Reichsregiment in schwierigen Fällen zur Urteilsvollstreckung die Kreise aufbieten bzw. der Kreishauptmann gegen Landfriedensbrecher vorgehen sollte. Auch wurden die Türkenhilfen von 1530 und 1542 bzw. das Reichsheer von 1544 durch die Kreise aufgebracht. Die Neuordnung der Reichsmatrikel von 1521, der Grundlage des Militärwesens, wurde den Reichskreisen ebenfalls übertragen.

Den Abschluß dieser Entwicklung bildete die *Reichsexekutionsordnung* des Reichsabschiedes von 1555[5]. Den zehn Reichskreisen – Böhmen mit seinen Nebenländern war nicht in die Kreisverfassung einbezogen – wurde endgültig die Erhaltung des Landfriedens und Durchführung der kammergerichtlichen Urteile sowie die Gestellung des Heeres aufgetragen. Jedoch wurden die Kreishauptleute, die seit 1512 über den Kreisständen standen und unmittelbar über Reichstruppen verfügen konnten, durch Kreisoberste ersetzt, deren Amt mit den vornehmsten weltlichen Kreisständen verbunden war. An die Stelle der ursprünglich geplanten Beamten des Reiches oder des Kaisers trat ein mit mehreren Zugeordneten als ständisches Exekutivorgan fungierender Reichsfürst (Kreisdirektor, Kreisausschreibender Fürst). In den sechs alten Kreisen gab es zwei kreisausschreibende Fürsten, einen geistlichen und einen weltlichen, während in den vier neueren nur ein Fürst die Geschäfte des Kreises führte. Die Einrichtung hat sich zur Aufrechterhaltung des Landfriedens in den einzelnen Kreisen bewährt. Darüber hinaus war in schwierigen Lagen ein Zusammenwirken mehrerer Kreise vorgesehen. Konnten fünf Reichskreise noch nicht der Gefahr Herr werden, so hatte der Kurfürst von Mainz einen Deputationstag für alle auszuschreiben. Ein irgendwie bestimmender Einfluß des Kaisers auf die Kreisverfassung war weitgehend ausgeschaltet. Die Kreise waren katholisch, evangelisch oder gemischt und entsandten dementsprechende Beisitzer der einen oder beider Religionen zum Kammergericht.

Das zweite Grundgesetz des Augsburger Reichstages von 1555[6], der *Religionsfriede*, versuchte die verfassungspolitische Auswirkung des halben Sieges der Reformation zu regeln[7]. Auf dem zweiten Speyerer Reichstag (1529) hatten die evangelischen Stände gegen ein sie bedrückendes Reichsgesetz protestiert und weiter das Problem aufgeworfen, ob eine Mehrheit auf dem Reichstag in religiösen Fragen entscheiden könne und wo die Grenzen der kaiserlichen Gewalt lägen. Im Schmalkaldener Bund fand die religiös-ständische Opposition gegen das Kaisertum, der sich zunächst auch Bayern zum Schutz der fürstlichen Libertät anschloß, sichtbaren Ausdruck[8]. 1532 erreichten die Mitglieder des Bundes die Zusicherung, daß die Prozesse am Kammergericht ruhen sollten und wegen der Religion oder des Glaubens kein Stand den anderen bekriegen dürfte. Als Karl V. nach dem Sieg über die Protestanten 1546/47 versuchte, seine Macht im Sinne eines kaiserlichen Absolutismus überhaupt auszunutzen, wie es sich z. B. bei den Eingriffen in die reichsstädtischen Verfassungen durch kaiserliche Kommissare zeigte[9], stieß er auf den Widerstand der soeben noch mit ihm zusammengehenden Fürsten. Der Passauer Vertrag (1552) bot die Grundlage zum Augsburger Religionsfrieden, der zugleich Ausdruck des endgültigen Sieges über die mittelalterlich-universalistische Kaiseridee Karls V. war. Das Reich verzichtete darauf, die Einheit der Religion herzustellen, und überließ die Bestimmung des Bekenntnisses den Reichsständen. Wichtig war das indirekte Verbot der Säkularisation der geistlichen Fürstentümer, deren Veränderung eine Umbildung des Kurkollegs und der ganzen Reichsverfassung hätte mit sich bringen können; durch das »reservatum ecclesiasticum« wurde der den alten Glauben verlassende Fürst zur Aufgabe seines Territoriums verpflichtet. Dieser ganze Kompromiß, der nur aus einer gewissen Erschöpfung der beiden Religionsparteien geschlossen worden war, trug die zukünftigen blutigen Auseinandersetzungen in sich, da jeder das jetzt nicht Erreichte später durchzusetzen hoffte.

Der Augsburger Reichstag 1555 hat auch die *Reichskriegsverfassung*[10] zu einem gewissen Abschluß gebracht. 1521 war eine Matrikel für die Aufbringung des Reichsheeres aufgestellt worden[11], in der das sogenannte »Simplum« für die einzelnen Stände festgelegt worden war. Zum Beispiel hatte Böhmen 400 Reiter und 600 Fußknechte zu stellen, während die übrigen Kurfürsten sowie Salzburg, Bayern, Württemberg und Savoyen je 60 Reiter und 277 Fußknechte, Österreich und Burgund je 120 Reiter und 600 Fußknechte aufbringen sollten. Das »Simplum«, das insgesamt 4000 Reiter und 20000 Fußknechte betrug, konnte auf Beschluß des Reichstags auf das Zwei-, Drei- und Mehrfache erhöht werden. Die Wormser Matrikel legte zugleich mit der Stärke des Kontingents auch den erforderlichen Monatssold, d. h. den »Römermonat«, fest. So konnte Truppen- neben Geldhilfe oder beides zusammen beschlossen werden. Gegen diese Matrikel wurden bald von den Ständen Einwände erhoben, und die Nachprüfung, die sogenannte Moderation, bekamen 1548 die Reichskreise übertragen, die die Truppen im Kriegsfall nach der Matrikel zu stellen hatten. Mit dem oben erwähnten Deputationstag, auf dem der Kaiser durch Kommissare vertreten sein sollte, lag schließlich die Verteidigung des Reiches in der Hand eines Ausschusses der Reichsstände. Die außerhalb der Kreisverfassung stehende Reichsritterschaft wurde als geschlossene militärische

Organisation nicht mehr aufgeboten, sondern zahlte im Kriegsfall eine freiwillige Beisteuer (subsidium caritativum).

Gegenüber der sehr lockeren Reichskriegsverfassung, die infolge der eigenen Heere Karls V. nur ausnahmsweise in Erscheinung trat, hat der *Schwäbische Bund* (1488–1534) sich durch militärisch-politische Macht ein besonderes Ansehen verschafft[12]. Zunächst als Zusammenschluß der Ritterschaft und Städte gegründet, der die Enge der Standesbündnisse überwand, wurde eine feste Organisation geschaffen: Bundesrat mit weitgehenden richterlichen Funktionen, sorgfältig geregeltes Rechtsverfahren und klare Bestimmungen über die Pflichten der Mitglieder. So erreichte man ein gut funktionierendes Defensivbündnis, das auch bei den Erneuerungen und Änderungen der Verfassung durch den Hinzutritt von Fürsten erhalten blieb. Das Gericht war ausschließlich mit Rechtsgelehrten besetzt und ortsbeständig, in der Exekutive seiner Urteile dem Reichskammergericht weit überlegen. Der Kaiser als schwäbischer Territorialherr gewann immer stärkeren Einfluß im Bunde; die Verfassungen von 1512 und 1522 haben durch ihn eine Zentralisation der Befugnisse in den Händen des Bundesrates gebracht, der zeitweise permanent tagte. 1516 erlangte der Bund die rechtliche Grundlage für die Landfriedensexekution.

Damit traten reichspolitische Gesichtspunkte und der *Friedensschutz* Süddeutschlands an die erste Stelle. Hemmte der Bund zunächst den Fortschritt der Kreisorganisation, so hat er doch andererseits die Obliegenheiten des Reiches übernommen. Adel und Städte traten je länger je mehr in der Bundesleitung gegenüber den Fürsten zurück. Der Schwäbische Bund hat mit seinem Vorgehen gegen die widerspenstigen fränkischen Adligen, sie sich nicht vor seinem Gericht verantworten wollten, die politische Niederlage der Reichsritterschaft eingeleitet. Ein fränkischer Ritter hatte 1520 ein Bundesmitglied, den Grafen Joachim von Öttingen, überfallen und getötet. Der Bund beschloß, allen fränkischen Adligen entgegenzutreten, die sich nicht eidlich vom Verdacht des Einverständnisses mit der Mordtat reinigten. Das Bundesheer unter Truchseß zu Waldburg zerstörte in sechs Wochen im Sommer 1523 23 Adelssitze.

Der Zusammenstoß mit dem zweiten Reichsregiment, das der Bund offen bekämpfte, zeigte seine Gefährlichkeit für die zentrale Regierung. Das Hinzutreten der sich aus der Reformation ergebenden Spannungen innerhalb des Bundes brachte die

Auflösung dieser Organisation, die in der allerdings allzu harten Niederwerfung der politischen und sozialen Bauernkriege erneut eine Angelegenheit des Reiches übernommen hatte. Das landschaftliche Einigungsprinzip scheiterte schließlich überhaupt an der religiösen Frage. Karl V., der mehrmals eingegriffen hatte, um eine Erneuerung des Bundes zu erreichen, hat dann in neuen Bundesverhandlungen nach Beendigung des Schmalkaldischen Krieges 1547/48 eine Stärkung seiner kaiserlichen Macht erreichen wollen. Bis zum Schluß seiner Regierung hat er an einer unter kaiserlicher Leitung stehenden *Reichseinung* festgehalten, wie es auch der Plan des sogenannten Memminger Bundes 1552/53 erweist; mit der Reform auf bündischer Grundlage ist aber Karl V. vornehmlich deswegen gescheitert, weil er sie nicht so sehr als deutscher Fürst denn als europäischer Herrscher betrieb[13].

Der Reichstag hat früh *wirtschaftspolitische Gesetze* beschlossen, so 1512 ein Anti-Monopolgesetz gegen Spekulationskäufe, die erste Maßnahme gegen die großen Handelsgesellschaften[14], 1523 ein Reichszollgesetz. Die Durchführung beider wurde durch das Eingreifen des Kaisers zugunsten seiner städtischen Geldgeber verhindert, eine Monopolisierung im Erz- und Metallhandel ausdrücklich gestattet. Die anderen Reichsstände konnten sich nicht durchsetzen. Von Bedeutung für die wirtschaftliche Gestaltung im Reich wurden die *Reichspolizeiordnungen* von 1530 und 1548, sodann ein Wollausfuhrverbot 1535 und besonders die Reichsmünzordnung von 1559[15]. Die Einheit des Strafrechts im Reiche bis in die Aufklärung hat wesentlich die Constitutio Criminalis Carolina von 1532 ermöglicht; sie wurde vornehmlich von dem juristischen Kollegium des Reichsregiments ausgearbeitet[16].

Die sozialrevolutionäre und religiös gefärbte Nationalbewegung der *Bauern*, der aus dem Kleinadel und Bürgertum nur wenige Anführer zuwuchsen, kämpfte gegen die neuen Lasten der sich verstärkenden Grund- und Landesherrschaft und forderte in ihrer Hauptprogrammschrift, den 12 Artikeln, u. a. Aufhebung von Leibeigenschaft und Zehntem, freie Jagd und Weide[17]. Der Heilbronner *Reichsverfassungsentwurf* vom Mai 1525[18] zielte auf eine umfassende Reform des Gerichtswesens unter Ausschaltung der gelehrten Richter, auf die Säkularisation des geistlichen Besitzes und die Aufhebung von Fronden und Feudallasten, wollte Münz- und Maßeinheit im Reich schaffen und die kaiserliche Zentralgewalt stärken. Wie zuvor über die Reichsritterschaft, so triumphierten jetzt die Fürsten als Reichsstände und als Territorialherren über die Bauern. Nach der blutigen Niederwerfung des Aufstandes dehnten die landesfürstlichen Gewalten ihre Herrschaftsbefugnisse aus[19].

Großartige Spezialbibliographie für den Zeitraum: K. SCHOTTENLOHER, Bibliogr. zur dt. Gesch. 1517–1585 (7 Bde. [2]1956–1966).

[1] G. v. PÖLNITZ, Anton Fugger und die röm. Königswahl Ferdinands I., Zs. f. bayer. Ldsgesch. 16 (1951/52).

[2] Dt. Reichstagsakten, jg. R. 1, Nr. 387, auch bei ZEUMER, Quellensammlung.

[3] F. HARTUNG, Die Wahlkapitulationen d. dt. Kaiser u. Könige, HZ 107 (1911), auch in dess. Volk u. Staat (1940); G. KLEINHEYER, Die kaiserl. Wahlkapitulationen (1968); Kl. bereitet eine entsprechende Edition vor.

[4] Quellen: RTA und H. v. d. PLANITZ, Berichte a. d. Reichsrgt. in Nürnberg 1521–1523, hg. v. H. VIRCK (1899). Lit.: E. F. WYNEKEN, Die Rgts.ordnung von 1521, FDG 8 (1868); A. GRABNER, Zur Gesch. d. 2. Nürnberger Reichsrgts. (1903).

[5] Für die Kreise: DW[9] 8401 u. 11005; J. MÜLLER, Die Entstehung der Reichsexekutionsordnung 1555, MÖIG 40 (1925); A. K. MALLY, Der Österr. Kreis in der Exekutionsordnung des Röm.-Dt. Reiches (1967); P. CASSER, Der Niederrhein.-Westf. Reichskreis, in: Der Raum Westfalen II 2 (1934); L. GROSS u. a., Urkunden u. Aktenstücke d. Reichsarchivs Wien zur reichsrechtl. Stellung d. burgund. Kreises Bd. 1–3 (1944/45); H. RÖSSLER, Der fränkische Reichskreis, in: Fränkischer Geist – Deutsches Schicksal (1953); K. S. BADER, Der Schwäb. Kreis in der Verfassung des Alten Reiches, in: Ulm u. Oberschwaben 37 (1964); H. H. HOFMANN, Reichskreis u. Kreisassoziation. Prolegomena zu einer Gesch. d. fränk. Kreises, Zs. f. bayer. Ldesgesch. 25 (1962).

[6] Zur Vorgeschichte DW[9] 9989 u. 9992; Text DW[9] 9993; auch ZEUMER, Quellensammlung Nr. 189.

[7] E. W. ZEEDEN, Die Einwirkung der Reformation auf die Vf. des Hl. Röm. Reiches Dt. Nation, Trierer Theol. Zs. 59 (1950); L. PETRY, Veröffentlichungen zum Augsburger Jubiläum 1955, Bll. f. dt. Ldsgesch. 92 (1956); ders., Der Augsburger Religionsfrieden von 1555 u. d. Landesgesch., ebd. 93 (1957), arbeitet die Bedeutung für die Stärkung des polit. Regionalismus in Dtld. heraus; G. PFEIFFER, Der Augsburger Religionsfrieden und die Reichsstädte, Zs. d. hist. Ver. Schwaben 61 (1955).

[8] E. FABIAN, Die Entstehung d. Schmalkald. Bundes u. seiner Verf. 1524 bis 1535 ([2]1962).

[9] DW[9] 10114; PETRY vergleicht die Ereignisse mit dem Jahr des Bauernkrieges, Arch. f. hess. Gesch. 25 (1955), S. 15.

[10] H. WEIGEL, Kriegsverf. d. alten Dt. Reiches von d. Wormser Matrikel bis z. Auflösung (Diss. Erlangen 1912); K. LINNEBACH, Dt. Heeresgesch. (1935), S. 85 ff.; H. SCHOLTIS, Die Reichskriegsverf. d. Dt. Reiches (Diss. Innsbruck 1964).

[11] ZEUMER, Quellensammlung Nr. 181.

[12] Zuletzt E. BOCK, Der Schwäb. Bund u. seine Verfassungen (1927), mit älterer Lit.; auf die staatengeschichtl. Wirksamkeit verweist BADER (Kap. 1, Anm. 3), S. 186 ff.

[13] HARTUNG, DW[9] 10107; HECKER, DW[9] 10115; M. SALOMIES, Die Pläne K. Karls V. für eine Reichsreform (Helsinki 1953), betont den Zusammenhang aller Pläne.

[14] F. BLAICH, Die Reichsmonopolgesetzgebung im ZA Karls V. (1967); H. LUTZ, Conrad Peutinger (1958).

[15] Texte: G. K. SCHMELZEISEN (Hg.), Polizei- u. Landesordnungen 1 (1968), RPO 1577; ders., Polizeiordnungen u.

Privatrecht (1955), bes. S. 286 ff.; J. SEGALL, Gesch. u. Strafrecht d. Reichspolizeiordnungen von 1530, 1548 u. 1577 (1914); H. PROESLER, Das gesamtdt. Handwerk im Spiegel d. Reichsgesetzgebung von 1530–1806 (1954). [16] Zuletzt mit früherer Lit.: H. v. WEBER, Die peinliche Halsgerichtsordnung K. Karls V., ZRG GA 77 (1960). [17] G. FRANZ, ARG 36 (1939). [18] gedr. u. a. G. FRANZ, Quellen z. Gesch. d. Bauernkrieges (1963) Nr. 124. [19] Quellen u. Lit. Bd. 8, Kap. 19 u. Bd. 12, Kap. 3.

Kapitel 5
Konfessionell bedingte Verfassungskonflikte

Der Religionsfriede wollte der Ausbreitung der neuen Konfession gewisse Schranken setzen, hat aber eine Erweiterung ihrer Machtsphäre nicht verhindern können[1]. Die reichsunmittelbaren Stifte und Bistümer in Norddeutschland wurden durch die evangelischen Domkapitel entgegen dem geistlichen Vorbehalt mit protestantischen Fürstensöhnen besetzt, die als Administratoren kaiserlichen Lehnsindult erhielten. Allerdings änderte sich die Situation mit dem inneren Erstarken des Katholizismus und dem Übergang zur *Gegenreformation*. Dabei zeigten der zur Wahrung des geistlichen Vorbehalts geführte Krieg um das Erzbistum Köln von 1583, der Straßburger Kapitelstreit (s. Bd. 9, Kap. 5 b) und der Ratsstreit in Aachen, daß die Exekutionsordnung von 1555 infolge der konfessionellen Gegensätze nicht mehr durchgeführt werden konnte[2]. Der Reichshofrat entschied in diesen Fällen wie bei der Donauwörther Exekution (Bd. 9, Kap. 5 c) zuungunsten der Protestanten, die nun das kaiserliche Gericht ablehnten. Der Deputationstag aller Reichskreise wurde 1590 von den Protestanten verlassen, weil die katholische Mehrheit einen Beschluß zur Vertreibung der Spanier verhinderte. Schon zwei Jahre vorher war die seit 1557 jährlich tagende Visitationskommission für das Reichskammergericht, eine Art intermittierende Reichsverwaltungszentrale für die Justiz und zugleich Revisionsinstanz, durch das Ausscheiden der katholischen Mitglieder in ihrer bedeutungsvollen Wirksamkeit unterbrochen worden. Als 1598 der Reichstag Visitation und Exekution der Urteile einer außerordentlichen Deputation übertrug, einem ad hoc gebildeten Reichstagsausschuß, lehnte ein Teil der Protestanten im Vierklösterstreit (Bd. 9, Kap. 5 c) die Zuständigkeit der Deputation in Dingen des Religionsfriedens ab und zog sich 1601 aus ihr zurück.

Die Gerichtsbarkeit für Fragen geistlicher Güter ruhte nun vollkommen.

Die Reichsverfassung war auf den wichtigen Gebieten einer obersten Rechtsprechung und einer noch so unzulänglichen militärischen Verteidigung lahmgelegt. Noch gelang es auf den Reichstagen und nicht zuletzt den Kreistagen, trotz Bekämpfung der Majoritätsbeschlüsse durch die Protestanten große Summen für die Türkenhilfe durchzusetzen, d. h. für den Schutz des Reiches im Südosten; aber 1607 kam es zum offenen Ausbruch der Gegensätze und zur Sprengung des Reichstages durch die aktive Gruppe der evangelischen Stände über die Frage der Erneuerung des Religionsfriedens, der Tätigkeit des Reichshofrates und der Sicherung bzw. Rückgabe aller seit 1555 säkularisierten geistlichen Güter. Dem Zusammenschluß der protestantischen Stände in der *Union* trat die Gründung des katholischen Bundes der *Liga* entgegen. Der konfessionelle Konflikt steuerte auf eine militärische Entladung zu.

In dieser Zeit sind große Anstrengungen zur Beseitigung der Schäden der Reichsverfassung und des konfessionellen Konfliktes gemacht worden. Unter ihnen ragen die Bemühungen des *Lazarus von Schwendi* hervor, der als bewährter kaiserlicher Feldherr in den Türkenkriegen und ernannter militärischer Stellvertreter Maximilians II. in den fünf vorderen Reichskreisen vom Kaiser 1570 aufgefordert worden war, in einem Gutachten Mittel zur Besserung der gefährlichen Lage des Reiches anzugeben. In dem ›Diskurs und Bedenken über den Zustand des Heiligen Reiches‹ von 1570 hat Schwendi eine planmäßige, gemäßigt zentralistische Umgestaltung des Reiches vorgeschlagen und entsprechende Pläne für die Gebiete der Religion, des Rechts- und Kriegswesens und der Kreisverfassung vorgelegt[3]. Schwendi war Anhänger der *Freistellungsbewegung*, die Gewissensfreiheit, Anerkennung beider Konfessionen und Beseitigung des geistlichen Vorbehalts im Augsburger Religionsfrieden erstrebte; er wollte die militärische Macht der Bekenntnisse durch Verbot aller Sonderbündnisse und Verbindungen der Reichsstände mit dem Ausland brechen. Die Prozesse am Kammergericht sollten beschleunigt bzw. durch Gütlichkeitsverfahren verringert werden; denn Schwendi sah ein unendliches Chaos beim gegenwärtigen Modus der Prozeßerledigung voraus. Besondere Aufmerksamkeit widmete er dem Kriegswesen. Das Söldnerwesen sollte durch kaiserliche und kurfürstliche Genehmigungspflicht aller Auslandswerbungen in seiner übermäßigen Freiheit und Lizenz eingeschränkt, durch neu zu erlassende Kriegsgesetze in seiner ethischen und rechtlichen Gestalt gebessert werden. Hinsichtlich der militärischen Kreisverfassung schlug Schwendi vor, daß der Kaiser stets der Generaloberst aller Kreise sein, ein Reichsfürst ihm als oberster Leutnant zugeordnet werden sollte.

Dieser Gedanke des Amtes eines ständigen Oberbefehlshabers, schon von Ferdinand I. seit 1556 verfolgt[4], wäre durchaus geeignet gewesen, eine Zusammenfassung der militärischen Befugnisse der Reichskreise zu ermöglichen und damit auf dem Wege über die »Reichsprovinzen« eine beschränkte Reichseinheit herzustellen, was über Reichstag und Reichsstände nicht mehr zu gelingen schien; die Aussicht war günstig, da noch keine feste Ausbildung stehender Heere in den Territorialstaaten erfolgt war. In der kaiserlichen Proposition für den Speyerer Reichstag von 1570 wurden Schwendis Gedanken ausführlich wiedergegeben; aber über die Frage, wer die Erlaubnis fremder Werbungen erteilen sollte – Maximilian beanspruchte sie für sich allein – und welcher Konfession der militärische Stellvertreter des Kaisers angehören sollte, kam der ganze Plan nicht zur Ausführung. Nur einzelne Wehrgesetze, die Kriegsartikel und das neue Kriegsrecht, wurden vom Reichstag angenommen und haben bis zum Ende des Reiches gegolten[5]. Der Regensburger Reichstag von 1576 führte zur Niederlage der Freistellungsbewegung und zur Preisgabe einer umfassenden Reform der Reichsverfassung[6].

Die Entwicklung auf den anderen Ebenen des Reiches vollzog sich ruhiger. Neben der polizeilich-militärischen Exekutive haben die Reichskreise durch die *Reichsmünzordnung* von 1559, für deren Durchführung sie nun voll verantwortlich waren, eine weitere Aufgabe erhalten. Der Niederrheinisch-Westfälische Kreis nahm sich der Münzpolitik auf seinen Probations- und Kreistagen in Köln und Essen mit großem Nachdruck an, richtete besondere Kreismünzstätten in Köln, Aachen, Münster und Emden ein und wandte so die teils verheerenden Wirkungen der Wipperzeit im Anfang des 17. Jh. von seinen Territorien ab[7]. Andere Kreise gingen mit mehr oder weniger Erfolg ähnlich vor.

Die *Reichsritterschaft* bildete ihre genossenschaftlich-föderalistische Organisation im Sinne der Reichsunmittelbarkeit aus. 1560 wurde eine schwäbische Ritterordnung geschaffen, die die Freiheit von allen territorialherrschaftlichen Lasten und die

Pflichten gegen Kaiser und Reich festlegte. 1566 erklärte der Kaiser die Reichsritterschaft zur Korporation und zu einem untrennbaren Ganzen. Sie umfaßte den Schwäbischen, Fränkischen und Rheinischen Ritterkreis, die auf gemeinsamen Tagungen ihrer Gliederungen, der obrigkeitlichen Kantone, zusammenkamen und dort die Fragen der inneren Ordnung wie auch der Erhaltung des Besitzes berieten. Zwar konnte die Reichsritterschaft keine Standschaft auf dem Reichstag erhalten, aber die engen Verbindungen zum Kaiserhaus erhielten sich bis zum Ende des Reiches, wie die hohe Zahl der Reichsdienste zeigt[8].

Eine Einigungsbewegung finden wir auch unter den kleineren Landesherren, den *Grafen*, die von den Fürsten bedrängt wurden, durch die Auswirkung der Reformation von Bischofsstühlen, Kanonikaten und Klöstern als Versorgungsstellen der nachgeborenen Söhne ausgeschlossen waren und im Waffendienst keinen wirtschaftlichen Ausgleich fanden. Am besten bewährte sich bei der Wahrung des Landfriedens und der Standesinteressen der Bund der wetterauischen Grafen seit 1565, die sogenannte Grafenkorrespondenz, während ein allgemeiner deutscher Grafenverein, ein Zusammenschluß der schwäbischen, fränkischen und westfälischen mit den wetterauischen Grafen, keinen Erfolg hatte[9].

Die Freien und *Reichsstädte* verloren mit dem Untergang der großen Vermögen durch Staatsbankrotte und, als dem Rückgang des östlichen Handels auch der Untergang des west- und südeuropäischen Handels folgte, mit dem Zusammenbruch der Hanse, wobei das Reich vollkommen versagte, ihre wirtschaftliche Macht und politische Bedeutung[10]. Die innere Verfassung auch der landsässigen Städte nahm immer stärker einen obrigkeitlichen Charakter an. Ob sich das Stadtregiment nun mehr aus einer Ratsaristokratie wie in Norddeutschland oder mehr aus einer Zünfteoligarchie wie in Süd- und Westdeutschland zusammensetzte, fast überall ging der Einfluß der Bürgerschaft zurück. An die Stelle der Ratswahl trat die Kooptation. Die Vertretungen der Bürgerschaft wurden Scheinvertretungen, ernannte oder sich selbst ergänzende obrigkeitliche Körperschaften[11]. In Hamburg aber blieb die bürgerliche Mitwirkung in Form der »bürgerlichen Kollegien«, der Oberalten (1529) und der Kämmereiverordneten (1563), wirksam. Überall kam es zu vielen Streitigkeiten zwischen Rat und Bürgerschaft, für die oft das Urteil des Reichshofrats angerufen wurde und in die der Kaiser schlichtend eingriff. Abtragung von Schulden und neue Steuerlasten boten am ehesten Gelegenheit zur Behauptung oder Erweiterung bürgerlicher Mitsprache[12].

[1] Allg. K. BRANDI, Gegenreformation und Religionskriege ([2]1941). Lit. s. Kap. 4, Anm. 7; L. WEBER, Die Parität der Konfessionen in der Reichsverf. von d. Anfängen bis z. Jahr 1806 (Diss. Bonn 1961).

[2] T. MALZAN, Gesch. d. Verf. des Oberrhein. Kreises von d. Anfängen bis z. 30jähr. Krieg (Diss. Ms. Mainz 1952); A. BRUSATTI, Die Entwicklung der Reichskreise während d. Regierungszeit K. Maximilians II. (Diss. Ms. Wien 1950); H. VILLINGER, Die Tätigkeit des Schwäb. Reichskreises auf dem Gebiet des Polizeiwesens (Diss. Heidelberg 1950).

[3] Druck bei E. v. FRAUENHOLZ, Lazarus v. Schwendi (1939); vgl. auch ders. (Hg.), Des L. v. Schwendi Denkschr. über die polit. Lage des dt. Reiches v. 1574 (1939); E. DOLLMANN, Die Probleme d. Reichspolitik in d. Z. der Gegenref. u. die polit. Denkschriften von L. v. Schwendi (Diss. München 1926), leicht überschätzend, mit Lit.

[4] C. ERDMANN, Ferdinand I. u. die Kreisverf., HV 24 (1929).

[5] H. BECKER, Der Speyerer Reichstag von 1570 (Diss. Mainz 1969).

[6] H. MORITZ, Die Wahl Rud. II., der RT zu Regensburg (1576) u. die Freistellungsbewegung (1895).

[7] P. LENNARTZ, Die Probationstage und Probationsregister des Niederländisch[!]-Westfäl. Kreises (Diss. Münster 1912).

[8] Zusammenfassend mit Lit. BADER (Kap. 1, Anm. 3), S. 160ff.; G. PFEIFFER Studien zur Gesch. d. fränk. Reichsritterschaft, Jb. f. fränk. Ldsforsch. 22 (1962).

[9] L. HATZFELD, Schwendis Denkschrift über den Reichsgrafenstand 1581/82, ZGORh 102 (1954); ders., Zur Gesch. d. Reichsgrafenstandes, Nass. Annal. 70 (1959). Eine neue zusammenfassende Arbeit fehlt.

[10] R. HÄPKE, Reichswirtschaftspolitik u. Hanse nach d. Wiener Reichsakten d. 16.Jh., Hans. Gesch.bll. 50 (1925).

[11] s. Kap. 20.

[12] O. BRUNNER, Souveränitätsproblem und Sozialstruktur in den dt. Reichsstädten der frühen Neuzeit, in dess. Neue Wege der Vf.- u. Sozialgesch. ([2]1968).

Kapitel 6
Der Dreißigjährige Krieg und die Reichsverfassung

Der Ausbruch der immer wieder verzögerten militärischen Auseinandersetzungen zwischen den religiösen Parteien ließ keineswegs die Frage der Neuordnung der Reichsverfassung zurücktreten; dabei übte das Ausland zeitweise einen sehr starken Einfluß aus[1]. Die *Erfolge des Kaisers* im ersten Jahrzehnt des Krieges brachten eine Stärkung seiner Stellung, die Ferdinand II. im Sinne einer monarchischen Reichsreform auszunutzen sich anschickte. Es wiederholte sich die Entwicklung der Jahre 1546 bis 1552 im größeren Rahmen. Schon die eigenmächtige Ächtung des Kurfürsten von der Pfalz durch den Kaiser und die

Ausdehnung des Krieges über die Pfalz hinaus waren weder reichsgesetzlich noch nach der Wahlkapitulation gestattet. Um auch von den katholischen Reichsständen und der Liga unabhängig zu sein, schuf der Habsburger sich ein eigenes Heer unter Wallenstein.

Auf dem ersten Höhepunkt kaiserlicher Macht setzte das *Restitutionsedikt* 1629 (Bd. 9, Kap. 10) die Rückerstattung aller seit 1555 säkularisierten reichsunmittelbaren Stifte und aller seit 1552 von den Protestanten in Besitz genommenen landsässigen geistlichen Güter fest. Die kaiserliche Einflußsphäre wurde durch Häufung der Reichsbistümer in habsburgischen Händen vergrößert. Gegen die nun erwachsende Gefahr, daß die fürstliche Libertät, d. h. die ständische Reichsverfassung, beseitigt und ein kaiserlicher Absolutismus auf militärischer Grundlage errichtet werden würde, schlossen sich protestantische und katholische Kurfürsten zusammen und forderten auf dem Regensburger Kurfürstentag 1630[2] die Entlassung Wallensteins und die Reduktion des kaiserlichen Heeres. Insbesondere wirkte hier Frankreich durch seine Gesandten mit und unterstützte das Unabhängigkeitsstreben der Kurfürsten und ihre Trennung vom Kaiser. Ferdinand II. mußte dem deutschen und dem dahinterstehenden französischen Druck nachgeben, Wallenstein entlassen, die Truppen reduzieren und versprechen, neue Kriege nur mit Beirat der Kurfürsten zu beginnen.

Durch das *Eingreifen Gustav Adolfs* (Bd. 9, Kap. 11 c) erschien ein neuer Faktor in der Entwicklung der deutschen Reichsverfassung. Der Schwedenkönig versuchte, durch ewige Bündnisse die politische und militärische Oberhoheit über Mecklenburg, Lüneburg-Wolfenbüttel, Sachsen-Weimar, Württemberg, Hessen-Kassel, Brandenburg-Kulmbach, Anhalt und den Wetterauischen Grafenverband aufzurichten, wozu auch noch die bedeutendsten Reichsstädte kamen wie Nürnberg, Straßburg, Frankfurt, Hamburg u. a. Die Kreisverfassung wurde in ihrer militärischen Einrichtung voll ausgenutzt, indem Gustav Adolf die vier vorderen Reichskreise zusammenfaßte und in ihnen Befehlshaber einsetzte. Mögen die Ziele Gustav Adolfs auch nicht ganz klar sein, sicher ist, daß der Schwedenkönig ein verfassungsmäßiges Verhältnis anstrebte, das ihn zum nahezu unumschränkten, durch keine Wahlkapitulation gebundenen Leiter der auswärtigen Politik und des Krieges für das gesamte evangelische Deutschland gemacht hätte[3].

Im zweiten Generalat erhielt *Wallenstein* so umfassende Vollmachten, daß Ranke diese als »den größten Eingriff in die Reichsverfassung, den man seit Jahrhunderten erlebt hatte«, bezeichnete. Auch die Ermordung Wallensteins konnte die Stärke des kaiserlichen Heeres und seine errungene Machtstellung nicht schwächen, so daß Ferdinand II. 1635 einen Frieden für das Reich diktieren konnte, der alle evangelischen und katholischen Fürstenbündnisse sowie alle selbständigen Rüstungen verbot, d. h. das »ius foederis« und das »ius armorum« der Reichsstände praktisch aufhob. Alle Truppen wurden auf den Kaiser vereidigt, der die unbedingte Verfügungsgewalt über das von den Ständen zu unterhaltende Reichsheer übernahm, mit dem er auch im Innern gegen alle dem Prager Frieden und der kaiserlichen Macht Widerstrebenden vorgehen konnte. Die *absolutistisch-monarchische Gestaltung der Reichsverfassung*[4] wurde von allen deutschen Fürsten mit Ausnahme von Hessen-Kassel und Bernhard von Weimar durch Beitritt zum Frieden anerkannt.

Der *Eintritt Frankreichs* in den offenen Krieg (Bd. 9, Kap. 13) verkehrte diese einmalige Situation nach und nach in ihr Gegenteil. Als der neue Kaiser Ferdinand III. 1640/41 in Regensburg einen Reichstag abhielt, forderten die Stände die Umwandlung des kaiserlichen Heeres in ein ständisches Reichsheer, da sich immer deutlicher zeigte, daß die Interessen des Reiches und die des habsburgisch-spanischen Gesamthauses auseinandergingen. Der Kaiser gab aber nicht nach; so versuchten die Stände von sich aus im Niedersächsischen, Fränkischen, Bayerischen und Oberrheinischen Kreis Defensionen zu schaffen und durch Konjunktion eine militärische Macht aufzurichten[5]. Die Idee einer dritten Partei, die sich zwischen den kriegführenden Lagern behaupten wollte, konnte aber nicht verwirklicht werden, da auf der einen Seite ein Machtkern fehlte, um den sich die Stände hätten zusammenschließen können, und auf der anderen Seite »Mangel an Mut, an Opferbereitschaft, an gegenseitigem Vertrauen« (Hartung) die großen Vorhaben scheitern ließ.

Die *Umgestaltung der* durch den Prager Frieden gegebenen *Reichsverfassung* vollzog sich anläßlich der Forderung der Reichsstände auf selbständige Vertretung beim bevorstehenden Friedenskongreß. Sie fochten hier gegen den Kaiser nicht allein, sondern sowohl Schweden als auch Frankreich warfen sich zum Wahrer der »deutschen Freiheiten« auf. Beide verlangten die Teilnahme der Territorialfürsten an den Friedensverhandlungen und gestanden ihnen im eigenen Interesse das »ius pacis

et armorum« zu[6]. Da die Eröffnung des Friedenskongresses von
der schwedischen und französischen Krone an die völkerrecht-
liche Gleichberechtigung der Reichsstände geknüpft wurde,
mußte der Kaiser mit der Einladung an diese am 29. Mai 1645
nachgeben. Durch die *Zulassung der Reichsstände* waren die verfassungsrechtlichen Bestimmungen des Prager Friedens de facto
aufgehoben. Der machtpolitische Gegensatz zwischen Bourbon
und Habsburg und der konfessionelle Gegensatz hatten eine
einheitliche Vertretung des Reiches durch den Kaiser und damit eine starke monarchische Führung unmöglich gemacht.
Der durch das Vorgehen des Fränkischen Kreises ins Rollen
gebrachte Versuch, die Stände durch die Reichskreise vertreten
zu lassen, so daß alle Kreisdeputierten das ganze Reich verkörpert hätten, scheiterte an der scharfen französischen Ablehnung
und an der inneren Uneinigkeit. Die Stände begannen, »per se«,
»iure proprio«, also als Souveräne gelten zu wollen.

Die große Quellenpublikation der Acta Pacis Westphalicae (seit 1962), hg. von der
›Vereinigung zur Erforschung der Neueren Geschichte‹, befruchtet auch die Forschung zur Verfassungsgesch. des späten 30jähr. Krieges; F. DICKMANN, Der Westfälische Frieden ([2]1965).

[1] Für die allg. Entw. M. RITTER, Dt.
Gesch. im ZA d. Gegenref. u. d. 30jähr.
Krieges (3 Bde. 1889–1908) u. K. BRAN-
DI (Kap. 5, Anm. 1).
[2] O. HEYNE, Der Kff.tag zu Regensb.
1630 (1866); R. KELLER, Die Friedens-
verhandl. zw. Frankreich u. d. Kaiser
auf d. Regensb. Kff.tag 1630 (Diss. Bonn
1902).
[3] Zum Streit um die Verfassungsziele
s. J. KRETZSCHMAR, G. Ad.s Pläne u.
Ziele in Dtld. u. die Hge. zu Braunschweig u. Lüneburg (1904), dazu M.
RITTER, GGA 1905; auch J. PAUL,
Gustav Adolf, Bd. 3 (1932).
[4] Die Möglichkeit einer monarchischen Reichsverf. um 1635 bejahen mit
der älteren Lit. A. WANDRUSZKA,
Reichspatriotismus u. Reichspolitik z. Z.
des Prager Friedens (1955), u. F. DICK-
MANN (s. o.), S. 528. Diese Auffassung
wird u. a. von K. REPGEN bestritten; eine
ausführliche Begründung gab H. HAAN,
K. Ferd. II. und das Problem des Reichs-
absolutismus, HZ 207 (1968); die Be-
trachtung der militärpolit. Realität
scheint mir aber weniger den Inhalt des

Friedensvertrages und die daraus spre-
chende Absicht des Kaisers zu treffen,
der mit der enormen Bewilligung von
240 Römermonaten eine neue Grundlage
für das Reichsmilitär und das »absolute«
Kommando des Kaisers auch über das
sächs. Korps zu schaffen suchte. Vgl.
ferner H. HAAN, Der Regensburger Kurfürstentag von 1636/37 (1967). Ferdinand als österreichischer Herrscher: H.
STURMBERGER, K. Ferd. II. u. das Problem d. Absolutismus (1957).
[5] Noch kaum untersucht, s. HARTUNG,
Verfassungsgesch., S. 32; der mit
schwed. Unterstützung unternommene
Versuch, die Reichsverf. durch Beseitigung des alleinigen Wahlrechts der Kurfürsten zu ändern, ist auch ein For-
schungsdesiderat.
[6] Die Acta Pacis Westphalicae, hg.
von M. BRAUBACH und K. REPGEN, erscheinen in mehreren Serien: I Instruktionen, II Korrespondenzen, III Proto-
kolle, Tagebücher u. Verhandlungsak-
ten. Frühere Quelleneditionen u. Lit. s.
Ser. I, Bd. 1 (1962), S. XXIIff.

Kapitel 7
Verfassungsrechtliche Bestimmungen im Westfälischen
Frieden

Der Westfälische Friede[1] bringt die große politisch-konfessio-
nelle Krise des europäischen Staatslebens im 17. Jh., die eine
ihrer Ursachen im Versuch des Aufbaus einer römisch-katholi-
schen Universalmonarchie hatte, für das deutsche Reich zu
einem gewissen Abschluß. Die alte Schutz- und Schirm-Idee
des Römischen Reiches führt nur noch eine schattenhafte Existenz, während außerhalb und innerhalb des Reiches die nüch-
terne Staatsräson das gesamte politische Leben beherrscht. Die
westfälischen Friedensinstrumente haben der Reichsverfassung
keine neuen, entscheidenden Impulse gegeben, auch keine gemeinsame politische und administrative Organisation geschaffen. Sie haben den Reichsständen, die sich schon zu einer
gewissen Unabhängigkeit gegenüber dem Reich entwickelt
hatten, das Recht gewährt, Bündnisse zu schließen unter Ausnahme aller gegen Kaiser und Reich gerichteten Verträge[2]. Zusammen mit einer rechtlich jedoch noch nicht unbeschränkten
Staatsgewalt gegenüber den Untertanen haben die Territorialfürsten nunmehr eine fast vollkommene *Landeshoheit* erlangt,
das »ius territorii et superioritatis« oder, wie der französische
Entwurf im falschen europäischen Maßstab sagte, ein »droit
de souveraineté«[3]. Der Kaiser dagegen wurde bei allen Regierungshandlungen an die Mitwirkung und Zustimmung der
Reichsstände auf dem Reichstag gebunden – sowohl in der Gesetzgebung wie in der Außenpolitik (Krieg und Frieden, Bündnisse), der Finanz- und der Wehrpolitik (IPO VIII, 2). Auf dem
nächsten Reichstag sollte eine die Beschränkungen festlegende
beständige Wahlkapitulation für alle künftig zu wählenden
Kaiser vereinbart werden. Wichtige konstitutionelle Grundfragen wie Kaiserwahl, Kreisverfassung, Reichssteuerwesen,
Reichsgerichtswesen wurden ausdrücklich dem kommenden
Reichstag zugewiesen. Gewiß sollten damit diese Dinge auch
dem bestimmenden Einfluß Frankreichs und Schwedens auf
dem Kongreß entzogen werden; aber für die Mehrzahl der auf-
geschobenen Fragen wurde niemals eine Lösung erreicht. Den
Reichsständen gelang es nicht, die oberste Gerichtsbarkeit ganz
in ihre Hände zu bekommen und die schon seit 1590 bestrittene
konkurrierende Jurisdiktion des kaiserlichen Reichshofrates
auszuschließen. Stillschweigend mußte man sie neben dem

konfessionell paritätisch besetzten Reichskammergericht anerkennen.

Endgültig entschied man die *religiöse Frage*, gegen deren Lösung der Papst protestierte[4]. Der Augsburger Religionsfriede wurde bekräftigt und auf die Calvinisten ausgedehnt. Als Normaljahr sowohl für den Bekenntnisstand als auch für den Besitzstand der geistlichen Güter und Stifte wurde das Jahr 1624 festgesetzt; damit waren die Erwerbungen der Protestanten seit 1555 legalisiert. Gleichzeitig erhielten die landsässigen Untertanen, die anderer Konfession als der Landesherr waren, das Recht der privaten oder öffentlichen Religionsausübung. Das Auswanderungsrecht der Untertanen aus Gründen der Konfession galt uneingeschränkt, jedoch durfte der Landesherr niemanden mehr zur Auswanderung zwingen[5]. Von entscheidendem Einfluß auf die Verfassungsgeschichte war die Tatsache, daß nunmehr in allen die Religion berührenden Fragen der *Reichstag in zwei Kurien* auseinandertreten sollte, in das »corpus catholicorum« und das »corpus evangelicorum«, zwischen denen nur eine gütliche Vereinbarung zulässig war[6]. Diese »itio in partes« ist von den Ständen später oft benutzt worden, um unliebsame Beschlüsse zu verhindern. Die Reichsstädte erhielten endlich ihre Gleichberechtigung auf dem Reichstag.

Die verfassungsgeschichtliche Wirkung des Westfälischen Friedens für das Reich ist im ganzen gesehen mehr zerstörend als aufbauend gewesen, indem das neue Grundgesetz die Libertät der Stände in der Außen-, Innen- und Religionspolitik anerkannte, ohne jedoch ihre Pflichten gegen Kaiser und Reich ausdrücklich festzulegen. Mit dem *Jüngsten Reichsabschied* vom 17. 5. 1654 (J. R. A.) hat der erst nach fünf Jahren zusammengetretene Reichstag für Reichsjustiz und Gerichtsverfahren noch Gesetze erlassen, aber die anderen dem Reichstag zugewiesenen Aufgaben im wesentlichen nicht gelöst. Die Bestimmung, die für den schwer verschuldeten Grundbesitz ein Zahlungsmoratorium für zehn Jahre gewährte und drei Viertel aller Zinsen strich, galt hauptsächlich nur für den Schwäbischen und Fränkischen Reichskreis, während Bayern, Brandenburg, Anhalt u. a. die Fragen im Wege der Territorialgesetzgebung regelten.

Der berühmte § 180 des J. R. A., der die Untertanen und Landstände erneut auf die Kreishilfen und damit auf ihren Beitrag zur militärischen Organisation des Reiches verpflichtete, erlegte ihnen auch die Unterhaltspflicht für die Festungen und

Garnisonen der Reichsstände auf. Damit war reichsrechtlich die militärische Kraft des Reiches gespalten und die *Wehrsteuerhoheit der Fürsten* teils legitimiert, teils begründet. Auf diesem Wege schritt die vornehmlich von Kurbrandenburg gewünschte Bestimmung der Wahlkapitulation von 1658 weiter, die den Landständen jede eigenwillige »Disposition über die Landsteuer« sowie das Selbstversammlungsrecht entzog und alle Prozesse vor Reichsgerichten in diesen Fragen sowie hinsichtlich des § 180 verbot[7].

Die Entwicklung der Reichsverfassung war im großen und ganzen mit dem Westfälischen Frieden beendet. Die Regierungsgewalt des Kaisers war durch die Mitwirkung des Reichstags gebunden und durch die Landeshoheit der Reichsstände eingeengt. Der Kaiser besaß als »*Reservatrechte*« teils allein, teils mit Zustimmung der Kurfürsten das Recht der Standeserhöhung, der Begnadigung, der Legitimierung, der Ausübung der oberlehnsherrlichen Gewalt, der Erteilung von Privilegien und Dispensionen sowie von Exemtionen von der Reichsgerichtsbarkeit. Eine Festlegung dieser Rechte auf dem westfälischen Friedenskongreß konnte der Kaiser verhindern, der sich bei ihrem freien Gebrauch sowohl finanzielle Einnahmen als auch einen gewissen Einfluß auf die schwächeren Reichsstände verschaffte[8].

Das *Wesen der Reichsverfassung* zu bestimmen, die durch den Westfälischen Frieden und den Reichstag von 1653/54 ihre letzte Form erhalten hat und unter Garantie des Auslandes, Frankreichs und Schwedens, gestellt wurde, ist schon den Reichsrechtslehrern des 17. und 18. Jh. ein staatsrechtliches Problem gewesen, das sie nicht lösen konnten. Der oft zitierte Satz von Pufendorf (Severino de Monzambano), daß das Reich nach den Regeln der (aristotelischen) Politik ein »irregulare aliquod corpus et monstro simile«[9] sei, ist durchaus berechtigt, wenn man damit nicht von vornherein eine Abwertung verbindet und an die Schwierigkeit der Einordnung in das die Lehre der Zeit beherrschende Souveränitätsschema Bodins denkt. Das Reich, das, wie Johann Jakob Moser[10] im 18. Jh. sagte, auf »gut teutsch regiert« wurde, konnte zwar die Funktionen eines modernen Machtstaates ohne Heer, Finanzen und Verwaltungsbehörden nicht erfüllen; dennoch hat es die deutsche Nation staatsrechtlich in einem politischen Körper zusammengeschlossen und die volle Entfremdung der sich auseinanderentwickelnden Teile verhindert[11]. Die Reichsgerichte schützten die Untertanen der Reichsstände nicht nur im Falle der Rechtsverweigerung gegen ihre Fürsten und Landesgerichte[12]. Mochte das Reich von den Reichsständen, den Reichsgrafen und der Reichsritterschaft als *negative Schutzorganisation* betrachtet werden, die eine »Einordnung in Herrschaftsgebilde der Fürsten und großen Herren« verhindere, so ist das »negative Reichsbewußtsein« (Bader) auch bei den Landständen und der Masse der reichsmittelbaren Untertanen vorhanden. Reichspatriotismus und Kaiserverehrung des Volkes treffen sich im Bewußtsein des Rechtsschutzes gegen Willkür und Despotismus durch die Reichsgerichte, Reichskammergericht und Reichshofrat, die über Religionsfreiheit, Auswanderungsrecht, Schutz des Eigentums, persönliche Freiheit, soweit sie damals rechtlich bestand, Briefgeheimnis und geordnetes Gerichtsverfahren wachten[13]. Die Bestätigung der landständischen Verfassungen durch den Kaiser (in Württemberg seit 1514, Mecklenburg 1621, Jülich-Kleve usw.) bot den Ständen einen Rückhalt am Reich, der in manchen Territorien sehr wertvoll werden konnte, wie die spätere Entwicklung zeigt.

F. Dickmann, Der Westfälische Frieden (²1965); ders., Der Westfäl. Friede u. die Reichsverf., in: Forschungen u. Studien z. Gesch. d. Westfäl. Friedens (1965); H. E. Feine, Zur Verfassungsentw. des Hl. Röm. Reiches seit dem Westfäl. Frieden, ZRG GA 52 (1932); wichtig bleiben die Werke des 18. Jh.: J. J. Moser, J. St. Pütter, F. D. Häberlin, s. DW⁹ 12371, 2382f., 1769.

[1] S. Bd. 9, Kap. 15 u. Bd. 10, Kap. 1; vollst. Bibliogr. zum Westfäl. Frieden von H. Thiekötter in: Pax optima Rerum, hg. v. E. Hövel (1948); J. St. Pütter, Geist des Westph. Friedens (1795); M. Braubach, Der Westfäl. Friede (1948); in Zeumers Quellensammlg.; Instrumenta Pacis Westphalicae, mit Übers. v. K. Müller (Quellen z. neueren Gesch., hg. v. d. Univ. Bern 12/13, ²1966); J. Hardeland, Der Westfäl. Frieden im Urteil der dt. Wissenschaft u. Publizistik 1648 bis 1848 (Diss. Bonn 1955).

[2] E.-W. Böckenförde, Der Westfäl. Frieden u. d. Bündnisrecht der Reichsstände, Der Staat 8 (1969).

[3] K. Kormann, Die Landeshoheit . . . seit d. Westf. Fr. (1913); Th. Kürschner, Die Landeshoheit der dt. Länder seit dem Westfäl. Frieden unter dem Gesichtspunkt der Souveränität (Diss. Heidelberg 1938); H. Rall, Kurbayern in der letzten Epoche der alten Reichsverf. 1745–1801 (1952), stellt die Frage der Landeshoheit in den Mittelpunkt.

[4] K. Repgen, Der päpstl. Protest gegen den Westfäl. Frieden, H Jb 75 (1956); grundlegend für das Verhältnis des Papsttums zur Reichsverf. seit der Reformation: ders., Die römische Kurie u. der westfäl. Friede. Idee u. Wirklichkeit des Papsttums im 16. u. 17. Jh. I: Papst, Kaiser u. Reich 1521–1644, 1–2 (1962 bis 1965); D. Albrecht, Der Hl. Stuhl u. die Kurübertragung 1623, QFltA 34 (1954).

[5] U. Scheuner, Die Auswanderungsfreiheit in der Verf.gesch. Dtlds., in: Festschr. R. Thoma (1950).

[6] F. Wolff, Corpus Evangelicorum u. Corpus Catholicorum auf d. Westfäl. Friedenskongreß (1966).

[7] J. R. A. bei Zeumer, Quellensammlung; J. G. v. Meiern DW⁹ 11418; J. J. Moser, Gesch. des § 180, Nebenstunden von Teutschen Staatssachen 5 (1758); K. Lohmann, Das Reichsgesetz v. J. 1654 (Diss. Bonn 1893).

[8] J. Pratje, Die kaiserlichen Reservatrechte – Jura caesarea reservata (Diss. Erlangen 1957); G. Oestreich, Die verfassungspolit. Situation der Monarchie in Dtld. vom 16.–18. Jh., in ders.: Geist u. Gestalt des frühmod. Staates (1969).

[9] De statu imperii Germanici, hg. v. F. Salomon (1910), c. VI, § 9; dazu DW⁹ 12368; zur Theorie s. Bd. 9, Kap. 16; E. Wolf, Idee und Wirklichkeit des Reiches im dt. Rechtsdenken des 16. u. 17. Jh., in: Reich u. Recht in der dt. Philosophie, hg. v. K. Larenz, Bd. 1 (1943), mit weiterer Lit.; E. R. Huber, Reich, Volk und Staat in der Reichsrechtswissenschaft des 17. u. 18. Jh., Zs. f. d. ges. Staatswiss. 102 (1942); U. Schlie, Joh. Stephan Pütters Reichsbegriff (1961); E. Schmidt-Assmann, Der Verfassungsbegriff in der dt. Staatslehre der Aufklärung u. des Historismus (1967).

[10] R. Rürup, Joh. Jak. Moser, Pietismus u. Reform (1965); E. Schömbs, Das Staatsrecht Joh. Jak. Mosers 1701–1785 (1969); E. Bussi, Stato, sudditi e sovrano nei giuristi tedeschi del XVIII seculo, Studi economico-giuridici pubblicati della facoltà di giurisprudenza (Padova 1956).

[11] Für eine höhere Bewertung des Reiches u. des Reichsgedankens treten ein: A. Rauch, Kaiser u. Reich im Jh. nach dem Westfäl. Frieden (Diss. München 1933); H. v. Srbik, Deutsche Einheit 1 (1935), auch Feine, Bader, v. Aretin; R. Montanus, Zum Problem der Reichskontinuität im öffentl. Bewußtsein Dtlds. im Jh. nach dem Westfäl. Frieden (Diss. Bonn 1957).

[12] K. Perels, Die Justizverweigerung im alten Reiche seit 1495, ZRG GA 25 (1904).

[13] H.-R. Feller, Die Bedeutung des Reiches u. seiner Verfassung für die mittelbaren Untertanen u. die Landstände im Jh. nach d. Westfäl. Frieden (Diss. Marburg 1953); zu günstig beurteilt wohl die Leistungen der Reichsgerichte F. Hertz, Die Rechtsprechung der höchsten Reichsgerichte im röm.-dt. Reich, MIÖG 69 (1961).

Kapitel 8
Redintegration der Kreise und politisch-militärische Assoziationen

Im Westfälischen Frieden war eine »redintegratio« vorgesehen, die *Wiederbelebung der Reichskreise* (IPO VIII 3: redintegrandis circulis), die durch verstärkte Heranziehung aller Kreisstände Ordnung in die Reichsverwaltung und Heeresverfassung bringen sollte. Gegen die Neuordnung des Reichsmatrikelwesens, die unter dem bezeichnenden Namen »Moderation« eine der schwierigsten Aufgaben der Kreise war, wurde eine Flut von Prozessen bei den Reichsgerichten eingeleitet. Aber nicht in allen Kreisen entwickelte sich neues selbständiges Leben. In den habsburgischen Landen finden überhaupt keine Kreistage statt, die kurrheinische Kreisversammlung tritt nach 40jähriger Pause erst 1679 zusammen, während die obersächsischen Kreistage bereits 1683 enden. Aber im Schwäbischen und Fränkischen, nicht so sehr im Oberrheinischen und Westfälischen haben die Kreisorgane und Kreisgesetze eine große Bedeutung für gerichtlich-polizeiliche Aufgaben, für Wegebau und Straßenschutz, für Währungseinheit und Wirtschaftsgestaltung gewonnen. Im Schwäbischen Kreis (68 weltliche, 40 geistliche Staatsgebiete, 31 Reichsstädte) stellte Württemberg in gewisser Hinsicht eine Vormacht dar; der Herzog war Kreisoberst und wechselnd mit dem Bischof von Konstanz Kreisdirektor. 1725 errichtete der Schwäbische Kreis sogar in Ravensburg ein Zucht- und Arbeitshaus. Im Westfälischen Kreis hinderten die starke konfessionelle Aufspaltung auf dem Kreistag (21 evangelische gegen 17 katholische Reichsstände) und die die Kreisaufgaben weit überlagernden Interessen der größeren Mächte wie Schweden, Brandenburg-Preußen, Braunschweig-Lüneburg, Hessen-Kassel, deren Schwergewicht außerhalb des Westfälischen Kreises lag, eine der Grenzlage entsprechende militärische Redintegration. Der Bischof von Münster führte mit Brandenburg und Pfalz-Neuburg das Kreisdirektorium[1].

Der Versuch, zeitgemäß ein einheitliches stehendes *Kreisheer* aufzustellen, scheiterte am Widerstand der die Ausgaben scheuenden Stände, an ihren Eifersüchteleien wie der Furcht, das Prinzip der Libertät aufzugeben oder den Anspruch auf Souveränität und konfessionelle Parität durch Unterordnung unter einen fremden Oberbefehlshaber zu verlieren. Es blieb beim Kontingentsheer. Die Kreise haben aber in manchen Teilen des Reiches durch die Verwirklichung der vom Reich bzw. vom Kreis selbst beschlossenen Polizei-, Handels-, Münz-, Zoll- und Handwerksordnungen und verschiedener Gesetze auf dem Gebiet des Medizinalwesens, der Wohlfahrt, des Rechts, des Straßenbaus sowie durch die Beitreibung der Reichsumlagen, besonders der Kammerzieler für den Unterhalt des Reichskammergerichts, in ihrem Rahmen Bedeutendes geleistet. Im Südwesten des Reiches haben die Kreiskörperschaften »wesentliche staatliche Funktionen« ausgeübt (Bader) und eine wirtschaftliche und rechtliche Einheit auf den genannten Gebieten mit teilweisen Erfolgen angestrebt; auch konnten sich mehrere Kreise zusammenschließen, wie z. B. die »Chur- und Oberrheinische gemeinsame Poenal-Sanction« von 1748 beweist. In der Kreisverfassung finden wir auf landschaftlicher Grundlage den föderativen Gedanken durch Selbstverwaltungskörper verwirklicht, die zum wesentlichsten Ausdruck einer *genossenschaftlichen Staatspraxis des Reiches* wurden.

Die *Idee der Einung*, die in der Form reichsständischer *Assoziationen* an die Defensionen des ausgehenden Dreißigjährigen Krieges anknüpft, verlieh den letzten anderthalb Jahrhunderten des Reiches ein politisches Leben. Zu Beginn der 50er Jahre des 17. Jh. entstand eine Vielzahl wechselnder Verteidigungsbündnisse, welche im niedersächsischen Raum besonders an den aktiven Welfen einen Halt fanden und am Rhein durch die Nähe des französisch-spanischen Kriegsschauplatzes, durch die Grenze bedingt sind. Der antihabsburgische Unionsplan des brandenburgischen Staatsmannes Georg Friedrich v. Waldeck 1653/54 (s. Bd. 10, Kap. 2) führte nur zum Abschluß eines Bündnisses mit den drei welfischen Höfen Braunschweig, Hannover und Celle. Es war unmöglich, sich über den französisch-habsburgischen Gegensatz zu erheben und die Politik einer dritten Partei zu verfolgen. Man mußte zwischen beiden Parteien wählen, so wie sich der erste *Rheinbund* 1658[2] an Frankreich anlehnte, weil damals die habsburgisch-spanische Macht die deutsche Libertät[3] stärker zu bedrohen schien als der Garant der Reichsverfassung, das Frankreich Mazarins. Als 1664 eine Türkenhilfe vom *Immerwährenden Reichstag* beschlossen wurde, der seit 1663 als ständiger Gesandtenkongreß tagte, trat der Rheinbund geschlossen auf und erfüllte seine Reichspflichten. Nach zehnjährigem Bestehen, beim Angriff Ludwigs XIV. auf das Reich, löste sich das Instrument der französischen Reichspolitik (nicht »Rheinpolitik«) schließlich auf.

Der Kurfürst von Mainz, Joh. Phil. v. Schönborn, hat die *Idee einer dritten Partei* ohne Anlehnung an Frankreich weiter verfolgt. Aus diesen Bestrebungen ist das Gutachten von *Leibniz* über die Sekurität des Reiches von 1670 bekannt[4]: Das Reich soll durch einen Zusammenschluß der Territorien umgebildet werden in einen Bund, der von einem in Frankfurt tagenden Direktorium geleitet wird, wobei der Kurerzkanzler im Zusammenwirken mit einem Bundesrat die Hauptgewalt ausübt. Für den Kaiser sind nur zwei Stimmen im Bundesrat für Böhmen und seine Erblande vorgesehen. Alle Mitglieder der »beständigen Allianz« sollen schon im Frieden ein Heer unter einheitlicher Gewalt und ein »perpetuum aerarium« errichten. – Aber nichts von dieser bündischen Reichsreform wurde Wirklichkeit, sowenig wie von der »Geschwinden Kriegsverfassung«

1688, in der Leibniz auf die Verteidigungspflicht der Untertanen zurückgriff[5].

Als der Reichstag 1674 den *Reichskrieg an Frankreich* erklärte (s. Bd. 10, Kap. 6), kam kein Reichsheer zustande; nur ein Teil der Stände stellte die schuldigen Kontingente. Der Fränkische und Schwäbische Kreis wie auch das sich neutral haltende Bayern protestierten sogar gegen die Einquartierung der kaiserlichen Truppen in ihren Landen. Die Verluste des Friedens zu Nymwegen, den der Kaiser abschloß, ohne das Reich zu befragen, und die neuerliche Türkengefahr rüttelten die Stände aus ihrer Gleichgültigkeit auf und wurden der Anlaß zu einer Reform der militärischen Organisation in der *Defensionalverordnung von 1681*, die einer kaiserlichen Initiative zu danken ist[6]. Diese Neuordnung sah ein Reichsheer (Simplum 40000 Mann) auf der Grundlage der Kreisverfassung vor, Kreiskriegskassen für die Besoldung und Versorgung des Kreiskontingents sowie eine Reichsoperationskasse für den Unterhalt des Generalstabs. Es hing nunmehr ganz von den Ständen der einzelnen Kreise ab, ob sie ein kriegsbrauchbares Heer aufstellten, denn die weitere Verteilung des den Kreisen jeweils auferlegten Kontingents (Subrepartition) war, wie die gesamte Organisation, in das Belieben der Kreistage gestellt, bei denen der Kaiser zumeist einen ständigen Gesandten unterhielt. Die Wormser Reichsmatrikel von 1521 wurde im Kreise durch Kreismatrikeln ersetzt[7].

Die neue Organisation führte zu großen Schwierigkeiten. Bei den habsburgischen Kreisen, die nahezu ein Drittel des Reichsheeres stellten, war zwar das Kreisheer mit den Truppen des Kaisers nahezu identisch, und die Kreise, die vornehmlich aus kleinen Reichsständen bestanden, führten die neue Reichskriegsverfassung am besten durch. Im Schwäbischen Kreis stellten die einzelnen Stände die Truppen selbst auf, im Fränkischen Kreis wurden sie aus der Kreiskriegskasse unterhalten. Aber in den Kreisen, in denen die großen Reichsstände bereits über ein eigenes stehendes Heer verfügten, konnte nicht erwartet werden, daß diese ihre Truppen gemäß der Kreiseinteilung zersplittern würden. Brandenburg z. B. lehnte auf dem westfälischen Kreistag ab, seine Heeresteile dem Kreis zu unterstellen, gehörte es doch wie auch Braunschweig und Kurmainz gleichzeitig drei Reichskreisen an. Gerade die militärisch mächtigsten Stände, die *Armierten*, waren über diese Kreiseinteilung hinausgewachsen. Sie zwangen ihre schwächeren Mitstände, ihnen die Truppengestellung gegen Bezahlung zu übertragen, wodurch sie nicht nur ihre Heereskosten verringern konnten, sondern auch oftmals Quartiere und Rekrutierungsgebiete gewannen. Ein neuer Gegensatz, der zwischen Armierten und Nichtarmierten, entstand[8].

Nur in den sogenannten vorderen, Frankreich benachbarten Reichskreisen gewann die Kriegsverfassung von 1681 eine gewisse Bedeutung. Sie wurde zur militärischen Organisation des Südwestens, des »Reiches« im engeren Sinn. Allerdings konnte die Idee des »miles perpetuus«, eines ständig unter Waffen gehaltenen und geübten Heeres, auch hier nicht verwirklicht werden. Unter der Leitung des Markgrafen Ludwig Wilhelm von Baden wurde jedoch eine militärisch wirkungsvolle Vereinigung der fünf westlichen Reichskreise (Oberrhein, Schwaben, Franken, Kurrhein, Niederrhein-Westfalen) im *Frankfurter Assoziationsrezeß* von 1697 erreicht (dann Nördlinger Traktat 1702). Sie beschlossen den Unterhalt eines im Frieden 40000, im Kriege 60000 Mann starken Heeres, dessen einheitliche Organisation bis ins kleinste geregelt wurde. Nach der erfolgreichen Rheinverteidigung im Spanischen Erbfolgekrieg blieben die Kreistruppen beibehalten, aber ihre Sollstärke unterschied sich so sehr von der Iststärke (Usualfuß), daß die im 18. Jh. aufgebotene Reichsarmee schließlich nur eine untergeordnete und schmähliche Rolle spielen konnte.

Ein politischer Erfolg der Frankfurter Assoziation ist wohl nicht festzustellen. Der Versuch einer Einung Deutschlands auf wirtschaftlicher Grundlage, der Entwurf von J. J. Becher und Chr. Royas y Spinola 1665[9], der einen freien Wirtschaftsverkehr im Innern und eine handelspolitische Einheit nach außen vorsah, blieb ebenso unausgeführt wie der Plan einer Reichsflotte unter dem Großen Kurfürsten. Für kurze Zeit gelang es im Kampf gegen Frankreich, eine einheitliche Außenhandelspolitik durch Reichsgesetze (1676, 1684 und 1705) zu erzielen[10].

Allg. Literatur s. Kap. 7, Anm. 1; O. WEBER, Dt. Gesch... 1648–1806 (1913); E. v. PUTTKAMER, Föderative Elemente im dt. Staatsrecht seit 1648 (Quellensamml. z. Kulturgesch. 7, 1955).

[1] Auch für die Quellen zur Kreisverfassung des 17. u. 18. Jh. sind wir auf die umfassende histor.-jurist. Lit. des 18. Jh. angewiesen. Quellen: MOSER und FABER, DW[9] 2270. Darstellung: J. J. MOSER, Neues teutsches Staatsrecht 10 (1773).

Neuere Arbeiten für Niederrhein-Westfalen: ROTHERT, Westfäl. Gesch. 3 (1962), S. 270 ff. mit Lit.; W. HASTENRATH, Das Ende d. Niederrhein-westfäl. Kreises 1786–1806 (Diss. Bonn 1949). Kurrhein: G. LOCH, Der kurrhein. Kreis von Ryswijk bis z. Frieden von Rastatt und Baden (Diss. Bonn 1951). Oberrhein: R. WINES, The Imperial Circles 1681–1714, Journal of Mod. Hist. 39 (1967), Lit.; G. A. SÜSS, Gesch. d. Oberrhein. Kreises u. d. Kreisassoziationen in d. Zeit d. span. Erbfolgekrieges 1697–1714, ZGORh 103–104 (1955/56). Franken: W. SCHNEIDER, Die Politik d. Fränk. Kreises nach dem 30jähr. Krieg (1931); B. SICKEN, Das Wehrwesen d. fränk. Reichskreises 1681–1714 (2 Tle. 1967). Niedersachsen: F. W. KAISER u. W. SCHMIDT, DW[9] 11726. Schwaben: vgl. BADER, Der dt. Südwesten, S. 191ff.; ders., Der Schwäb. Kreis in der Verf. d. Alten Reiches, Ulm u. Oberschwaben 37 (1964); H. G. BORCK, Der schwäb. Reichskreis 1792–1806 (1970); K. BRAUNS, Das Zucht- u. Arbeitshaus in Ravensburg 1725–1808, Zs. f. württ. Ldsgesch. 10 (1951). Bayern: RALL (Kap. 7, Anm. 3), S. 157ff. mit Lit.; auch Kap. 4, Anm. 5.

[2] S. Bd. 10, Kap. 2; E. JOACHIM, Die Entwickl. d. Rheinbundes v. J. 1658 (1886); F. WAGNER, Frankreichs klassische Rheinpolitik, der Rheinbund 1658 (1941); R. SCHNUR, Der Rheinbund v. 1658 in der dt. Verf.gesch. (1955); zur Gesch. d. Assoziationen auch R. FESTER, Die Augsburger Allianz v. 1686 (1893) und A. KÖCHER, Gesch. v. Hannover u. Braunschweig 1648–1674 (2 Bde.1884 bis 1895), fortges. bis 1692 von G. SCHNATH (1938).

[3] Zum Wandel des Libertätsdenkens P. HAVELAAR, Der dt. Libertätsgedanke und die Politik Wilhelms III. v. Oranien (1935).

[4] Text: G. W. LEIBNIZ, Sämtl. Schriften u. Briefe, Akad. Ausg. IV, 1 Polit. Schriften (1931); E. MEIER, Die Denkschrift L.' zur Reichsreform von 1670 (Diss. Prag 1939).

[5] A. F. MITSCHKE, Staat u. Politik bei Leibniz (Diss. Marburg 1942); H. STEHLE, Der Reichsgedanke im polit. Weltbild von Leibniz (Diss. Frankfurt 1950).

[6] Texte bei J. J. PACHNER v. EGGENSTORFF, Vollständ. Sammlung aller . . . Reichsschlüsse II (1740).

[7] Beispiel: Fränk. Kreismatrikel 1681 bei B. SICKEN, s. o. 1, S. 111.

[8] M. JÄHNS, Zur Gesch. d. Kriegsverf. d. dt. Reiches, Preuß. Jb. 39 (1877); H. WEIGEL (s. Kap. 4, Anm. 10); R. FESTER, Die armierten Stände u. d. Reichskriegsverf. 1681–1697 (Diss. Straßburg 1886); P. DIRR, Zur Gesch. d. Reichskriegsverf. u. d. Luxemburger Allianz (Diss. Erlangen 1901); A. SCHULTE, Mgf. Ludwig Wilh. v. Baden u. d. Reichskrieg gg. Frankreich 1693–1697 (2 Bde. 1892); K. LINNEBACH, Dt. Heeresgesch. (1935), S. 103ff.; J. A. KOPP, Gründliche Abhandlung von der Association derer vorderen Reichs-Crayhse (1739). Zur Entstehung der Ordnung von 1681 vgl. M. WERNERS, Die Reichspolitik des Gr. Kurfürsten 1679–1684 (Diss. Bonn 1937); H. ANGERMEIER, Die Reichskriegsverf. in der Politik d. Jahre 1679 bis 1681, ZRG GA 82 (1965).

[9] H. HASSINGER, Joh. Joachim Becher 1635–1682 (1951), S. 39, 216ff.; I. BOG, Christoph de Royas y Spinola u. d. dt. Reichsstände, Jb. f. fränk. Ldsforsch. 14 (1954).

[10] I. BOG, Der Reichsmerkantilismus (1959).

Das 18. Jahrhundert[1] brachte für die Entwicklung des Reiches durch den *Dualismus* der beiden deutschen Großmächte eine neue Gruppierung, die den alten Gegensatz Kaiser und Reich überlagerte. Der Pluralismus der Reichsstände und der untergründige, seit Anfang des 18. Jh. im Reichstag erneut wirksame Dualismus der Religionsparteien wurden im Dualismus Österreich-Preußen mehr oder weniger aufgehoben. Dieser durch Friedrich II. herbeigeführte Wandel bedeutete ebensoviel oder ebensowenig die Zerstörung des Reiches wie das ältere Prinzip der reichsständischen Libertät, das sich in den größeren Territorien zu souveräner Staatlichkeit zu entwickeln suchte, oder das »ius eundi in partes« des Corpus Catholicorum und des Corpus Evangelicorum. Der preußisch-österreichische Dualismus schuf eine neue Form der Existenz des Reiches, das in Fragen der inneren Ordnung in stärkere Abhängigkeit von den europäischen Großmächten geriet. Im Teschener Frieden von 1779, den Rußland neben Frankreich garantierte, übernahm der osteuropäische Staat die Verpflichtung zur Aufrechterhaltung des Status quo im Reiche. Mit dem Verlust Schlesiens gab das habsburgische Kaiserhaus, für das der deutsche Südwesten, das eigentliche »Reich«, weiterhin ein ständiges Reservoir zuströmender Kräfte blieb, keineswegs seine Stellung im Reich auf.

Doch nun wuchs innerhalb des Reiches die *Großmacht Preußen* heran, bereit, kleineren deutschen Staaten Schutz und Schirm zu gewähren und sich für die Erhaltung des Verfassungszustandes gegen jegliche Änderungswünsche Österreichs einzusetzen. Die österreichische Partei zu schwächen, die sich fast beständig auf die geistlichen Fürstentümer und Reichsstädte stützen konnte, gelang weder dem kurzen Kaisertum des Wittelsbachers Karl VII., das das seit 300 Jahren bestehende Privileg der Casa d'Austria auf die Kaiserkrone mit französisch-preußischer Hilfe unterbrach, noch einem Friedrich II. selbst, bis die Reichs- und Annexionspolitik Josephs II. einen Einbruch ermöglichte. Das Entscheidende war, daß nun ein Kristallisationskern bestand, der den Reichsständen zu einer vom Ausland unabhängigen Koalition gegen kaiserliche Übergriffe verhalf. Der Großmacht-Dualismus schien so das beunruhigende Problem der Einwirkungsmöglichkeit fremder

Mächte auf Deutschland zu verringern; andererseits aber verstrickte er das Reich auch durch die Bindungen der preußischen Militärmonarchie in das europäische Staatensystem. Beide Staaten, mit ihren Interessen über das Reichsgebiet hinausgreifend, haben ihre Untertanen zur partikularen Staatsgesinnung erzogen; Friedrich d. Gr. verbot durch Kabinettsorder vom 24. 1. 1750 das kirchliche Fürbittgebet für den Kaiser. Das Hinauswachsen deutscher Fürstengeschlechter auf europäische Königsthrone wie in Polen, England, Dänemark, Schweden komplizierte zwar das Funktionieren der Reichsverfassung, beeinflußte sie aber letztlich doch nicht wesentlich.

Der *Reichsgedanke* erlebte zu Anfang des 18. Jh. eine Verstärkung unter Joseph I. und Karl VI. durch den Reichsvizekanzler Friedrich Karl von Schönborn, der 27 Jahre hindurch (1705–1732) sein Amt innehatte[2]. Er versuchte nicht nur die Autorität des Kaisers im Reich durchzusetzen und alle Rechtstitel zu nutzen, sondern trat auch im österreichischen Beamtentum für die Belange des Reiches ein. So lag er ständig mit den erbländischen Ministern im Konflikt – nur gestützt durch Joseph I., weniger durch Karl VI. –, andererseits wurde er durch die reichsständische Opposition bekämpft und erlebte schwere Verfassungskrisen wie den Konflikt von 1719 mit der jahrelangen Lahmlegung des Reichstages anläßlich der schroffen gegenreformatorischen Maßnahmen des Kurfürsten von der Pfalz und der folgenden Repressalien der protestantischen Stände[3]. Als bedeutsamste Gesetzgebung ist die Reichshandwerksordnung von 1731 zu nennen (ergänzt 1771, 1782), die, von den größeren Reichsständen unter Führung Preußens erzwungen, eine Ordnung der Zunftverfassungen in den Territorien ermöglichte. Die Reichsmünzordnung von 1737 dagegen wurde nicht verwirklicht.

In der ersten Hälfte des 18. Jh. finden wir eine Vielzahl von Bündnissystemen innerhalb des Reiches und der Reichsstände mit dem Ausland. Sogar der vom Reichstag offiziell erklärte Reichskrieg gegen Frankreich hinderte die beiden wittelsbachischen Kurfürsten von Bayern und Köln nicht, weiterhin im Bündnis mit Ludwig XIV. zu bleiben. Ihre Länder wurden besetzt, 1706 wurde gegen beide Fürsten die Reichsacht erklärt, doch brachte der Friedensschluß ihre Restitution.

Die Ausgangszeit des alten Reiches ist durch drei Erscheinungen beherrscht: durch die *Reichspolitik Josephs II.*, den Fürstenbund und den Kampf der Bischöfe um eine Reichs-

kirche. Die Französische Revolution mit ihren Folgen bestimmte das Ende.

Wien, Regensburg und Wetzlar bezeichnete Pütter 1786 als
die Orte, an denen »die Reichsverfassung noch am meisten
sichtbar ist«. Nach der Wahl von 1765 versuchte Joseph II. von
Wien aus mit großem Reformeifer, den gesunkenen Einfluß
des Kaisertums zu heben und die kaiserliche Macht zu festigen.
Er nahm sich der Reichsgerichte an; in sehr selbstherrlicher
Weise als oberster Richter des Reiches unter Umgehung der
Rechte des Reichstages setzte er die seit 1654 anstehende Kam-
mergerichtsvisitation 1767 in Gang. Diese und andere Übergriffe erweckten den Unwillen der Reichsstände. Die Versuche,
durch den Erwerb von Teilen oder gar ganz Bayerns (Bd. 10,
Kap. 23) die territorialen Verhältnisse im Reich zugunsten
Österreichs zu ändern, stießen auf den Widerstand Preußens
und anderer Reichsstände. Schließlich traten seit 1780 habsburgische Prinzen das Erbe der Wittelsbacher in den geistlichen
Fürstentümern am Niederrhein und in Westfalen (Kurköln und
Münster) an. Die lange Lahmlegung des Reichstags durch den
konfessionellen Streit um eine Stimme des Grafenkollegs, die
bisher protestantisch geführt worden war, beunruhigte weiterhin.

So berieten Baden, Anhalt-Dessau und Sachsen-Weimar wie
auch Sachsen-Gotha und Braunschweig über einen Zusammenschluß des »dritten Deutschland« unter preußischem
Schutz. Durch den *Deutschen Fürstenbund*, der 1785 in den
archaischen Formen des alten Reichsrechts zwischen den Kurfürsten von Brandenburg, Braunschweig-Lüneburg und
Sachsen abgeschlossen wurde, bekämpfte man den neuerlichen
Tauschplan Bayerns gegen die Niederlande. Ihm traten die
meisten deutschen Landesherren in Furcht vor einer kaiserlichen Offensive oder aus Verärgerung über Maßnahmen
Josephs II. bei. Der Bund bezweckte allein die Aufrechterhaltung der Reichsgrundgesetze, Friedensschlüsse und reichsständischen Rechte ohne weitere positive Zielsetzung; im geheimen einigte man sich über die Verhinderung des bayerisch-
belgischen Tauschplanes und die Abwehr kaiserlicher Übergriffe[4]. Die Öffentlichkeit erwartete jedoch vom Fürstenbund
eine Aufnahme von Reichsreformen auf dem Gebiet der
Rechtspflege und des Wirtschaftslebens, wobei eine gewisse
literarisch-publizistische Bewegung um die Mitte der 8oer
Jahre diesen Tendenzen entgegenkam, als Herder z. B. mit

seinem Plan einer deutschen Akademie zur patriotischen Aufklärung Anschluß an den Bund suchte[5]. Als die außenpolitische Situation sich änderte, wurde der Fürstenbund sehr schnell von Preußen fallengelassen.

Für die Entwicklung der Reichsverfassung schien aber eine Bewegung im Rahmen der katholischen Kirche von großer Bedeutung zu werden: der *reichskirchliche Episkopalismus*[6]. Er forderte eine neue Abgrenzung der in der Doppelfunktion der deutschen geistlichen Fürsten verbundenen weltlichen und bischöflichen Rechte und Pflichten und erwartete davon eine Stärkung der reichskirchlichen Gewalten. Der Febronianismus (Bd. 10, Kap. 25) verbreitete die Forderung nach Verbesserung der bischöflichen Autorität im Interesse der geistlichen Staaten. Wenn Febronius-Hontheim auch als letztes Ziel die Wiedervereinigung der Konfessionen vorschwebte, so stellte doch seine Schrift das Programm für eine deutsche katholische Nationalkirche auf. Sie setzte sich mit den Beschwerden gegen die römische Kurie auseinander, besonders mit der Frage der Verletzung der deutschen Konkordate und der umfassenden Gerichtsbarkeit der Nuntien. 1769 wandten sich die drei rheinischen Erzbischöfe in 31 Gravamina u. a. gegen die Eingriffe der römischen Nuntiaturen in die geistliche Gewalt und Jurisdiktion der deutschen Bischöfe. Daneben drohte aber auch eine Einschränkung der bischöflichen Gewalt durch das aufklärerische Staatskirchentum der Landesherren und damit das Gespenst der Säkularisation.

Als der Kurfürst von Bayern die Errichtung einer ständigen Nuntiatur in München für die vom Hause Wittelsbach beherrschten Länder durchsetzte, rief diese neue Gefahr die deutschen Erzbischöfe auf den Plan. Aus dem aktuellen Anlaß wurde eine prinzipielle Streitfrage, denn der Streubesitz Bayerns mit der Pfalz und Jülich-Berg berührte fast alle deutschen Bistümer. Die Schritte der Erzbischöfe von Salzburg und Mainz in Rom blieben ohne Erfolg. Unterstützt durch den Kölner Erzbischof Max Franz von Österreich, wandten sie sich nun an Joseph II., der sich beim Papst einsetzte, ohne etwas zu erreichen. So traten die vier Erzbischöfe 1786 im Ems zusammen und legten in der *Emser Punktation* die Grundsätze der Reichskirchenpolitik nieder, die eine entschiedene Reform der deutschen katholischen Kirche versprachen. Aber die Ausarbeitung der Reformdekrete und das geplante Nationalkonzil scheiterten an der Uneinigkeit der Bischöfe. Der Wiener Reichshofrat verwies die Beurteilung der vorgebrachten Klagen des deutschen Episkopats an den Reichstag. Immerhin wurde erreicht, daß nach dem Tod Josephs II. in der Neufassung der Wahlkapitulation für Kaiser Leopold II. die Frage der Konkordate, der Nuntiaturen und der geistlichen Gerichtsbarkeit Berücksichtigung fand.

Das revolutionäre Frankreich konnte das »Reich« im engeren Sinn, den Süden und Westen Deutschlands, leicht überrennen, »dieses Aggregat von unter sich unabhängigen Staaten in Folio bis Sedez herab«[7]. Preußen löste sich schon 1795 aus dem Kampf gegen Frankreich durch den Baseler Frieden und überließ die Verteidigung des Reiches Österreich. Die Aktivität der Stände konnte die schnelle *Auflösung des Reiches* nicht aufhalten, die der Friede von Lunéville (1801) zunächst durch die Abtretung des linken Rheinufers an Frankreich einleitete. Die betroffenen Reichsstände mußten durch Säkularisation der geistlichen Fürstentümer und Mediatisierung insbesondere der Reichsstädte entschädigt werden. Nur der Kurerzkanzler konnte mit dem Besitz von Aschaffenburg und Regensburg seine Reichsstandschaft bewahren. Sechs Reichsstädte blieben bestehen: Bremen, Hamburg, Lübeck, Augsburg, Nürnberg und Frankfurt, während die Güter des Deutschen und des Malteser-Ordens dem durch die Säkularisation geschädigten Adel weiterhin als Versorgungsstätten dienen sollten. Namentlich die süddeutschen Staaten wie Bayern, Württemberg, Baden und auch Hessen erhielten einen großen Machtzuwachs, der sie zwar zur Opposition gegen das Haus Habsburg befähigte, jedoch die französische Hilfe nicht entbehrlich machte. Durch die Aufhebung der geistlichen Stände und der Reichsstädte hatte der Kaiser eine wesentliche Stütze im Reich verloren. Eine außerordentliche Deputation des Reichstags führte unter aktiver Mitwirkung der französischen Diplomatie die Neuverteilung des Besitzes durch und erließ auch die notwendigen verfassungsrechtlichen Änderungen im *Reichsdeputationshauptschluß 1803*[8]. An Württemberg, Baden, Hessen-Kassel und das Fürstentum Salzburg wurde die Kurwürde verliehen. Die Säkularisation aller geistlichen Besitzungen innerhalb der Territorien ließ den Staatsbesitz gewaltig anwachsen; zugleich wurde mit diesen revolutionären Maßnahmen der letzte Zweck der Reichsverfassung, der Schutz der kleinen und schwachen vor den großen Territorien, aufgehoben[9].

Damit trat das Reich in den zweiten Abschnitt des Auflösungsprozesses, als die süddeutschen Mittelstaaten die Vertretung ihrer Interessen in Frankreich sahen und für die Auslieferung der letzten süddeutschen Reichsstädte und der Reichsritterschaft nunmehr als souveräne Staaten den *Rheinbund* unter französischem Protektorat am 12. 7. 1806 abschlossen. Am 1. August erklärten die neuen Könige oder Großherzöge ihren Austritt aus dem Reich, woraufhin Franz II. am 6. August die römische Kaiserwürde niederlegte und jedes rechtliche und moralische Band mit dem Reich für gelöst erklärte.

Die Schöpfung des Wiener Kongresses hat im *Deutschen Bund* den Föderativgedanken in reiner Form ausgeprägt; die souveränen deutschen Groß-, Mittel- und Kleinstaaten ordneten sich einem gemeinsamen Bundestag in Frankfurt unter, d. h. der politischen Führung der beiden deutschen Großmächte. Die wirkliche Erneuerung des Reiches erfolgte aber vom festgefügten Einzelstaat, von Preußen aus.

Spezialbibliographie (2200 Nummern) bei K. O. v. ARETIN, Heiliges Römisches Reich 1776–1806. Reichsverf. u. Staatssouveränität Bd. 2 (1967), leider rein alphabetisch geordnet, daher über den Textteil durch Sach- und Personenregister zu erschließen. Darstellung Aretins (Bd. 1) grundlegend; E. BUSSI, Il diritto pubblico del Sacro Romano Imperio alla fine del XVIII secolo (2 Bde. 1957–1959). Auch allgemein wichtig für die 2. H. d. 18. Jh.: H. RALL, Kurbayern in der letzten Epoche der alten Reichsverf. 1745 bis 1801 (1952).

[1] Beschreibung des Reiches und seiner Mitglieder nach Reichskreisen: H. BERGHAUS, Dtld. vor 100 Jahren. Gesch. d. Gebietseinteilung u. d. polit. Verf. des Vaterlandes (2 Bde. 1859/60). Es liegen 2 neuere Editionen über die Reichsverfassung aus dem 18. Jh. vor: H. CONRAD (Hg.), Recht und Verfassung des Reiches in der Zeit Maria Theresias, Die Vorträge zum Unterricht des Erzhg. Joseph (1964); W. WAGNER (Hg.), Das Staatsrecht des Hl. Röm. Reiches Dt. Nation. Eine Darstellung ... gegen Ende d. 18. Jh. (1968); dazu G. LENZ (Hg.), Dt. Staatsdenken im 18. Jh. (1965).

[2] H. HANTSCH, Reichsvizekanzler F. K. Gf. v. Schönborn 1674–1746 (1929), grundlegend für die Zeit Josephs I. und Karls VI.; L. GROSS, Die Reichspolitik der Habsburger, N. Jb. f. dt. Wiss. 13 (1937); G. MASUR, Dt. Reich und dt. Nation im 18. Jh., Preuß. Jb. 229 (1932); für den Ausklang des Reiches A. BER-

NEY, Reichstradition u. Nationalstaatsgedanke 1789–1815, HZ 140 (1929).

[3] K. BORGMANN, Der dt. Religionsstreit der Jahre 1719/20 (1937); A. BIEDERBICK, Der dt. Reichstag 1714–1724 (Diss. Bonn 1937; G. GRANIER, Der dt. Reichstag 1700–1714 (1956).

[4] Zuletzt ARETIN, Bd. 1, S. 164–241 mit Lit.

[5] W. WENCK, Dtld. vor 100 Jahren (2 Bde. 1887–1890).

[6] Darstellung bei ARETIN, Bd. 1, Kap. V, S. 372–452 mit Lit.

[7] A. F. RANDEL, Annalen der Staatskräfte von Europa, Teil 1: Das Dt. Reich (1792), S. 54.

[8] Gedruckt bei ZEUMER, Quellensammlung; Das Ende des Alten Reiches, der Reichsdeputationshauptschluß von 1803 und die Rheinbundakte v. 1806 (Quellen z. neueren Gesch., hg. v. d. Univ. Bern 10, 1948); A. C. GASPARI, Der Deputations-Recess ... (1803).

[9] K. v. RAUMER, Dtld. um 1800. Krise u. Neugestaltung 1789–1815; in: Hdb. d. dt. Gesch., hg. v. L. JUST 3 (1960ff.); R. ARIS, History of Political Thought in Germany 1789–1815 (1936); R. VIERHAUS, Polit. Bewußtsein in Dtld. vor 1789, Der Staat 6 (1967); M. BOUCHER, Le sentiment national en Allemagne de 1750 à 1815 (1947); W. ZORN, Reichs- u. Freiheitsgedanken in d. Publizistik des ausgehenden 18. Jh., in: Darst. u. Quellen z. Gesch. d. dt. Einheitsbewegung im 19. u. 20. Jh. 2 (1958); F. VALJAVEC, Die Entstehung d. polit. Strömungen in Dtld. 1770–1815 (1950).

Kapitel 10
Kaiser, Reichstag, Reichsorgane

Entscheidend war die Tatsache, daß das Reich ein *Wahlreich* blieb und das Kaisertum im Laufe der Neuzeit keine Unabhängigkeit von den Wählern erlangte[1]. Die Gewalt des Kaisers hatte seit der Wahlkapitulation von 1519[2] eine staatsrechtliche Festlegung im ständestaatlichen Sinne erhalten; sie wurde durch die späteren Wahlkapitulationen immer mehr eingeengt, besonders seit der für den Römischen König Ferdinand III. von 1636, in der die Geschlossenheit des Kurfürstenkollegiums die Bindung des Kaisers an die kollegialen Institutionen des Reiches und das Verbot aller Abmachungen mit einzelnen Reichsständen erreichte[3]. Die nach langen Auseinandersetzungen zwischen Kurfürsten und Fürsten[4] von ihnen, aber nicht von den Reichsstädten beschlossene Capitulatio perpetua von 1711[5], eine provisorische Vereinbarung, bildete die Grundlage für die künftigen Wahlkapitulationen bis zum Ende des Reiches.

Zwar hat noch die *Reichspublizistik* der ersten Hälfte des 17. Jh.[6], besonders Dietrich *Reinking* in seinem ›Tractatus de Regimine saeculari et ecclesiastico‹ 1619, die These vertreten, daß der Kaiser ein absoluter Monarch sei und die Reichsstände sich ihm durch den Huldigungseid zu Untertänigkeit und Gehorsam, lehnsrechtlich zu Treue und Heerfolge verpflichteten. Dagegen wird von Johann *Limnaeus*[7] in den ›Iuris publici Imperii Romano-Germanici libri IX‹ 1629–1632 aufgrund der in Geltung stehenden Quellen der Reichsverfassung »das erste wirkliche System des deutschen Reichsstaatsrechts« (E. Wolf)[8] entwickelt, in dem die Lehre von der gemischten Verfassung (status mixtus) des Reiches, von den zwei Gewalten des Kaisers und der Reichsstände, zur gerechteren Einschätzung der wirklichen kaiserlichen Macht führt (»administrator imperii«, nicht »dominus imperii«). In Übereinstimmung mit der Verfassungswirklichkeit wurde die *Lehre von der gemischten Verfassung* durch die Theorie von der doppelten Majestät, der Majestas realis der zumeist erblichen Stände und der Majestas personalis des Wahlkaisers, gegenüber der Souveränitätsvorstellung (Majestas) des Bodin vertreten. Jene Theorie ist mit Recht von Gierke zum »Schlüssel für das Verständnis der deutschen Reichsverfassung« erklärt worden; sie erfaßt die aristokratische Struktur des Reiches am besten. Zugleich versinkt die sakrale Natur des Reiches vor der neuen positiven Wissenschaft des sich festigenden Reichsstaatsrechts, das im 18. Jh. in Joh. Jak. Moser und Joh. Steph. Pütter die beiden überragenden Materialiensammler, Darsteller und Historiker gefunden hat[9].

Die rechtlichen und formalen Grundlagen der Wahl des Kaisers blieben weiterhin durch die Bestimmungen der Goldenen Bulle geregelt; seit 1562 fanden Kaiserwahl und Kaiserkrönung in Frankfurt am Main statt. Die Reichsvikare oder Reichsverweser Pfalz bzw. Pfalz-Bayern und Sachsen, die nach dem Tode des Kaisers, falls kein Römischer König gewählt war, das Reich bis zur Neuwahl regierten, haben ihre Rechte jeweils nur sehr kurzfristig wahrgenommen, wenn auch heftig verteidigt[10].

Die Formel »*Kaiser und Reich*«, die ursprünglich eine Einheit ausdrücken sollte, bezeichnete nunmehr zwei verschiedene Interessensphären, ja den Gegensatz von Kaiser und Reichsständen[11]. Die Bezeichnung »Heiliges Römisches Reich deutscher Nation« ist entgegengesetzt der Meinung der Staatsrechtslehrer des 17. und 18. Jh. nicht Ausdruck für eine deutsche Vorherrschaft im römischen Reich, noch auch (wie neuere Forscher annehmen) eine Einschränkung auf den Teil des Reiches, der deutscher Nation ist, sondern ein »die Wirklichkeit gut umschreibender und dem zunehmenden nationalen Gefühl entsprechender Zusatz für das in der deutschen Nation ruhende Imperium Romanum« (Schottenloher)[12].

Nach den Formen der Gesetze und Verfügungen wie überhaupt nach dem Zeremoniell schien der Kaiser bis zum Ende des Reiches eine große Macht zu repräsentieren. Die Versuche Karls V. und Ferdinands II., im 18. Jh. auch Josephs I. und Josephs II., sie auch wirklich zu behaupten oder zurückzugewinnen, scheiterten. Der Kaiser war in seinen Regierungsakten nur in der Ausübung der Reservatrechte wirklich frei. Diese

(s. Kap. 7) verloren teilweise ihre Bedeutung, indem der Kaiser z. B. den Titel eines Reichsfürsten oder Reichsgrafen verleihen konnte, Sitz und Stimme auf den Reichstagen aber nur mit Zustimmung der Reichsstände geführt werden durften und von einem entsprechenden territorialen Besitz abhängig gemacht wurden. Die Acht gegen einen Reichsstand durfte der Kaiser nur mit Zustimmung der Kurfürsten aussprechen; ihre Durchführung mußte er den Mitgliedern des Reichskreises übertragen, dem der Geächtete angehörte. Untertanen der Reichsstände konnte er jederzeit als Zeugen oder Parteien vorladen sowie ihnen Titel und Privilegien erteilen. Darüber hinaus konnte er sie nicht unmittelbar ansprechen – zuletzt ergingen im Dreißigjährigen Krieg solche Mandate –, wurde aber von ihnen als Gnaden- und letzte Rechtsinstanz angerufen, soweit nicht die zahlreichen Privilegien »de non appellando« dem entgegenstanden. Die höchste richterliche Funktion war durch die Aufrichtung des Kammergerichts von seiner Residenz und Person abgelöst worden, aber durch den Reichshofrat übte der Kaiser erneut eine jurisdiktionelle Befugnis aus, die er politisch zu nutzen verstand.

Gegenüber der *Kirche* besaß der Kaiser das Recht der Ersten Bitten, das regelmäßig beim Regierungsantritt einen starken Einfluß auf die Besetzung hoher und niederer kirchlicher Stellen sicherte[13]. Es wurde sogar in den evangelischen Stiften ausgeübt, wo dann aufgrund des Osnabrücker Friedensinstrumentes Evangelische vorgeschlagen werden mußten. Bestrebungen, die Wahlen der geistlichen Reichsfürsten von politischer Bedeutung durch kaiserliche Wahlkommissare und Inanspruchnahme des Rechtes der Exklusive zu leiten, scheiterten[14]. Das Verhältnis zwischen Kaiser und Reich hat der sächsische Reichsjurist Wilhelm Ludewig 1716 kurz in die Formel zusammengefaßt: Das Reich kann wohl ohne Kaiser sein, aber der Kaiser nicht ohne das Reich[15].

Das Reich sehen wir zuerst in den *Reichstagen* verkörpert[16]. Die Verfassung des Reichstags hatte 1495–1498 eine gewisse feste Ausbildung erfahren[17]. Der Kaiser durfte seit dieser Regelung nicht mehr von sich aus bestimmte ihm genehme Reichsstände einladen, sondern mußte sich an das Gewohnheitsrecht halten, wobei eine Definition über die Reichsstandschaft nicht bestand. Der Reichstag, dessen Direktorium der Kurerzkanzler führte, tagte in drei Kurien, dem Kurfürstenrat, dem Fürstenrat und dem Städterat.

Die *Kurfürsten* stellen den ersten Stand des Reiches dar. Ihr Kolleg stand unter der Führung des Kurerzkanzlers, des Erzbischofs von Mainz. Ihre Zahl war 1356 auf sieben festgesetzt worden, erhöhte sich nach der Übertragung der pfälzischen Kurwürde auf Bayern durch die Neuschaffung eines Kurhutes für die Pfalz 1648 auf acht. 1692 erhielt Hannover (Braunschweig-Lüneburg) die neunte Kurwürde bewilligt[18], und 1777 ging die Zahl durch die Vereinigung von Pfalz und Bayern wieder auf acht zurück. Die böhmische Kurwürde wurde allerdings nur beschränkt in Anspruch genommen und erst 1708 »readmittiert«[19]. Die Präeminenz der Kurfürsten, die sich in den Rechten und Vorrechten der Goldenen Bulle, bei der Bildung des Reichsregiments, bei der Wahlkapitulation und vielen anderen Gelegenheiten äußerte, wurde von den anderen Fürsten letztlich ohne Erfolg bekämpft. Die Kurfürsten traten zu besonderen Kurfürstentagen außerhalb der Reichstage zusammen.

Der *Fürstenrat*, der unter dem wechselnden Direktorium von Österreich und Salzburg stand, setzte sich aus der weltlichen und der geistlichen Bank zusammen, wobei auf der geistlichen auch Burgund und Österreich Platz nahmen. Das Stimmrecht im Fürstenkolleg hat eine Wandlung erfahren[20]. Ursprünglich war jeder Reichsfürst für seine Person stimmberechtigt, bei Landesteilungen infolgedessen auch der neue Fürst. Später aber wurden die Stimmen auf den damaligen Länderumfang fixiert, so daß keine Stimmveränderungen mehr eintraten. Die Stimmen ausgestorbener Linien wurden dem Erwerber des Landes zugeschrieben, so daß ein Reichsfürst durch Personalunion mehrere Stimmen auf sich vereinigen konnte. Man unterschied nun zwischen Virilstimmen, die der einzelne führte, und Kuriatstimmen, wobei mehrere Fürsten in einer Kurie zu einer Stimme vereinigt wurden. Vor dem Reichsdeputationshauptschluß zählte man 100 Stimmen im Fürstenrat, davon entfielen 37 auf die geistliche Bank, und zwar 35 Viril- und zwei Kuriatstimmen (schwäbische und rheinische Prälatenbank), und 63 auf die weltliche Bank, darunter vier Grafenkollegien mit je einer Kuriatstimme.

Die *Reichsstädte*, die jeweils unter dem Direktorium der Stadt des Reichstages standen und die rheinische und schwäbische Bank umfaßten, konnten ihre Session, ihr volles Stimmrecht, im 16. Jh. nicht durchsetzen. 1555 erlangten sie den Anspruch auf zwei Sitze in der ordentlichen Reichsdeputation, dem ständigen Ausschuß zwischen den Reichstagen. Volles Stimmrecht erreichten die Städte, zuletzt 51 an der Zahl, erst 1648 mit der Gewährung eines »votum decisivum«, das aber in seiner Geltung beschränkt war, weil das Stimmrecht bei Meinungsverschiedenheiten zwischen dem Kurfürsten- und dem Fürstenrat bestritten wurde[21].

Auf dem *Reichstag* war der Kaiser ursprünglich persönlich anwesend, später auf dem Immerwährenden Reichstag durch einen Prinzipalkommissarius vertreten, und eröffnete die Reichsversammlung mit einer Proposition, die in den zwei bzw. drei Kollegien getrennt beraten wurde. Der Mainzer[22] mußte die Voten (conclusa) »vergleichen«. Das Ergebnis, d. h. das Reichsgutachten (consultum imperii), wurde durch die Ratifizierung (Konfirmation oder Beistimmung) des Kaisers zum »conclusum imperii«, zum Reichsschluß, zum vollgültigen Gesetz. Er konnte die Sanktion versagen und hat dies bei wichtigen Reichsgutachten mehrmals getan; so verweigerte er seine Zustimmung 1671 zur Erweiterung der Rechte der Reichsstände gegen ihre Untertanen und Landstände oder 1706 zum Verbot der Appellation vom Reichskammergericht an den kaiserlichen Reichshofrat. Alle Reichsschlüsse wurden im *Reichsabschied* vereinigt.

Nachdem 1653/54 der letzte Reichstag mit einem Reichsabschied beendet wurde (Jüngster Reichsabschied oder Recessus imperii novissimus), folgten auf dem seit *1663 ständig tagenden Reichstag* Reichsschlüsse. Die Fürsten waren nicht mehr persönlich anwesend; der Reichstag wandelte sich in einen ständigen Gesandtenkongreß, der durch die geringe Bevollmächtigung der Komitial-Gesandten und die konfessionelle Spaltung sehr schwerfällig arbeitete. Das Ansehen des Reichstags sank in den machtpolitischen Auseinandersetzungen des 18. Jh. schnell; wegen der hohen Kosten ließen sich mehrere Fürsten durch einen einzigen Gesandten vertreten, so daß meist nur ein Zehntel die übrigen Stimmen führte. Gleichwohl blieb die Reichsversammlung eine Stätte gemeinschaftlicher Arbeit und die anerkannte Repräsentation der deutschen Nation in Ständen.

Auf dem Reichstag kamen nur die Stimmen der Landesobrigkeiten, der *reichsständischen Gesellschaft*, zur Geltung, nicht die des niederen Reichs- oder des landsässigen Adels, auch nicht des Bürgertums oder gar des Bauerntums, also der Kreise, die den Reichsgedanken aus wirtschaftlichen oder geistig-nationalen Gründen hätten unterstützen können. Die Städtekurie war nur eine enge Interessenrepräsentation der reichsstädtischen Regierungsgremien. Der konfessionelle Zwiespalt, der seit 1648 durch die reichsrechtliche Teilung in das Corpus Evangelicorum und Catholicorum zum Ausdruck kam, hat die Arbeit des Reichstags auf Jahre hinaus lahmgelegt. Die Evangelischen wurden vom Kurfürsten von Sachsen geführt; Kursachsen behielt auch die evangelische Stimmführung, nachdem es 1697 zur katholischen Kirche übertrat. Das Corpus Catholicorum führte Mainz.

Der Reichstag war in seiner *Zuständigkeit* unbeschränkt. Im 16. Jh. hat er, wie schon erwähnt, einige größere Gesetze erlassen, u. a. die *Reichspolizeiordnungen* (1522, 1530, 1548, 1577), die allgemeine Bestimmungen gegen Mißbräuche in Handel und Wandel enthielten und das bürgerliche Leben im weitesten Sinne regelten. 1512 wurde eine Reichsnotariatsordnung erlassen, 1559 übertrug eine Reichsmünzordnung die Aufsicht über das Münzwesen den Reichskreisen. Die ›*Carolina*‹ von 1532, die Peinliche Hals- und Gerichtsordnung Karls V., verkündete für das ganze Reich ein gemeinsames Straf- und Strafprozeßrecht. In der Durchführung seiner Gesetze war der Reichstag auf die Reichsstände bzw. Reichskreise angewiesen. Bedeutende Gesetze des 18. Jh. regelten das Zunft-, Lehrlings- und Gesellenwesen (1731, 1771, 1782)[23].

Zentralbehörden des Reiches[24] waren die *Reichshofkanzlei*, der Reichshofrat und der Reichspfennigmeister am Sitze des Kaisers und das Reichskammergericht. Die Reichskanzlei wurde 1559 neu organisiert[25]. Dem Kurerzkanzler stand zuerst das Recht der Ernennung, später des Vorschlages des einzigen »Reichsministers« zu, eines Reichsvizekanzlers für den Prager oder Wiener Behördensitz. In der Reichskanzlei wurden zugleich die österreichischen Sachen erledigt. Als 1620 eine österreichische Hofkanzlei geschaffen wurde, entstand dem Reichsvizekanzler im österreichischen Hofkanzler ein schwerer Gegner, dessen Übergriffe auch die Wahlkapitulationen nicht abwehren konnten. Da die meisten Geschäfte von der Hofkanzlei erledigt wurden, nahm die Bedeutung der Reichskanzlei im 17. Jh. sehr ab. Sie wurde von der kaiserlichen Außenpolitik abgedrängt und verwaltete im wesentlichen nur die Angelegenheiten des sogenannten engeren Reiches. Der Geheime Rat bzw. später die Geheime Konferenz, seit 1767 die Konferenz für Reichssachen beriet den Kaiser im wesentlichen in allen Angelegenheiten des Reiches.

Der Reichsvizekanzler gehörte gleichzeitig dem *Reichshofrat* an, der 1559 und 1654 neue Ordnungen erhielt[26]. Er war zuständig für Lehen und Privilegien und in Konkurrenz zum Reichskammergericht als letzte Berufungsinstanz für Prozesse und richterliche Entscheidungen im Reich sowie für alle Agenden, in denen der Kaiser als oberster Richter angesprochen wurde. Da die Besetzung des Hofrates ganz allein vom Kaiser abhing (seit 1648 auch evangelische Mitglieder), hat er in politischen und konfessionellen Fragen den kaiserlichen Standpunkt gewahrt. Die Reichshofratsordnung von 1654, die bis zum Ende des Reiches galt, wurde ohne Befragung der Reichsstände vom Kaiser verfügt. Die Rechtsprechung des Reichshofrates hat schließlich durch das Versagen des Kammergerichts im 18. Jh. einen großen, auch erweiterten Umfang angenommen.

Die dritte Reichsbehörde, die am stärksten seit 1495 die Rechtseinheit repräsentierte und im Reichsabschied 1654 neu geordnet wurde, war das *kaiserliche Kammergericht* oder, wie es seit dem 17. Jh. in der Publizistik genannt wurde, das Reichskammergericht[27]. Der Kaiser ernannte den Kammerrichter oder Präsidenten allein – ein Mitglied des Reichsadels. Die Beisitzer, die von den Kurfürsten und Reichskreisen präsentiert wurden, sollten zur Hälfte gelehrte Juristen sein. Damit wurde das Römische Recht offiziell als gemeines deutsches Recht rezipiert, und da das Kammergericht für die Territorien vorbildlich war, strömte von hier aus das Römische Recht weitgehend in das Gerichtswesen und in die Rechtsprechung der deutschen Reichsstände ein. Das Gericht, das zuerst in Frankfurt, dann in Speyer (1527–1688) und seit 1693 in Wetzlar seinen Sitz hatte, war zuständig in erster Instanz für Reichsunmittelbare sowie bei Prozeßverschleppung oder Rechtsverweigerung und als Appellationsinstanz gegen richterliche Entscheidungen landesherrlicher Unter- und Obergerichte für die Untertanen der Territorien. Es wurde durch die sogenannten »Kammerzieler«, die einzige ständige Reichssteuer, von den Reichsständen unterhalten.

Da mit der Revision beim Reichskammergericht zugleich eine automatische Suspension des Urteils verbunden war, wurde sehr starker Mißbrauch mit diesem Rechtsmittel getrieben; die Prozesse häuften sich. 1654 wurde das bedeutendste Prozeßgesetz des alten Reiches für das Reichskammergericht erlassen und durch Erhöhung der Streitsummen und Aufhebung der automatischen Suspension das Revisionsunwesen eingeschränkt. Die damals auf 50 erhöhte Zahl der Beisitzer wurde nie erreicht, vielmehr konnten zumeist nur 13 Assessoren besoldet werden, da die Kammerzieler nicht eingingen. Die Arbeit des Reichskammergerichts, durch finanzielle, prozeßrechtliche und konfessionelle Momente erschwert, konnte nicht mehr voll in Gang gebracht werden, so daß das höchste Gericht des Reiches wegen der Prozeßverzögerungen zeitweise zum Gespött Europas wurde. Die 1654 zur Aufarbeitung der Revisionssachen eingesetzte Reichsdeputation konnte erst 1767 unter Joseph II. ihre Arbeit für neun Jahre aufnehmen. Trotz dieser Gebrechen hat das Reichskammergericht eine erhebliche Bedeutung für die Rechtseinheit gehabt durch die Nachahmung seiner Gerichtsordnung, insbesondere im Zivil- und Prozeßrecht, und besonders durch die Wahrung eines Rechtsschutzes der mittelbaren Reichsuntertanen, auch gegen ihre Landesherren. Die durchgängigen Abwertungen in der Geschichtsschreibung des 19. Jh. sind jedenfalls weit übertrieben[28].

Von einem festen *Reichsfinanzwesen* kann man nicht sprechen. Ständige Steuern gab es außer den Kammerzielern nicht. Die jeweils für aufzustellende Truppen oder andere Aufgaben vom Reichstag beschlossene Abgabe, der Römermonat, ein nach der Matrikel von 1521 festgesetzter Anschlag, wurde von den Reichsständen oder Kreisen an den Reichspfennigmeister abgeführt. Der Gemeine Pfennig, eine Art Vermögenssteuer, der anstelle eigener Erhebungsbeamter durch die Geistlichen (1495) oder die Stände (1512, 1542) eingenommen werden sollte, hatte keinen Erfolg[29]. Als 1589 der aus dem Hause Fugger kommende 29jährige Zacharias Geizkofler zum Reichspfennigmeister ernannt wurde, erhielt er zuerst vom Kaiser, sodann vom Reichstag eine Instruktion[30]. Bis zu seinem Ausscheiden 1603 brachte er über 20 Millionen Gulden an Reichshilfen auf, wobei er durch direkte Verhandlungen von den Reichskreisen zeitweise mehr Gelder erhielt als von den Reichsständen über den Reichstag. Dennoch gelang es ihm nicht, die Reichsfinanzen auf eine gesunde organisatorische Grundlage zu stellen.

Die *Reichskreise*, zugleich Reichs- und Selbstverwaltungskörper, waren wichtige Glieder der Reichsverfassung. Als Träger einer überterritorialen Auftragsverwaltung des Reiches in Militär- und Polizeiangelegenheiten, Fragen der Münze, Vollstreckung von Urteilen der höchsten Reichsgerichte, Publikation von Reichsgesetzen und kaiserlichen Mandaten haben die Reichskreise in den territorial zersplitterten Reichsgebieten zugleich Aufgaben zu erfüllen versucht, wie sie die größeren Reichsstände von sich aus durchführten. Die Sorge für öffentliche Ruhe und Sicherheit, für die Wirtschaft, für Handel, Gewerbe, Verkehr und deren Grundlagen, dazu Seuchenbekämpfung und Messeangelegenheiten, Post- und Straßenwesen oder Abstellung von Zunftmißbräuchen gehörten in jenen Gebieten zum täglichen Wirkungsbereich des Kreises. Sein Wandel ist in den einzelnen Abschnitten dargestellt worden. Die zahlreichen Kreistage schufen eine nähere Verbindung und ein engeres regionales Zusammengehörigkeitsgefühl, wie es auch die Organisation der Ritterschaft zeigte[31].

[1] G. Oestreich, Die verfassungspolit. Situation der Monarchie in Dtld. vom 16.–18.Jh., Teil 1: Das Reich, in dess. Geist und Gestalt des frühmodernen Staates (1969).

[2] Vgl. Kap. 4, Anm. 3.

[3] H. Haan, Der Regensburger Kurfürstentag 1636/37 (1967), S. 209–223.

[4] G. Scheel, Die Stellung der Reichsstände zur Röm. Königswahl seit den Westfäl. Friedensverhandlungen, in: Festgabe F. Hartung (1958).

[5] Zeumer, Quellensammlg. Nr. 205.

[6] s. Bd. 9, Kap. 16; O. Brunner, Dietrich Reinking, Ein Beitr. z. Reichsgedanken des 17.Jh., Jb. Ak. Mainz (1963).

[7] R. Hoke, Die Reichsstaatslehre des Joh. Limnaeus (1968).

[8] Vgl. Kap. 7, Anm. 9.

[9] Kap. 7, Anm. 9 u. 10.

[10] Interregna traten ein 1519, 1612, 1619, 1657, 1711, 1740, 1745, 1790, 1792. W. Hermkes, Das Reichsvikariat in Dtld., Die Reichsvikare von der Goldenen Bulle bis zum Ende des Reiches (1968).

[11] R. Smend, Zur Gesch. d. Formel »Kaiser und Reich«, in dess. Staatsrechtl. Abhandlungen ([2]1968). Kaiseridee: P. Rassow, Die Kaiseridee Karls V. (1932); W. Koehler, Die dt. Kaiseridee am Anfang des 16.Jh., HZ 149 (1933); H. Hantsch, Die Kaiseridee Karls V. (1958); J. A. Maravall, Carlos V y el pensiamento politico de Renacimiento (1960).

[12] K. Schottenloher, Die Bezeichnung »Heil. röm. Reich dt. Nation«, in: Festschr. E. Stollreither (1950) mit Hinweis auf ält. u. jüng. Lit.

[13] H. E. Feine, Papst, erste Bitten und Regierungsantritt d. Kaisers seit d. Ausgang des MA, ZRG KA 20 (1931); A. H. Benna, Preces primariae u. Reichshofkanzlei 1559–1806, Mitt. ÖStA 5 (1952).

[14] H. E. Feine, Die Besetzung d. Reichsbistümer 1648–1803 (1921).

[15] Dazu A. Rauch, Kaiser und Reich im Jh. nach dem Westfäl. Frieden (Diss. München 1933), und Kap. 7, Anm. 11 u. 13.

[16] Quellen: Dt. Reichstagsakten jg. R.; H. Grundmann (Hg.), Das Protokoll d. Augsburger RT 1530 von V. v. Tetleben (1958); s. a. DW[9] 10423, 7874, 10413, 11418, 11403, 12101. Lit.: F. H. Schubert, Die dt. Reichstage in d. Staatslehre der frühen Neuzeit (1966) grundlegend, auch für weitere Fragen; J. J. Moser, Neues Teutsches Staatsrecht 5 u. 6 (1774); s. a. DW[9] 11003 u. 11448; A. Biederbick, Der Dt. Reichstag 1714–1724 (Diss. Bonn 1937); F. Meisenburg, Der Dt. Reichstag 1740 bis 1748 (Diss. Bonn 1931); M. Koch, Der dt. Reichstag während des 7jähr. Krieges (Diss. Bonn 1950); T. Rohr, Der dt. Reichstag 1763–1778 (Diss. Bonn 1968); W. Fürnrohr, Der immerwäh-

rende Reichstag zu Regensburg, Verh. Hist. Ver. Oberpfalz u. Regensburg 103 (1963); R. Freytag, Vom Sterben des immerwährenden RT, ebd. 84 (1934); W. Fürnrohr, Der immerwährende RT, GWU 15 (1964); J. Schick, Der RT zu Regensburg 1792–1795 (Diss. Bonn 1931).

[17] Für die RT-Verfassung K. Rauch (Hg.), Traktat über den Reichstag im 16. Jh. (1905).

[18] F. v. Esebeck, Die Begründung der hannoverschen Kurwürde (1935).

[19] U. Kühne, Gesch. d. böhm. Kur in den Jhh. nach d. Goldenen Bulle, AUF 10 (1928).

[20] G. Richter, Die württemb. Reichstagsstimmen von der Erhebung zum Hgt. bis z. Ende d. alten Reiches, Zs. f. württ. Ldsgesch. 23 (1964); O. Schaffrath, Fulda u. seine Nachbarn auf den Reichstagen des 16. u. 17. Jh., Fuldaer Gesch. bll. 42 (1966).

[21] R. Reuter, Der Kampf um die Reichsstandschaft der Städte auf dem Augsburger RT 1582 (1919); H. Gerber Die Bedeutung des Augsburger RT von 1547/48 für das Ringen der Reichsstädte um Stimme, Stand und Session, ELJb. 9 (1930); O. F. Winter, Die Wiener Reichsbehörden u. d. fränk. Reichsstädte, Jb. f. fränk. Ldsforsch. 24 (1964); I. Bog, Betrachtungen zur korporativen Politik der Reichsstädte, Ulm u. Oberschwaben 34 (1955); weiteres Kap. 20.

[22] J. Wysocki, Die Kurmainzer Reichstagsdirektorien um 1680, Geschichtl. Landeskunde Mainz 3 (1968).

[23] W. Ebel, Gesch. d. Gesetzgebung in Dtld. ([2]1958); zu den Polizeiordnungen Kap. 4; H. Proesler, Das gesamtdt. Handwerk im Spiegel der Reichsgesetzgebung 1530–1806 (1955); ders., Die Rechtsbeziehungen zw. den Angehörigen der Zünfte im Spiegel der Reichsgesetzgebung von 1530–1806 (1956), H. Gradl, Die dt. Zoll- u. Steuerpolitik im Spiegel d. Reichsgesetzgebung von 1524–1806 (Diss. München 1948); H.-J. Bruhns, Die Reichs-

privatgesetzgebung des Hl. Röm. Reiches dt. Nation (Diss. Kiel 1950); F. Blaich, Die Wirtschaftspolitik d. Reichstags im Hl. Röm. Reich dt. Nation 1495–1806 (Habil.-Schr. Marburg 1969).

[24] L. Gross, Die Reichsregistraturbücher Karls V. (1930); A. H. Loebl, MIÖG 27 (1906).

[25] DW[9] 2508; L. Gross, Die Gesch. d. dt. Reichshofkanzlei 1559–1806 (1933); H. F. Schwarz, The Imperial Privy Council in the 17th Century (1943); H. Mathy, Über das Mainzer Erzkanzleramt in der NZ, Geschichtl. Ldskunde Mainz (1965).

[26] O. v. Gschliesser, Der Reichshofrat, Bedeutung u. Verf., Schicksal u. Besetzung einer obersten Reichsbehörde 1559–1806 (1942) m. weit. Lit.

[27] R. Smend, Das Reichskammergericht (= RKG) 1: Gesch. u. Verf. (1911); H. Spangenberg, Die Entstehung d. RKG u. d. Anfänge d. Reichsverwaltung, ZRG GA 46 (1926). Die Akten des RKG wurden 1847–1852 auf die deutschen Bundesstaaten verteilt. Die jetzt von den Einzelarchiven veröffentlichten Verzeichnisse zeigen sowohl die starke Inanspruchnahme des RKG wie auch die breite Streuung der Prozeßinhalte. Vgl. W. Lotzke, Das Archiv des RKG, ZRG GA 78 (1961); O. Koser, Repertorium der Akten des RKG, Untrennbarer Bestand I–II (1933 bis 1936); O. Graf v. Looz-Corswarem u. H. Scheidt, Repertorium d. Akten d. ehem. RKG im StA Koblenz (1957); G. Aders u. H. Richtering, Gesch. d. alten Reiches 1, RKG A-K [StA Münster] (1966).

[28] So besonders Hertz, vgl. Kap. 7, Anm. 13.

[29] DW[9] 11008 ff.; J. Müller, Zacharias Geizkofler 1560–1617, des Hl. Röm. Reiches Pfennigmeister (1938); bisher ist nur ein Jahrzehnt (1593–1603) der Einnahmen in der Finanzgesch. des Reiches genau untersucht worden: J. Müller, Die Verdienste Zach. Geizkoflers um die Beschaffung der Geldmittel für den Türkenkrieg K. Rudolfs

II., MIÖG 21 (1900); ders., Das Steuer- und Finanzwesen des Hl. Röm. Reiches im 16.Jh., N. Jbb. f. klass. Altert. 9 (1902).

[30] Texte: Instruktion des Kaisers (1589) bei J.Müller, Geizkofler (1938); Instruktion des Reichstags in MIÖG 21 (1900).

[31] E. v. Waechter, Die letzten Jahre d. dt. Reichsritterschaft, Württ. Vjh. f. Ldsgesch. 40 (1934); G. Pfeiffer, Studien zur Gesch. d. fränk. Reichsritterschaft, Jb. f. fränk. Ldsforsch. 22 (1962); E. Roedder, Das südwestl. Reichsdorf, auf Grund der Gesch. v. Oberschefflenz (1928).

Kapitel 11
Der deutsche Landesstaat um 1500

Das 15. Jahrhundert ist im Prozeß der Umbildung des mittelalterlichen Territoriums oder Landes zum Territorial- oder
Landesstaat von besonderer Bedeutung[1]. Eine neue Auffassung
von der Konzentration der politischen Gewalt und neue Aufgaben, die an die fürstliche Regierung herantreten oder herangezogen werden[2], lassen die ältere Anschauung von Landesherrschaft als Herrschaft über Land und Leute, die durch die
politische Grundform der Hausherrschaft bestimmt war, zurücktreten. Die Vorstellung dringt durch, daß das *Herrschafts-
amt im Landesstaat* ein »öffentliches« Amt sei, von Gott übertragen und verbunden mit festen, sehr vielseitigen Pflichten.
Die verschiedenen älteren landes- und lehnsherrlichen Einzel-
rechte werden nun straffer zusammengefaßt und in Institutionen verankert. Diese so gewonnene Herrschaftsgewalt
drängt die genossenschaftliche Mitwirkung des Landes zurück
und fordert vom Landsässigen, dem Ritter wie der Stadt, nicht
nur Treue, sondern auch Gehorsam; der entstehenden Staatsgewalt gegenüber kann sich niemand mehr jederzeit auf besondere Freiheitsrechte berufen und sich ihr entziehen.
    Die Auseinandersetzungen darüber bilden die Probleme des
Ständestaates im Übergang vom Feudalismus zum Absolutismus.
Die Tendenzen zur rechtlichen Nivellierung und Unterwerfung gegenüber der Zentralgewalt sowie zur generellen Ver-
sachlichung steigern die »öffentliche« Herrschaftsgewalt zur
Staatsgewalt, wobei »Staat« als »neuartiger, objektiver, gedach-
ter und gewollter politischer Körper« definiert werden kann[3].
In den großen Kämpfen des 15. Jh. setzt sich das Fürstentum
gegenüber den Ständen durch, deren politische Autonomie gebrochen wird (z. B. in Brandenburg, Bayern, Mecklenburg).
Auch vom Adel erzwingt das erstarkende Fürstentum die Anerkennung seiner politischen und gerichtlichen Oberhoheit, insbesondere durch die Beseitigung des Fehderechts. In Süd- und
Südwestdeutschland dagegen löst ein großer Teil des Adels
den Zusammenhang mit den Territorien und kann seine Aner-

kennung als freie und reichsunmittelbare Ritterschaft 1422 gewinnen.

Auch gegenüber der Kirche errichtete das Fürstentum im 15. Jh. eine Art *Kirchenregiment;* die ostdeutschen Territorien wie Österreich, Sachsen und Brandenburg machten ihre Bistümer landsässig und erreichten weitgehende Rechte durch Vereinbarungen mit dem Papst. In ständiger Auseinandersetzung mit den Bischöfen auf dem Gebiet des Rechtswesens, der Pfründenverleihung und der Besteuerung des Klerus drangen die Fürsten weitgehend durch. Darüber hinaus wurden Verwaltung des kirchlichen Vermögens, Gottesdienst und kirchliche Zucht von den deutschen Landesherren beaufsichtigt.

Mit dem Erstarken der fürstlichen Gewalt war ein behördlicher Ausbau in der *zentralen Regierungssphäre* unmittelbar am Hofe verbunden. In den fürstlichen Rat oder Hofrat wurden – neben die »geborenen« ritterlichen Räte – juristisch geschulte, oft landfremde Amtsträger berufen, die »wesentlichen« Räte. Er tagte nunmehr regelmäßig und erledigte Rechtsprechung und laufende Landesgeschäfte. Zunächst völlig vom Fürsten abhängig, entwickelte er sich allmählich zu einem »collegium formatum«, der Frühform einer Behörde. Die Verleihung des Titels eines Landrats oder »Rates von Haus aus« an den geldgebenden Landesadel erschwert die Überschaubarkeit der Doppelschicht zeitweiser fürstlicher Ratgeber und beständiger Mitarbeiter. Die Schreibstube, die Kanzlei (in Württemberg daher »Rat der Kanzlei«), trat dagegen im 15. Jh. in ihrer früheren Bedeutung zurück. Für die Geldverwaltung wurde in einigen Ländern eine besondere Behörde gebildet, die Rentei.

Die *lokale Verwaltung* hatte bereits seit dem 13./14. Jh. durch die neue, geographisch nicht immer geschlossene Bezirkseinteilung, die Ämter, eine festere landesherrliche Organisation erhalten. An der Spitze eines Amtes stand der Amtmann, der richterliche, polizeiliche und Verwaltungsgewalt vereinigte. Er wurde aus dem Adel genommen, war kein Lehnsträger mehr, sondern ein fürstlicher, zeitlich befristeter Amtsträger, stand aber noch ganz im Gefüge der ständestaatlichen Wirklichkeit. Ihm zur Seite trat später der Amtsschreiber, ein rein fürstlicher Beamter bürgerlicher Herkunft, der die eigentliche Verwaltungsarbeit und Wirtschaftstätigkeit übernahm.

Die *Einkünfte des Fürsten* bestanden zuerst aus den Erträgen seiner Güter und den Abgaben seiner grundhörigen Bauern, zumeist Naturalien. Das geldliche Einkommen setzte sich vornehmlich aus den Regalien, den Zöllen, dem Münz-, Salz- und Bergregal, dem Judenschutz und endlich den Erträgen der Gerichtsbarkeit und der Kanzlei zusammen. Die Besteuerungsmöglichkeiten der Untertanen waren äußerst beschränkt. Die Bede, eine Steuer des 13. Jh., war von den Ständen abgegolten worden, so daß für alle weiteren wachsenden Ausgaben des Fürstentums, der landesherrlichen Behörden und auch bei der Umstellung des lehnsrechtlichen Heerwesens auf Söldner nur die Verpfändung bestehender Einnahmequellen oder die Inanspruchnahme des Kredits übrigblieb, die Verschuldung als Form der Vorfinanzierung. Im Osten Deutschlands wurden die Rittergüter durch Verpfändung als Gerichts- und Polizeibezirke verselbständigt und stellten sich gleichberechtigt neben die landesherrlichen Ämter.

Der ältere Ständestaat war ein unfertiger »Halbstaat«. Die *Stände* organisierten sich angesichts der wachsenden landesherrlichen Gewalt und vereinigten sich zur Abwehr gegen ihren Landesherrn. »Landesherr und Landstände zusammen sind das Land im vollen und ursprünglichen Sinn« (O. Brunner)[4]. Die landständischen Herrschaftsträger waren die Prälaten, die Herren, die Ritter als Inhaber der lokalen Gewalten in den Kloster- und Grundherrschaften und die Magistrate der autonomen Stadtgemeinden. Nur selten war die freie Bauernschaft als politische Korporation vertreten (Vorarlberg, Tirol, Stift Kempten, Friesland, Stade, Dithmarschen).

Die *Geistlichkeit*, die im Domkapitel der Fürstbistümer die führende Rolle spielte, trat in den großen weltlichen Territorien gegenüber den beiden anderen Ständen zurück. Sie bildete sich als letzter Stand aus. In verschiedenen Territorien, wie in den niederrheinischen Grafschaften, fehlte sie in den Ständeversammlungen ganz. Die *Herren*, der mächtigste, oft fast reichsunmittelbare Stand, haben bis ins 16. Jh. auf besonderen Herrentagen vor und neben den allgemeinen Landtagen getagt. Sie galten als geborene Räte der Landesherrschaft und hielten mit den Räten besondere Ratssitzungen ab. Sie stellten zunächst die Landräte (auch »Räte von Haus aus«) gegenüber den Hofräten dar (Österreich[5], Böhmen, Schlesien, Preußen, Brandenburg). Die *Ritterschaften* bildeten den Kern der Landtage; sie schieden z. B. in Württemberg und Kurtrier durch den Schritt zur Reichsunmittelbarkeit aus. Die *Städte* – meist mit Ausnahme der landesherrlichen Mediatstädte – bildeten den anderen ausschlaggebenden Faktor. Während die Ritterschaft besonders im ostdeutschen kolonialen Gebiet den Einfluß über die lokale Verwaltung erweiterte und sich zum alleinigen Herrn über ihre Hintersassen machte, war es dem landsässigen Stadtrat gelungen, wesentliche Rechte zu erwerben wie Marktrecht, Münzrecht, Steuerrecht, niedere (in sehr wenigen Fällen auch höhere) Gerichtsbarkeit, und eine Selbstregierung zu erlangen. Das Streben der Stände des 15. Jh. ging auf Bewahrung der alten Freiheit gegenüber der neuen sich konstituierenden Fürstengewalt, nicht so sehr auf eine ständige Mitwirkung in der landesherrlichen Regierung. Die Landstände machten sich um den Zusammenhang des Territoriums gegenüber Landesteilungen der Fürsten und bei Vormundschaftsstreitigkeiten verdient. Die Gesamtheit aller Stände begriff sich als Vertretung des ganzen Landes, aber im ganzen gesehen erzwang erst das Fürstentum, so wie es den Landesstaat schuf, auch die Ausbildung der landständischen Verfassung, die zum dualistischen Ständestaat des 16. u. 17. Jh. führte.

Landesteilungen, Vormundschaftswirren, Kriegsgefahren usw. einerseits, der landesherrliche Wille zur Übernahme gesamtständischer Landesaufgaben andererseits, riefen im komplexen Wechsel die Einrichtung des *Landtages* als Abschluß der landständischen Verfassung ins Leben. Den Forderungen der Landesherren, die z. B. die Anerkennung des Mehrheitsprinzips für Landtagsbeschlüsse durchsetzten, traten die Forderungen der Landschaft gegenüber, die mit Hilfe ihrer Gravamina frühzeitig in die Regierungssphäre (Verwaltung, Gericht und öffentliche Ordnung) kritisch, informierend, anregend und auch unmittelbar bessernd eingriff. In Württemberg kam es z. B. 1498 sogar zu einer fünfjährigen Vormundschaftsregierung durch die Landstände.

Neben den landesherrlich geführten Staaten, deren Regierungsform die »Herrschaft« war, standen die »Genossenschaften« der *Reichsstädte, Reichsritter und Reichsdörfer*. Beide Formen bildeten um 1500 keinen absoluten inhaltlichen Gegensatz, denn auch die Herrschaft beruht auf einer Treueverpflichtung gegenüber den ihr Unterworfenen, die ein Recht auf Mitsprache und Mithandeln besitzen. Die Bildungen der genossenschaftlich organisierten Staatsgewalt traten hinter den Territorialfürstentümern zurück[6]. Sie versagten zumeist in politischer und wirtschaftlicher, weniger in sozialer und kultureller Beziehung. Die politische Blütezeit der namentlich im Südwesten liegenden Reichsstädte, unter denen Straßburg, Augsburg, Ulm,

Nürnberg hervorragten, war vorüber. Der Verband der Reichs-
adelsherrschaften, die in sich keineswegs verrottet und ver-
lottert waren und gesunde soziale Verhältnisse herstellten
(Bauernland in Bauernhand), konnte sich festigen, ohne aber
weitere zukunftsträchtige Formen zu entwickeln[7].

Für die gesamte territoriale VG vgl. G. W. SANTE (Hg.), Gesch. d. dt. Länder (Territorien-Ploetz) 1 (1964).

[1] Vgl. Bd. 7, Kap. 40; HARTUNG, Dt. VG, S. 45 ff.

[2] Besonders betont von F. LÜTGE, Das 14. u. 15. Jh. in der Sozial- u. WG, in dess. Studien z. Sozial- u. WG, Ges. Abh. (1963).

[3] W. SCHLESINGER, Die Landesherr-schaft der Herren von Schönburg (1954), wichtiges Schlußkapitel: Die Landes-herrschaft d. Herren v. Sch. im Rahmen d. dt. VG, S. 161 ff., Zitat S. 173. Die beste Gesch. d. mod. Staates geben die Abhandlungen von O. HINTZE, Wesen u. Wandlung d. mod. Staates; Die Ent-stehung d. mod. Staatslebens, Ges. Abh. 1 ([3]1970).

[4] Zur neuen Beurteilung des ständi-schen Elements grundlegend: O. BRUN-NER, Land und Herrschaft. Grundfragen der territor. Verf. Österreichs im MA

([5]1965), Zitat S. 513; für Westdtld.: H. HELBIG, Fürsten u. Landstände im Westen d. Reiches im Übergang vom MA zur NZ, Rhein. Vjbll. 29 (1964); ferner ders., Der wettinische Stände-staat (1955); ders., Königtum u. Stände-versammlungen in Dtld. am Ende des MA, Standen en Landen 24 (1962).

[5] H. WIESFLECKER, Die Entwicklung d. landständ. Verf. in den österr. Ländern von den Anfängen bis auf Maximilian I., in: Die Entwickl. d. Verf. Österreichs (1963).

[6] Daß es auch einen genossenschaftlich gut organisierten nordelbischen Bauern-staat gab, zeigt H. STOOB, Gesch. Dith-marschens im Regentenzeitalter (1959).

[7] Übersicht P. SCHNEPP, Die Reichs-ritterschaft, Dt. Gesch.bll. 14 (1913); da-zu DW[9] 2416, 8337, 8370.

Kapitel 12
Stellung des Landesfürstentums

Im Vordergrund des für die Verfassungsentwicklung in
Deutschland ausschlaggebenden Landesstaates[1] steht die fürstliche Obrigkeit, der herrschaftliche Wille, als das übergeord-
nete einende Element. Werner Näf[2] wählte für den Ständestaat
das interessante Bild der *Ellipse mit den zwei Brennpunkten Fürst
und Stände*, und Gierke hat bereits im 19. Jh. durch den Hinweis auf den Dualismus den Tatbestand der Doppelpoligkeit
allen ständestaatlichen Lebens hervorgehoben. Unter dem Eindruck der staatsrechtlichen Lehre vom monarchischen Prinzip,
die im deutschen Konstitutionalismus bis 1918 ungebrochen
galt, hat die deutsche Verfassungsgeschichtsschreibung lange

den monarchischen Faktor überbewertet. Besonders seit dem II. Weltkrieg finden die Leistungen der Stände und ihr Anteil am Prozeß der Staatsbildung stärkere Würdigung[3].

Das Fürstentum hat keineswegs sofort alle Folgerungen aus den neuen Tatbeständen, Tätigkeiten und Aufgaben und aus dem sich bildenden Staatsbetrieb am Hof gezogen oder ziehen können. Aber der Herrscher und seine Umgebung sind das treibende Moment in der Entwicklung des deutschen Territoriallebens geworden. Wie langsam sich der neue, vom Römischen Recht gespeiste Gedanke des übergeordneten politischen Gemeinwesens durchsetzte, zeigt die Entwicklung der *Primogenitur* und der damit verbundenen *Unteilbarkeit des Landes*. Durch verschiedene Hausgesetze waren schon bis 1500 in Verfolg der Bestimmungen der Goldenen Bulle von 1356 über die Unteilbarkeit der Kurlande auch für andere Länder ähnliche Anordnungen erlassen worden (Baden 1380, Dispositio Achillea in Brandenburg 1473, Württemberg 1482, Albertinisches Sachsen 1499, Bayern 1506); aber noch im 16. und 17. Jh. finden wir die Fortsetzung der die Landeseinheit jedesmal gefährdenden Teilungen, die in Österreich 1621, in Sachsen 1652, in Hannover 1680 durch Unteilbarkeitserklärungen unmöglich gemacht wurden[4].

Die Devise des »gemeinen Besten«, des »gemeinen Wesens«, der »salus publica«, des »Aufnehmens des Landes« tritt neben den Gedanken an den Nutzen des fürstlichen Hauses. Das 16. und 17. Jh. erlebt mit der Zunahme der landesherrlichen Tätigkeit ein Wachsen des öffentlichen Verantwortungsbewußtseins, das religiös gesteigert wird durch die evangelische Reformation und die katholische Reform[5]. Von diesem erweiterten *Pflichtbegriff* wird die ausgedehnte Tätigkeit des Fürsten in den allgemeinen Landesangelegenheiten und seine strenge Regelung des Alltags der Untertanen getragen. Das Eingreifen des Landesherrn, seine Gesetzgebung, steigert sich fast plötzlich auf allen Gebieten. In großen Landes- und Polizeiordnungen[6], oft gefordert, gestützt und mitbeschlossen von den Landständen, finden wir eine Reglementierung von Recht und Frieden im weitesten Sinne.

Der Begriff »*policey*«, von Aristoteles' Politeia abgeleitet, dringt hierfür in den letzten Jahrzehnten des 15. Jh. aus Frankreich und Burgund in den deutschen Sprachbereich ein. Er bezeichnet zunächst Tatbestände, die durch die veränderten politischen, ökonomischen, sozialen und religiösen Verhältnisse in den immer stärker wachsenden großen Lebenskreisen auftreten und nicht vom alten Herkommen und im gewachsenen Land- oder Stadtrecht beachtet sind. Schon die am meisten auftauchenden Wortverbindungen »Regiment und Polizei« oder »gute Ordnung und Polizei« deuten aber darauf hin, daß es sich bei den Reichs-, Landes- und Stadtverordnungen um rationale hoheitliche Funktionen der Obrigkeiten handelt, die immer neue Gebiete des menschlichen Zusammenlebens und Daseins von der Kleiderordnung bis zur Backvorschrift ihrer Anordnung und ihrer Zwangsregelung unterwerfen. Der frühmoderne Staat beginnt schlechthin mit *Vorschriften;* zugleich wird die Vorstufe der neuzeitlichen absolutistischen Gesetzgebung ausgebildet, in der der Wille des Herrschers das Gesetz gibt und damit Recht setzt. Andererseits sind die großen Landes- und Polizeiordnungen Versuche systematischer Staatsplanung und beginnender Sozialdisziplinierung, ohne bereits den entsprechenden bürokratischen Apparat zur Durchführung zu besitzen und ohne schon das Instrument einer organisierten Polizei zur gewaltsamen Durchsetzung aufzubauen.

Die Reichspolizeiordnungen seit 1495, die die Materien eines neuen Strafrechts und eines neuen Privatrechts erstmals erfassen[7], werden bald vorbildlich. Sie vereinigen Erlasse über Bekleidung, Luxus, übertriebenen Aufwand bei Hochzeiten, Trunksucht, Spiel, Tanz und Gotteslästerung mit Verordnungen über Lebensmittelfälschungen, Wucher, Feuerschutz und sanitäre Fürsorge. Zugleich aber enthalten diese *Landes- und Polizeiordnungen* auch die Grundlagen einer Wirtschaftspolitik. Bestimmungen über Märkte, Lebensmittelhandel und -ausfuhr, über Handwerk und Zünfte, Arbeitsdauer und Lohnhöhe, ja Arbeitszwang sollen den Mißständen im wirtschaftlichen Leben entgegentreten, darüber hinaus z. B. die Tuch-Herstellung im Lande durch Wollausfuhr-Verbote heben oder die Ausfuhr von Geld verhindern[8]. Aber noch handelt es sich nicht so sehr um eine Stärkung der wirtschaftlichen Macht des Landes als vielmehr um das Erhalten der »Nahrung« oder das Bewirken eines gerechten Ausgleichs zwischen Produzent und Konsument, zwischen Stadt und Land, wobei jeder Teil in seinem Herkommen und seinen Rechten geschützt werden soll und der Adel Vorrechte seiner politisch-sozialen Stellung entsprechend genießt. Der Landesherr behandelt in diesen Ordnungen wie auch in den großen *Rechtskodifikationen*[9], die seine Juristen ausarbeiten, den Landesstaat als eine Einheit.

Auch zur Vereinheitlichung des Rechts haben die Landstände durch Gravamina auf den Landtagen oder durch
ständische Hofgerichte einen entscheidenden Anstoß gegeben,
so für das Landrecht in Jülich-Berg (1555–1564) oder für die
Kursächsischen Konstitutionen von 1572. In mehr oder minder
starker Anlehnung an das Römische Recht wurde im 16. Jh. u. a.
in Baden und Bayern, in Brandenburg und Solms das zer-
splitterte und weniger entwickelte örtliche Recht in Rechts-
sammlungen neu gefaßt und schöpferisch ergänzt. Die Stadt-
rechts-Reformationen waren ihnen in Nord- und Süddeutschland oft vorausgegangen und manchmal zum unmittelbaren
Vorbild geworden[10]. Die Hansestädte des Nordens und die sie
im 16. Jh. in ihrer Bedeutung überspielenden Reichsstädte des
Südens mit dem sich dort entwickelnden Frühkapitalismus
waren in ihrer finanziellen Kraft den Fürstenstaaten zunächst
überlegen, um dann dauernd politisch und wirtschaftlich über-
flügelt zu werden.

Durch die Reformation wird das bisherige *Kirchenregiment* der
Fürsten in den protestantischen Ländern sehr gesteigert (Bd. 8,
Kap. 22 u. Bd. 9, Kap. 19). Die landesherrliche Gewalt erhält
durch die Säkularisationen und das neue geistliche Regiment
einen starken Machtzuwachs. Sein Ausdruck sind die Kirchenordnungen, die auch in direkter Parallele zu den Landesordnungen stehen können. Es werden separate Landeskirchen«
gebildet, an deren Spitze der Fürst als »summus episcopus«
tritt und die das schulische und kulturelle Leben weitgehend
beherrschen. Dem Landesherrn fällt nunmehr die Entscheidung über Lehre und Kultus zu und die Wahrnehmung der
geistlichen Gerichtsbarkeit, insbesondere in Ehesachen, wofür
er Visitationen veranstaltet und als besondere Behörden Kon-
sistorien oder Kirchenräte einrichtet; diese sind teils als kirchlicher Gerichtshof (Sachsen 1539), teils als Organ des fürstlichen Kirchenregiments aus den Visitationskommissionen
(Württemberg 1553) entstanden und setzen sich aus weltlichen
und kirchlichen Räten zusammen[11]. Das Kirchengut wird
säkularisiert, hier dem Kammergut einverleibt und sogleich
wieder dem Adel verpfändet, dort unter zweckgebundene Son-
derverwaltung gestellt, insbesondere für landesherrliche Schul-
stiftungen. Elisabeth von Braunschweig-Lüneburg hat z. B.
den ganzen Kirchenbesitz in der Klosterkammer zusammengefaßt, einer für Schulzwecke bestimmten Verwaltung[12], Herzog
Christoph von Württemberg schafft den »Gemeinen Kirchen-

kasten«, eine Verwaltung des geistlichen Gutes als finanzielle Grundlage für Kirche und Schule, während er das ehemalige Klostergut 1556 in dreizehn evangelisch-theologische Klosterschulen umwandelt.

In den katholisch gebliebenen bzw. wieder gewordenen Territorien weitete sich das bisherige Kirchenregiment dadurch aus, daß die Landesherren die gegenreformatorischen Maßnahmen ergriffen und die Geistlichkeit reformierten, wofür z. B. in Bayern ein kirchliches Polizeiregiment durch den sogenannten Geistlichen Rat ausgeübt wurde. Das Zeitalter der Reformation und Gegenreformation brachte in den deutschen Territorien überhaupt eine enge Verbindung zwischen geistlichem und weltlichem Regiment, da die Reinerhaltung der Lehre als wichtigste Aufgabe des Fürsten galt, die bald durch geistliche, bald durch weltliche Behörden durchgeführt werden konnte, und die Kirchenorganisation zu landesherrlichen Aufträgen herangezogen wurde (Verkündung von Edikten, statistische Erhebungen usw.). Das Fürstentum ordnete das Schulwesen neu[13] und nahm sich der Universitäten energisch an, die dem Lande für Verwaltung und Gericht die Theologen und Juristen stellten und für die rechtliche und kirchliche Einheit des Landesstaates sorgen sollten. Die Korporation der Universität wurde in protestantischen Ländern Mitglied des Landtags, also Glied des dem Fürsten gegenüberstehenden ständischen Elements.

[1] Quellen: Dt. Hofordnungen d. 16. u. 17. Jh., hg. v. A. KERN (1905–1907); Acta Brandenburgica, hg. v. M. KLINKENBORG (für 1604–1608 4 Bde. 1927 bis 1930); für Österreich DW[9] 11022; F. GUNDLACH, Die hess. Zentralbehörden von 1247–1604 (3 Tle. 1930–1932); L. ZIMMERMANN, Der ökonom. Staat Lgf. Wilhelms IV., Bd. 2 (1934); DW[9] 10986 u. 12369. – Lit.: G. v. BELOW, Territorium u. Stadt ([2]1923); E. GOTHEIN, Die bad. Mgfsch. im 16. Jh. (1910); M. SPAHN, Verf.- u. Wirtsch.gesch. d. Hgt. Pommern 1478–1625 (1896); F. RACHFAHL, Die Organis. der Gesamtstaatsverwaltung Schlesiens vor d. 30j. Krieg (1894); P. STEINMANN, Finanz-, Verwalt.-, Wirtsch.- u. Regierungspolitik der mecklenb. Hge. im Übergang v. MA z. NZ, Jb. d. V. f. Mecklenb. Gesch. 86 (1922); F. TEZNER, Landesfürstl. Verwaltungsrechtspflege in Österreich .. 15.–18. Jh. (1897–1902); L. ZIMMERMANN (s. o.), Bd. 1: Der hess. Territorialstaat im Jh. d. Ref. (1933).

[2] W. NÄF, Frühformen d. mod. Staates, HZ 171 (1951).

[3] O. BRUNNER, Land u. Herrschaft (1939, [5]1965); D. GERHARD, Regionalismus u. ständisches Wesen als Grundthema europ. Gesch., HZ 174 (1952); K. v. RAUMER, Absoluter Staat, korporative Libertät, persönl. Freiheit, HZ 183 (1957); G. OESTREICH, Ständetum u. Staatsbildung in Dtld., in: Geist u. Gestalt d. frühmod. Staates (1969); ders., Ständestaat u. Ständewesen im Werk Otto Hintzes, in: D. GERHARD (Hg.), Ständische Vertretungen in Europa im 17. u. 18. Jh. (1969).

Die Territorien. Bis zur Mitte des 17. Jh.

[4] Die Hausgesetze der regier. dt. Fürstenhäuser, hg. v. H. SCHULZE (3 Bde. 1862–1883), dazu ders. DW[9] 2414; A. WERMINGHOFF, Der Rechtsgedanke v. d. Unteilbarkeit d. Staates in d. dt. u. brdbg.-preuß. Gesch. (1915).

[5] Biographien: G. MENTZ, Joh. Friedr. d. Großmüt. (3 Tle. 1903–1908); E. BRANDENBURG, Moritz v. Sachsen (1898, nur Bd. 1 bis 1547); H. GLAGAU, Eine Vorkämpferin ldsherrl. Macht: Anna v. Hessen 1485–1525 (1899); F. ERNST, Eberhard im Bart (1933); F. WIELANDT, Mgf. Christoph I. von Baden und das bad. Territorium 1475–1515, ZGORh 46 (1933). Staatsauffassung: F. HARTUNG, Der dt. Territorialstaat d. 16. u. 17. Jh. nach d. fürstl. Testamenten, Dt. Gesch.-bll. 13 (1912), auch in dess. Volk und Staat (1940); J. ENGELFRIED, Der dt. Fürstenstand des 16. u. 17. Jh. im Spiegel seiner Testamente (Diss. Tübingen 1961). Zur Theorie Bd. 9 Kap. 16.

[6] Übersicht der Quellen u. Lit. bietet W. HARTZ, Die Gesetzgebung des Reiches u. der weltl. Territorien 1495 bis 1555 (Diss. Marburg 1929); Texte jetzt bei G. K. SCHMELZEISEN (Hg.), Polizei- u. Landesordnungen (1968); G. BUCHDA, Wirtschaftsrecht in jüngeren thüring. Landesordnungen, in: Festschr. J. Hedemann (1938); K. KOLLNIG, Die Landesordnungen von Hohenzollern-Hechingen, Hohenzollern-Jb. 5/6 (1938/39); G. RICHTER, Die ernestinischen Landesordnungen und ihre Vorläufer von 1446 u. 1482 (1964); H. SCHMUCKER, Das Polizeiwesen im Hgt. Württ. nach seiner geschichtl. Entwicklung (Diss. Tübingen 1958).

[7] Lit. Kap. 4, Anm. 15; F. WIEACKER, Privatrechtsgesch. d. NZ ([2]1967), S. 200f.; K. WOLZENDORFF, Der Polizeigedanke des mod. Staates (1918); H. MAIER, Die ältere dt. Staats- u. Verwaltungslehre in Dtld. (Polizeiwissenschaft) (1966).

[8] Zur Theorie des frühen Kameralismus K. ZIELENZIGER, Die alten dt. Kameralisten (1914); zur Praxis H. SPANGENBERG, Territorialwirtschaft u. Stadtwirtschaft (1932) mit Lit., kritisch dazu A. DOPSCH, DLZ 1933, u. F. RÖRIG, HZ 150 (1934).

[9] O. STOBBE, Gesch. d. dt. Rechtsquellen, Bd. 2 (1864); W. KUNKEL, Landrechte des 16. Jh. (1938) mit Lit.

[10] z. B. COING, Die Frankfurter Reformation von 1578 u. das Gemeine Recht ihrer Zeit (1935). Zu den vielfältigen Beziehungen zwischen Stadt- und Landrechten die Tafel bei WIEACKER, Privatrechtsgesch., S. 199.

[11] Quellen: O. REDLICH, Jülich-berg. Kirchenpolitik 1: Urk. u. Akten 1400 bis 1553 (1907); F. GESS, Akten u. Briefe zur Kirchenpol. Hg. Georgs v. Sachsen (2 Bde. 1905–1917); E. WOLF, Kirchenordnungen, RGG, Bd. 3 ([2]1959), seitdem Niedersachsen (1955–1963), Bayern (1961 bis 1966), Hessen (1965), Kurpfalz (1969). – Lit.: J. HASHAGEN, Staat u. Kirche vor d. Ref. (1931); G. HOLSTEIN, Grundlagen d. evang. Kirchenrechts (1928) mit Lit.; E. BRANDENBURG, Zur Entsteh. d. ldsherrl. Kirchenreg. im ernestin. Sachsen, HV 4 (1901); O. HINTZE, Die Epochen d. evang. Kirchenreg. in Preußen, HZ 97 (1907), auch Ges. Abh. 3 ([2]1967); U. SCHEUNER, Kirchenregiment RGG, Bd. 3 ([2]1959); W. SOHM, Territorium u. Ref. in d. hess. Gesch. ([2]1957).

[12] A. BRENNECKE u. A. BRAUCH, Gesch. d. Hannoverschen Klosterfonds (2 Tle. 1928–1956]; vgl. Bd. 9, Kap. 19.

[13] Schulordnungen u. weit. Lit. s. DW[9] 3509ff.; vgl. Bd. 9, Kap. 25.

Die Diskussion über das Wesen der Stände und die Funktion
der landständischen Verfassung ist noch nicht beendet[1]. Sie
hängt aufs engste mit dem schon berührten Urteil über den
deutschen Ständestaat zusammen. O. Hintze hat wohl als einer
der ersten eine positivere Schilderung des Zusammenwirkens
der zwei Hälften des Staates, der fürstlichen und der ständischen, angestrebt und den *Ständestaat der frühen Neuzeit* mit
einem »Doppelorganismus« verglichen, in dem der Fürst mit
seinen dynastischen und die Herrschaftsstände mit ihren Lan-
desinteressen sich ihre besonderen Organe schufen[2]. Neben
dem Fürstenstaat stand die Landschaft, die eine Organisation der
herrschenden lokalen Gewalten zur Aufrechterhaltung ihrer
Freiheiten gegen den andrängenden Landesherrn und zum
weiteren Ausbau ihrer eigenen Herrschaft war. Die Landschaft
stellte sich zugleich in den höheren Dienst des Landes, dessen
Bedürfnisse nach Wahrung von Frieden und Recht, Schutz
und Ordnung sie anerkannt und mit befriedigt hat.

Hintze und Haß haben frühzeitig darauf hingewiesen, daß
man in Deutschland mindestens *zwei Typen* zu unterscheiden
habe, einen des altdeutschen Gebietes und einen ostdeutsch-
kolonialen. Die Auseinandersetzungen über die ständischen
Verfassungen haben bisher oft unfruchtbar enden müssen, da
die Ergebnisse besonders untersuchter Territorien verallge-
meinert wurden. Gegen eine frühere Unterschätzung des
Fürstentums[3] hob Spangenberg 1912 die Mitwirkung der
landesherrlichen Gewalt bei der Ausbildung der landständischen
Verfassung hervor. Im allgemeinen ist die Initiative des herr-
schaftlichen Elementes, das zur Bewältigung der neuen staatlichen Aufgaben einen unmittelbaren Resonanzboden in den
genossenschaftlich vereinigten Ständen als Repräsentanten des
ganzen Landes suchte, nicht abzustreiten, wenn auch z. B. die
Stände der beiden Mecklenburg sich 1523 gegen die Teilungs-
pläne der Landesherren in einer Union fest zusammenschlossen
wie vorher 1498 die jülich-kleveschen Stände. Die Organisa-
tionsform der allmählich entstandenen, nicht durch einzelne
Akte geschaffenen landständischen Verfassung ist der *Landtag,*
dessen Teilnehmer im 16. Jh. aufgrund einer Matrikel (Land-
tafel) fest bestimmt werden, dessen Verhandlungsform geregelt
und dessen Kompetenz abgegrenzt wird. Entsprechend der

politisch-sozialen Bedeutung der Stände im 15. Jh. haben die Kurien der Ritterschaft, die persönlich erscheint, und der Städte, die durch Abgeordnete des Rates vertreten sind, den ausschlaggebenden Einfluß[4].

Die Streitfrage, ob man die Landstände als eine *Vertretung des ganzen Landes* betrachten darf oder nicht, wird heute in dem Sinne beantwortet, daß die Stände des 15. und 16. Jh. als Verbände aller lokalen Gewalten das Land »sind« (O. Hintze, O. Brunner), nicht allein Belange des Landes vertreten. Hierbei bleibt aber zu beachten, daß das politische Ständetum unter Vorgabe der Wahrung des guten alten Rechts, der Landesfreiheiten, der Gewohnheit und des Herkommens auch das eigene ererbte Vorrecht auszunutzen, zu befestigen und zu erweitern sucht. Hierzu dienen die nun durch besondere Privilegien konfirmierten korporativen Freiheitsrechte[5], die bei Huldigungen erneuert oder in Landtagsrezessen festgehalten werden. Aus den eigenrechtlichen Vertretungen werden privilegierte Stände, die im Wandel der Verhältnisse vom Fürsten, dem Repräsentanten des ausgebildeten Staates, als Gegenmächte oft feindlicher Natur in den großen Auseinandersetzungen der späten Neuzeit politisch bekämpft werden. Gleichwohl bleiben sie in der absolutistischen Gesellschaftsordnung erhalten, »sind« jedoch nicht mehr »das Land«.

Der Landesherr hatte in fast allen Ländern das alleinige Recht, den Landtag einzuberufen, der stets beschlußfähig war, auch wenn nicht alle Mitglieder erschienen. Nach Verlesen der landesherrlichen Proposition tagten die einzelnen Kurien unter Ausschluß des Landesherrn. Die durch Stimmenmehrheit zustande gekommenen Beschlüsse der einzelnen Kurien wurden durch den Landesherrn bzw. seine Räte einander angeglichen, wobei aber eine volle Übereinstimmung nicht immer erzielt werden mußte, weil der Landesherr die Beschlüsse der Kurien in nach Ständen getrennten landesherrlichen Patenten und ebenso seine Zugeständnisse in Reversen veröffentlichte. Um die Kosten eines vollen Landtages zu sparen, die zumeist der Fürst tragen mußte, ging er dazu über, *Ausschüsse* einzuberufen, was oft auf den Widerstand der Stände stieß, da die einzelnen Mitglieder leichter vom Landesherrn gewonnen werden konnten. Der Übergang zum Ausschußsystem brachte vielfach eine gewisse Entmachtung der Landstände, aber keineswegs ihre Ausschaltung bei der Beratung der Landesherrschaft oder Überwindung ihrer eigenen Verwaltung. In Württemberg hat gerade die Organisation des engeren, sozial einheitlich bürgerlichen Ausschusses, dem auch die ständische Steuerkasse unterstand, zum ausgeprägten Schutz der vorhandenen Landesfreiheiten und zu einer förmlichen Nebenregierung geführt.

Der Staat des 16. Jh. ist in seiner Grundstruktur wie auch dem Namenherkommen nach Finanzstaat[6]. Das Hauptmotiv der ständischen Tagung war fast stets die Neubewilligung von *Steuern* – Landtag ist Geldtag. Da die frühmoderne Staatsleitung mit den Erträgen der landesherrlichen Domänen und der Regalien nicht auskommen konnte und Abgaben nur mit Zustimmung der dazu meist nicht bereiten Stände erhoben werden durften, behalfen sich die Fürsten zunächst mit Schuldenmachen. Bei völliger Überschuldung oder beim Tode des Fürsten übernahmen die Stände diese Schulden, um die Fortführung der Staatsleitung zu ermöglichen. Das Recht der Steuerbewilligung führte zu ständischen Behörden für die eigenen Steuereinnahmen und bewirkte förmliche Abtretungen der Steuerverwaltung wie in Brandenburg unter Joachim II. Landständische Verfassung und landständische Verwaltung sind eng verbunden. Neben der landesherrlichen entstand die zweite, eine *ständische Steuerverwaltung* (Bayern: Landschaft, Brandenburg: Kreditwerk, Mecklenburg und Württemberg: Landkasten, Sachsen: Obersteuerkollegium). Der Landtag wählte einen Ausschuß, dessen Mitglieder z. T. sehr hoch besoldet waren und der zugleich als kollegiale Behörde an der Spitze der umfangreichen Steuerverwaltung stand; das Mittel- und Unterpersonal übertraf an Zahl oft das fürstliche Finanzbeamtentum. So trat die Landrentei mit dem Landrentmeister der fürstlichen Hofrentei und dem Hofrentmeister an die Seite. Daneben gab es noch andere ständische Beamte wie z. B. die juristischen Sekretäre usw. In den meisten Territorien errichteten die Landschaften »Landhäuser«, oft prachtvolle, mit dem Fürstensitz in Konkurrenz tretende Bauten, »Mittelpunkt des ständischen Lebens und Symbol der ständischen Macht« (Hassinger).

Über diese ständige Mitwirkung in den Finanzen hinaus versuchten die Stände unter Ausnutzung ihres unbegrenzten Beschwerderechts auch Rechtsprechung und auswärtige Politik zu beeinflussen oder in ihre Hand zu bekommen. Sie übten zeitweise Einfluß auf die Zusammensetzung des fürstlichen Rates und der Landesverwaltung unter Berufung auf das Indigenat aus, versuchten, neben den Hofräten auch ständische Vertreter, Landräte, einzusetzen, die bei den großen, entscheidenden Fragen mitsprechen sollten, ja der Fürst sollte bei allen Dingen, die »Gedeih und Verderben der Lande«, d. h. Krieg und Frieden sowie Bündnisabschlüsse betrafen, an die Zustimmung des Landtags gebunden sein. Wirkliche ständische Mitregierungen sind nur zeitweise, nicht auf die Dauer geglückt; die Stände waren zwar zur Verteidigung ihrer Privilegien und zur Abwehr neuer Lasten bereit, aber nicht zur Übernahme der Gesamtregierung. Sie haben manchmal als gleichberechtigter Faktor neben dem Landesherrn gestanden. In den konfessionellen Auseinandersetzungen haben sie große Zugeständnisse für ihre Konfession erhalten. Ihre Selbständigkeit auf militärischem und diplomatischem Gebiet betonten sie durch eigene Truppen und Gesandte. Aber allmählich gelang es dem Landesherrn, Einfluß auf die landständische Verwaltung zu erringen.

Eine besonders kräftige Ausbildung der ständischen Verfassung finden wir in *Württemberg* aufgrund des Tübinger Vertrages von 1514, in dem der Herzog der bürgerlichen Landschaft neben dem Recht der Steuerbewilligung, -erhebung, -verwaltung und -verfügung u. a. gewisse Grundrechte für jeden, Schutz der Person und des Eigentums vor Willkür, Recht auf Waffentragen und Freizügigkeit gewähren mußte. Die Landschaftskasse wurde zur Steuerkasse des Staates, in die seit 1638 auch die Akzise floß. Der Engere Ausschuß hat die Große Landesordnung von 1567 für die gesamte Polizei und Verwaltung und die Große Kirchenordnung von 1559 mitberaten, die als ein Grundgesetz bis 1806 für Kirche, Schul- und Armenwesen galt. Der Rechtsberater der Stände, der Landschaftskonsulent, konnte zeitweilig großen Einfluß gewinnen. Der Geheime Regimentsrat wurde 1629 auf den Landtagsabschied vereidigt. Aber auch im säkularisierten Preußen ist das Gewicht der Stände und des von ihnen abhängigen Beamtentums gegenüber dem Herzog erheblich gewesen. Und in Schlesien konnten die Stände Gesetze mit derselben Gültigkeit erlassen, wie sie den fürstlichen Gesetzen zukam.

Die *Bedeutung des Ständetums* im dualistischen Landesstaat liegt nicht so sehr in der Beschränkung der fürstlichen Administration als vielmehr in der Kontrolle über den Fürsten und seine Amtsträger, in der Wahrung der Landesrechte und auch einer Sicherung des gemeinen Mannes gegen landesobrigkeitliche Übergriffe. In ihrer eigenen Knauserigkeit erziehen die Stände zur landesherrlichen Sparsamkeit und erzwingen auf den Landtagen die Offenlegung der fürstlichen Finanzen. Die Herr-

schaftsstände, die wiederum ihre Untertanen sozial und rechtlich niederhalten oder unterdrücken, wälzen in Land und Stadt
die Steuern auf die untersten Schichten ab. Sie bestärken die
Zurückhaltung der Außenpolitik des Landesherrn und nutzen
dessen finanzpolitische Abhängigkeit für ihre innerpolitischen
Zwecke. Als mediate Obrigkeit übt die Gutsherrschaft in Ost-
deutschland richterliche, allgemeine Verwaltungs- und Polizei-
rechte ungeschieden aus, ohne daß der Landesherr in eigener
Abhängigkeit die Adelsuntertanen stets gegen Übergriffe
schützen konnte.

Grundlage der landständischen Verfassung waren die
Grundherrschaften. Die Gebiete der mitteldeutschen, nordwest-
deutschen, westdeutschen, südwestdeutschen und bayerisch-
südostdeutschen Grundherrschaft (Bd. 12, Kap. 4) unterschieden sich in Rechtsstellung, Besitz- und Verfügungsverhältnis-
sen und Belastungen der Bauern erheblich von der ostdeutschen (Bd. 13, Kap. 33 d). In den erstgenannten Gebieten waren
Rentenzahlungen fast allgemein üblich, ob bei lebenslangen
Pachtverhältnissen oder Bauernlehen, bei Erbrechtshöfen oder
Meierrecht, ob unter weltlichem oder geistlichem Grundherrn,
ob die Bauern zu festem Zins auf belastetem Eigentum oder als
Nachpächter einer zwischen sie und den Grundherrn einge-
schobenen Pachtherrschaft saßen. Dagegen war die ostdeutsche
koloniale Gutsherrschaft ganz anders strukturiert. Die gutsherr-
liche Eigenwirtschaft, verbunden mit der Ausbildung lokaler
Herrschaftsbezirke des Adels unter Aushöhlung der landesherrlichen Ämterverfassung, führte in Brandenburg, Böhmen,
Mecklenburg zum Legen und Auskaufen der Bauern, zur Erweiterung des Umfangs und der Rechte der Gutswirtschaften,
deren Produktionskraft auf der bäuerlichen Arbeitsleistung beruhte. Die Folgen waren erhöhte Gesindezwangsdienste, Erbuntertänigkeit, Schollenpflichtigkeit, starke Zunahme der un-
terbäuerlichen Schicht. Die Form der mitteldeutschen Grundherrschaft zeigt allerdings wegen der unabhängigen Finanz-
stellung der sächsischen Kurfürsten (Bergwerke) eine für die
Bauern günstigere Entwicklung der Rechts- und Arbeitsver-
hältnisse.

Die tatsächliche Überlegenheit des Fürstentums gegenüber
seinen Landständen ruhte auf seiner Exekutive, dem Ausbau
seiner Behördenorganisation.

G. Oestreich u. I. Auerbach, Ständische Verfassung, in: Sowjetsystem u. demokratische Gesellschaft VI (1972), 211-236.

[1] Grundlegend: G. v. Below, System u. Bedeutung der landständ. Verf. in dess. Territorium u. Stadt (²1923); s. auch DW⁹ 110 16 u. Kap. 12, Anm. 2 u. 3. O. Brunner sieht den heutigen Staat als eine Zusammenfassung von Land und Herrschaft, wobei sein Begriff des Landes von Schlesinger (Kap. 11, Anm. 3), S. 189, u. H. Helbig, Der Wettinische Ständestaat (1955), S. 468, angegriffen wurde. Jetzt Brunner (⁵1965), S. 195. Ders., Neue Wege der Verf.- u. Sozialgesch. (²1968); G. Birtsch, Die landständ. Verf. als Gegenstand der Forschung, in: D. Gerhard (Hg.), Ständische Vertretungen in Europa im 17. u. 18. Jh. (1969). Künftig H. Rausch (Hg.), Die geschichtlichen Grundlagen der modernen Volksvertretung. I u. II. (1974), bes. II: Reichsstände und Landstände.

[2] O. Hintze, Typologie der ständischen Verfassungen des Abendlandes (1930); ders., Weltgeschichtl. Bedingungen der Repräsentativverf. (1931), beide in Staat u. Verf. (³1970).

[3] Besonders O. Gierke, Dt. Genossenschaftsrecht 1 (1868), S. 534 ff., dagegen H. Spangenberg, Vom Lehnsstaat zum Ständestaat. Zur Entstehung der landständ. Verf. (1912).

[4] Quellen: Landtagsakten DW⁹ 8176 bis 8184, zur Orientierung 8169; B. Seuffert-G. Kogler, Die ältesten steierischen Landtagsakten 1396-1519 (1953 ff.). Die ältere Forschung zusammenfassend u. ergänzend: F. L. Carsten, Princes and Parliaments in Germany from the 15th to the 18th Century (1959), behandelt Württ., Hessen, Sachsen, Jülich-Berg u. Bayern; zur Kritik vgl. P. Herde, H Jb 80 (1960). F. L. Carsten, Die dt. Landstände u. d. Aufstieg der Fürsten, WaG 20 (1960) (= Schlußkapitel des Buches); ders., Die Ursachen des Niedergangs d. dt. Landstände, HZ 192 (1961). Brandenburg: DW⁹ 11075; H. Croon, Die kurmärk. Landstände

1571-1616 (1938). Hannover: v. Meier, DW⁹ 2488. Schleswig-Holstein: P. v. Hedemann-Heespen, Die landständ. Verf. Schles.-Holst., in: Festg. R. Haupt (1922). Bremen: O. Merker, Die Ritterschaft des Erzstifts Bremen im SpätMA als Landstand 1300-1560 (1962). Ostfriesland: W. M. Berghaus, Die VG d. ostfries. Landschaft (Diss. Göttingen 1956). Münster: K. H. Kirchhoff, Landräte im Stift Münster. Landständ. Mitregierung im 16. Jh., Westf. Forsch. 18 (1965); C. Haase, Das ständ. Wesen im nördl. Dtld. (1964). Jülich-Berg: G. v. Below, Die landständ. Verf. in Jülich u. Berg bis 1511 (3 Tle. 1885 -1891); ders. (Hg.), Landtagsakten v. Jülich-Berg 1400-1610 (1895-1897), bes. Einl. zu Bd 1. Süddtld.: W. Grube, Der Stuttgarter Landtag 1457-1957 (1957); ders., Württ. Verf.kämpfe im ZA Hg. Ulrichs, in: Festschr. M. Miller (1962); H. H. Hofmann, Ständ. Vertretungen in Franken, Jb. f. fränk. Ldsforsch. 24 (1964); S. Bachmann, Die Landstände des Hochstifts Bamberg (1962); E. Schubert, Die Landstände des Hochstifts Würzburg (1967); D. Albrecht, Die Landstände, in: M. Spindler (Hg.), Hdb. d. bayer. Gesch. 2 (1969) m. Lit. Mecklenburg: H. Krause, System u. ldständ. Verf. Mecklenburgs in d. 1.H. d. 16. Jh. (1927). Pfalz: E. Gothein, Die Landstände der Kurpfalz, ZGORh NF 13 (1888). Sachsen: J. Falke, Die Steuerbewilligung der sächs. Landstände, Zs. f. d. ges. Staatswiss. 30/31 (1874/75); W. Goerlitz (Hg.), Sächs. Landtagsakten 1: Staat u. Stände .. 1485-1539 (1928); H. Haug, Die oberste sächs. Finanzbehörde (1897). Schlesien: G. Croon, Die ldständ. Verf. v. Schweidnitz-Jauer (Cod. dipl. Siles. 27, 1912). Österreich: H. Hassinger, Die Landstände d. österr. Länder im 16. Jh., Jb. Ldskde. Nd.-Österr. 36 (1964). Preußen: J. Petersohn, Fürstenmacht u. Ständetum in Preußen 1578-1603 (1963).

[5] O. Brunner, Die Freiheitsrechte in

der altständ. Gesellschaft, in: Neue Wege der Verf.- u. Sozialgesch. (²1968).

⁶ G. Oestreich, Geist u. Gestalt d. frühmod. Staates (1969), S. 281f.; Th. Mayer, Gesch. d. Finanzwirtschaft bis zum 18. Jh.,Hdb.d.Finanzwiss. 1 (²1952); ferner landesgesch. Lit., z. B. K. H. Kirchhoff, Die landständ. Schatzungen des Stifts Münster im 16. Jh., Westfäl.

Forsch. 14 (1961); E. Müller, Die ernestin. Landtage 1485–1572 unter bes. Berücks. d. Steuerwesens, in: Festschr. F. Schneider (1958); F. Beck, Zur Entstehung der zentralen Landesfinanzbehörde im ernestin. Sachsen im 16. u. 17.Jh., in: Festschr. H. O. Meisner (1956); D. Albrecht, Das Steuerwesen (Kap. 13, Anm. 4).

Kapitel 14
Behördenorganisation

Die Erweiterung der Interessen und das Ergreifen neuer Aufgaben durch den Landesherrn, d. h. die Vermehrung der öffentlichen Tätigkeiten, erforderten erstens eine Vergrößerung und Verfestigung der bisherigen Behördenorganisation und zweitens eine schärfere Arbeitsteilung[1]. Beides zeigte sich zuerst in der Zentrale. Der *fürstliche Rat* wurde zur kontinuierlichen Arbeitsleistung nunmehr ständig mit »Gelehrten« besetzt. Zumeist waren es bürgerliche Juristen, die als Landfremde sich der fürstlichen Leitung besser fügten, dafür aber anfänglich die Stellung leicht einmal wechselten. Das Fürstentum und sein bald seßhaft werdendes Beamtentum haben sich bei der Neuorganisation des Regierungsapparates entscheidende Verdienste erworben. Aber auch die Stände haben ihrerseits, wie schon erwähnt, durch den Aufbau der eigenen Finanzverwaltung und durch die Schuldentilgung einen gewichtigen Anteil an der Bewältigung drängender Aufgaben des im Vordergrund stehenden Finanzstaates genommen. Die ständischen Anforderungen nach besserer Rechtsprechung und Behördenordnung wirkten in die landesherrliche Administration, wobei es oft nicht gelang, das Indigenat, die Landeszugehörigkeit der Beamten (wegen der natürlichen Kenntnis des Landesrechts), durchzusetzen.

Aus der Natur der Sache unter dem Druck der Türkengefahr, aber auch unter dem anregenden Eindruck des burgundischen Vorbildes[2] entwickelte sich die *österreichische Behördenorganisation*, die von den deutschen Territorien vielfach nachgeahmt wurde. Der heftige Streit zwischen der These einer förmlichen Rezeption burgundischer Einrichtungen und der Gegenthese, daß die österreichischen Behörden genuin entstanden seien, hat einer vertieften Anschauung Raum gegeben, die die

Verbindung der französisch-burgundisch-österreichisch-deutschen Verwaltungsorganisation im größeren Zusammenhang des juristischen Humanismus sieht[3]. Durch jede neue Aktenpublikation wird der rege Austausch der mannigfachen Rechts- und Behördenordnungen innerhalb der deutschen Territorien bestätigt und die Anregung, die von Österreich direkt oder indirekt für das ganze 16. Jh. ausgegangen ist.

Maximilian I. hatte in Oberösterreich 1490 (Innsbruck), in Niederösterreich 1493 (Wien) *Regimente* eingerichtet, die als kollegiale Regierungsbehörden für die politische Verwaltung und die Justizpflege zuständig waren. Für die nun abgetrennte Finanzverwaltung hatte er je eine *Raitkammer* (Rechnungskammer) gegründet. Beide zunächst nur während der Abwesenheit des Fürsten gedachten Regimente waren 1499 bzw. 1502 als ständige erneuert worden. Regierungs- und Finanzbehörde hatten jeweils eine gemeinsame Hofkanzlei. In der niederösterreichischen Regierung saßen seit 1510 auch Vertreter der Stände. Die unter Maximilian nur eine Zeitlang verwirklichten zentralen Behörden für die Angelegenheiten des Reiches und der Erbländer, der *Hofrat* (1497) und die *Hofkammer*, wurden erst durch die Energie Ferdinands I. zu regelmäßig arbeitenden Kollegien (1527 bzw. 1531) ausgestaltet[4]. Die Regierungsinstitutionen Maximilians haben ebenso wie die von ihm einberufenen Ausschußlandtage, Zusammenfassung mehrerer Länder, zum Entstehen einer österreichischen Gesamtstaatsidee beigetragen.

Als der Herrscher der frühen Neuzeit bestimmte Geschäfte nicht nur der Beratung, sondern bei seiner Abwesenheit auch der Entscheidung fester, regelmäßig tagender Behörden überließ, ergab sich die strenge *Scheidung von geheimer und gemeiner Sphäre*. So kam es zur Ausbildung des Persönlichen Regiments. Maximilian I. wie Ferdinand I. hatten ein starkes Interesse für das Römische Recht, das unabhängig von der Beanspruchung als kaiserliches Recht sich zur Überwindung der Rechtszersplitterung in den österreichischen Erbländern geradezu anbot. Als Ferdinand I. deutscher Kaiser geworden war, wurde der Hofrat 1559 zum Reichshofrat mit einem Präsidenten an der Spitze weitergebildet und zur letzten Berufungsinstanz für Prozesse und richterliche Entscheidungen in den österreichischen Ländern wie im Reiche erhoben. Ihm gehörte auch der Reichsvizekanzler an, der Leiter der Hofkanzlei, die die Beschlüsse des Hofrates bzw. des Geheimen Rates auszufertigen hatte und nur aus Juristen bestand.

In ähnlicher Weise entwickelt sich die wenn auch einfachere Behördenorganisation in den übrigen deutschen Ländern. Mit der Reichsreform seit 1495 läuft eine *Reformbewegung in den Territorien* parallel. Im Anschluß an den österreichischen Ausbau werden um 1500 in Baden (1495–1505), Schlesien (1498), Sachsen (1499), Hessen (1500), Bayern, Braunschweig-Lüneburg (1501) und in anderen Territorien neue Hofräte oder spezielle Hofgerichte geschaffen. Dieser Hofrat ist ein Kollegium von zumeist bürgerlichen Juristen, aus dem das feudale Element allmählich ausscheidet. Eine Trennung des Rates als einer Behörde der Landesverwaltung gegenüber den reinen Hofämtern scheint sich in der 1. Hälfte des 16. Jh. zu vollziehen. In Brandenburg ist jedoch 1540 der Marschall der Leiter der gesamten Hofhaltung und der Ratsstube, wie auch später die wichtigsten Hofbeamten durchaus im Geheimen Rat und in anderen Behörden erscheinen können. Die Neukonstituierung gibt den Behörden kollegiale Ordnung mit Umfrage und Mehrheitsprinzip, aber wir dürfen noch keine zu regelmäßigen Formen annehmen, vielmehr handelt es sich um einen fluktuierenden Beamtenapparat. Der Fürst kann im Rat erscheinen oder sich durch Kanzler oder Hofmeister vertreten lassen.

Im Hofrat (Namen: Ratsstube, Regierung, Kanzlei, Kammergericht) wurden unter Vorsitz des Kanzlers oder eines anderen Amtsträgers fast alle Angelegenheiten der Landesverwaltung und Justiz beraten, soweit sie der Fürst nicht in seiner Kammer erledigte. Wenn nicht ein besonderes Hofgericht bestand, war dem Hofrat zumeist das Gebiet der Rechtsprechung zugewiesen, insbesondere die fürstliche Billigkeitsrechtspflege. Sodann wurde er zum Verkehr mit den Landständen herangezogen wie auch für die »Polizei« im umfassenden Sinn der ordnend-reglementierenden Eingriffe in das öffentliche und private Leben. Die landesherrliche Finanzverwaltung dagegen verblieb, soweit es die technische Seite betraf, der Rentei, während ein Ausschuß des Ratskollegiums die Überprüfung der Rechnungslegung vornahm, woraus dann die *Hof-, Rent- oder Amtskammern* als oberste Finanzbehörden der Regierungssphäre erwuchsen. Für die Rechtsprechung wurde in den meisten Territorien zuerst das frühere Hofgericht erneuert oder ein solches auf Verlangen der Stände geschaffen. Diese Quartalsgerichte hatten meist eine ständische Besetzung und standen in Konkurrenz zur Spruchtätigkeit der vom Fürsten abhängigen Hofräte. Die Hofgerichte gingen später ein oder wurden von gelehrten Richtern als landesherrlichen Amtsträgern geführt[5].

Die für das 16. und 17. Jh. charakteristische Regierungsweise ist das *Persönliche Regiment des Fürsten*[6]. Die Finanz-, die auswärtige und die Hauspolitik wie überhaupt die Leitung der wichtigsten Regierungsangelegenheiten behielt der Landesherr zur Erledigung seiner Kammer vor, d. h. seinem Arbeitszimmer. Die fürstliche Kammer bildete eine Immediatbehörde mit eigener Kanzlei, in die ständig Kammersekretäre und zeitweise Kammerräte oder Geheime Kammerräte eingeschworen waren. Mitglieder der Hof- und Landesverwaltung traten zur Erledigung geheimer Agenden jeweils in die Kammer ein. Der Kammersekretär, ursprünglich nur die Feder seines Herrn, wurde zum wichtigsten Mittler zwischen dem selbst regierenden Fürsten und seinen Behörden. Der Kanzler, der an der Spitze der Kanzlei und des Hofrats stand, suchte ständigen Zutritt in die Kammer zu erhalten und sich durch Schaffung eines Vizekanzleramtes von der Rechtsprechung zu entlasten (Hessen 1528, Württemberg 1556, Bayern 1569, Braunschweig 1573, Pommern 1575).

Die Zunahme der Kammerregierungsgeschäfte und die Vermehrung der in die Kammer berufenen Räte, ständischer und innerbehördlicher Kampf gegen das unkontrollierbare autokratische Regiment führten zur festeren Organisation eines neuen Ratskollegiums, des *Geheimen Rates*[7]. Er wurde die erste wirkliche außen- und innenpolitische Zentralbehörde des frühmodernen Staates, Vorläufer der späteren Ministerien. Auch als organisierte Kollegialbehörde (Sachsen 1574, Bayern 1582, Brandenburg 1604, Hessen-Kassel 1609, Württemberg 1628), die unter dem Vorsitz des Fürsten tagen konnte, war der Geheime Rat zunächst kein selbständig entscheidendes Kollegium – den letzten Entschluß faßte stets der Fürst selbst. Dieser behielt neben der Regierung im Rate seine oftmals angegriffene persönliche Regierungsweise aus dem Kabinett bei (Name in Hessen 1610, Württemberg 1628, Brandenburg 1651 belegt).

Die *Finanzverwaltung* wurde reorganisiert, indem Kaufleute als Rentei- oder Hofkammerräte (z. B. Gossembrot und Villinger[8] unter Maximilian I.) eingestellt wurden, die das kaufmännische Kassen- und Rechnungswesen auf die Staatsverwaltung übertrugen. Der reichste Kaufmann in Berlin, Christian Weiler, wurde Hofrentmeister und Amtskammerrat (1628–1638)[9]. Durch eine Trennung von Hofrentei (Staatsgeldkasse) und Kammerkasse (Privatgeldkasse des Fürsten) wurde vielfach eine

Scheidung zwischen Landeswirtschaft und Hofwirtschaft angestrebt. Die Kammereinnahmen bestanden insbesondere aus
den Schutzgeldern der Juden, Münzeinkünften, Strafgeldern
und den Erträgnissen der landesherrlichen Forsten und Wild-
bahnen, während in die Hofrentei Einkünfte aus den Ämtern,
den Beden, Zöllen und Steuern flossen, soweit die letzteren
nicht überhaupt von den Ständen vereinnahmt wurden (in
Österreich und anderswo auch die Zölle).

Entscheidend für die Hebung der Finanzen wurde eine Neuordnung in der Bewirtschaftung der Ämter, Forsten und Bergwerke; sie brachte eine sorgfältigere Rechnungsprüfung, die in
bestimmten kurzen Perioden erfolgte, und die ständige Beaufsichtigung der einzelnen Verwaltungszweige. Ein lebhafter
interterritorialer Austausch der Holz-, Forst-, Bergordnungen
usw. fand statt. Allmählich gelang es ferner, aus der bisherigen
Staatsverrechnung zum Staatsvoranschlag zu kommen und
eine rechnungsmäßige Finanzwirtschaft zu betreiben. Erst dadurch konnte man der durch wachsende Schuldenlasten und
ständige finanzielle Notlage drohenden Gefahr einer erneuten
Staatsauflösung entgegentreten. Die Landstände mit ihrer
eigenen Steuerverwaltung griffen in die Bereiche der fürstlichen
Behördenorganisation ein.

Das *Beamtentum*, dessen soziale Zusammensetzung noch ge-
nauerer Untersuchungen bedarf, stammte aus dem zumeist
städtischen Patriziat, das durch Studium oder die Amtsstube der
Stadt- und Amtsschreiber (Württemberg) vorgebildet war; auch
wurden häufig Universitätsprofessoren zeitweise oder ständige
Mitglieder des Rates. Das bürgerliche Element im Rat betrug in
Hessen vor 1509 knapp 20 Prozent, nach 1536 bereits etwa
70 Prozent. Gegen Ende des 16. Jh. aber rückte der nunmehr
auf den Universitäten gebildete Adel wieder auf. Im Laufe des
17. Jh. entsteht so ein Behördenpatriziat, das durch den gemeinsamen Fürstendienst die altständischen Unterschiede weitgehend überwindet, zumal die bürgerlichen Räte nobilitiert
werden und die Lebensform des Adels übernehmen. Im 16. Jh.
finden wir einen Kreis von etwa 25 hessischen Familien, die
durchgehend verwandtschaftlich zusammenhängen und über
70 Prozent des Beamtentums der drei Zentralbehörden stellen,
einen durch Herkunft, Bildung, Besitz und Stellung geschlosse-
nen Familienverband der Landesverwaltung; in Brandenburg
besteht ein Familienverband des Beamtentums um die beiden bürgerlichen Kanzler Distelmeier in der zweiten Hälfte des 16. Jh.[10].

Auf der *unteren Ebene der Verwaltung* folgte ein langsamer Ausbau, der in den einzelnen Ländern sehr verschieden vor sich ging. In Sachsen machte er im Prozeß der sogenannten »*Verämterung*« die größten Fortschritte. Hier konnte der Landesherr, gestützt auf die erheblichen Einnahmen aus dem erzgebirgischen Bergbau, während des 16. Jh. sehr viele adlige Grundherrschaften aufkaufen und auch die säkularisierten geistlichen Güter weitgehend in eigener Hand behalten. So entstanden neue Ämter in großer Zahl, in denen Landesherrschaft und unmittelbar persönliche Verfügungsgewalt des Kurfürsten zusammenfielen. Bei der Abrundung der Ämter wurde der nichtamtssässige Adel zurückgedrängt[11]. Im benachbarten Brandenburg dagegen war die lokale Gewalt des Kurfürsten stark eingeschränkt. Von den 40 bis 45 Ämtern, die es zur Zeit Joachims II. gab, führte die landesherrliche Hofordnung von 1537 ff. nur 13 an, und in der Mitte des Jahrhunderts befanden sich ein Stift und 21 Klöster in den Händen des Adels und der Geistlichkeit, in vielen Fällen als Pfandbesitz des verschuldeten Landesherrn[12]. Zwischen der so verschiedenartigen Situation des sächsischen und des brandenburgischen Landesherrn gab es viele Stufungen. Im Westen blieb zumeist die Gerichtsherrschaft mit den Ämtern verbunden. Aber fast überall gab es nur wenige landesherrliche Unterorgane wie z. B. in Brandenburg den Landreiter, der in den Beritten, den späteren Kreisen, für die Verwaltung, für das Gerichts- und Steuerwesen im Auftrage des Kurfürsten tätig war[13].

---

[1] Vgl. Kap. 12, Anm. 1. Verwaltung: G. v. BELOW (s. Kap. 13, Anm. 1); Rechtswesen: A. STÖLZEL, Die Entw. d. gelehrten Richtertums in dt. Territorien (2 Bde. 1872); ders., Brdb.-Preußens Rechtsverwaltung . . . (2 Bde. 1888); Lit. zur Rezeption DW⁹ 8457; O. HINTZE, Die Wurzeln der Kreisverf. in den Ländern des nordöstl. Dtld.; ders., Staatenbildung u. Kommunalverwaltung, beides Ges. Abh. 1 (³1970). Die Begriffe Regierung und Verwaltung im folgenden Abschnitt dürfen nicht im Sinne des konstitutionell-monarchischen oder parlamentarischen Regierungssystems des 19. u. 20. Jh. verstanden werden. Es handelt sich vielmehr um die Sphäre des persönlichen Regiments und den Aufbau des Behördenapparates der Regierungszentrale.

[2] A. WALTHER, Die burgund. Zentralbehörden unter Max. I. u. Karl V. (1909), genügt nicht; H. HEIMPEL, Karl d. Kühne u. d. Staat, in: Festschr. G. Ritter (1950); J. BARTIER, Légistes et gens de finance au 15ᵉ siècle. Les Conseillers des ducs de Bourgogne (1955).

[3] Vgl. F. HARTUNG, Der französ.-burgundische Einfluß auf die Entw. d. dt. Behördenorganisation, in: Staatsbildende Kräfte der NZ (1961) mit der Kontroverslit.

[4] Quellen: Österreichische Zentralverwaltung s. DW⁹ 11022 ff.; Neuester Überblick bei H. STURMBERGER, Dualistischer Ständestaat u. werdender Abso-

lutismus, in: Die Entw. d. Verf. Österr. vom MA bis zur Gegenwart (1963).

[5] W. OHNSORGE, Kanzlei u. Hofgericht zu Wolfenbüttel im 16. u. 17.Jh., Beitr. z. G. d. Gerichtswesens in Braunschweig (1954); J. KÖNIG, Verwaltungsgesch. Ostfrieslands (1955).

[6] G. OESTREICH, Das persönl. Regiment der dt. Fürsten am Beginn der NZ (1935), jetzt in dess. Geist u. Gestalt des frühmod. Staates (1969) mit Lit.; H. O. MEISNER, Staats- u. Regierungsformen in Dtld. seit dem 16.Jh., Arch. f. öff. Recht 77 (1951); K. H. BLASCHKE, Die kursächs. Landesregierung, in: Festschr. H. Kretzschmar (1953); R.KLUGE,Fürst, Kammer u. Geh.Rat in Kursachsen v. d. Mitte d. 16. bis z. Beginn d. 18.Jh. (Diss. Leipzig 1960); D. ALBRECHT, Die Behördenorganisation, im Hdb. d. bayer. Gesch. 2 (1969).

[7] Lit. wie 6, dazu: U. HESS, Geheimer Rat u. Kabinett in den ernestinischen Staaten Thüringens (1962); K. H. SCHLEIF, Regierung u. Verwaltung des Erzstifts Bremen ... 1500-1645 (1972); H. J. SCHULZE, Landesherr, Drost u. Rat in Oldenburg im 16. u. 17. Jh., Niedersächs. Jb. 32 (1960); V. PRESS, Calvinismus u. Territorialstaat, Regierung u. Zentralverwaltung d. Kurpfalz 1599–1619 (1969); H. DOLLINGER, Studien zur Finanzreform Maximilians I. v. Bayern 1598–1618 (1968).

[8] C. BAUER, Jakob Villinger, Großschatzmeister Maximilians I., in: Festschr. H. Aubin (1955).

[9] Zu den Bankiers Weiler s. H. RACHEL, J. PAPRITZ, P. WALLICH, Berliner Großkaufleute u. Kapitalisten 1 ([2]1967).

[10] K. E. DEMANDT, Amt u. Familie, Soziol.-geneal. Studie zur hess. Verwaltungsgesch. d. 16. Jh., Hess. Jb.2(1952); H. SAMSE, Die Zentralverwaltung in den südwelfischen Landen vom 15. bis 17.Jh. (1940); I. LANGE-KOTHE, Zur Sozialgesch. d. fürstl. Rates in Württemb. im 15. u. 16. Jh., VSWG 34 (1941); W. METZ, Das Eindringen des Bürgertums in die hess. Zentralverwaltung (Diss. Göttingen 1947), auch Zs. d. Ver. f. hess. Gesch. 67 (1956); H. J. v.d.OHE, Die Zentral- u. Hofverwaltung d. Ft. Lüneburg (Celle) u. ihre Beamten 1520 bis 1648 (1955); E. DÖSSELER, Die jülichbergische Kanzlerfamilie Lüninck, Düsseld. Jb. 45 (1951); K. NIEDERAU, Nachtrag dazu, ebd. 51 (1963); s. auch K. H. SCHLEIF (o. Anm. 7).

[11] K. H. BLASCHKE, Die Ausbreitung des Staates Sachsen u. d. Ausbau seiner räumlichen Verwaltungsbezirke, Bll. f. dt. Ldsgesch. 91 (1954); ders., Behördengesch. d. kursächs. Lokalverwaltung, in: Festschr. H. O. Meisner (1956); W. GRUBE, Vogteien, Ämter, Landkreise in der Gesch. Südwestdeutschl. ([2]1960); P. H. STOLDT, Bauer u. Herzog. Die Amtsbauern d. Hgt. Sachsen-Lauenburg bis 1689 (1966).

[12] G. HEINRICH, Der Adel in Brandenb.-Preußen, in: Deutscher Adel 1555 bis 1740 (1965), S. 273.

[13] Für die Schilderung des gesamten Verwaltungsaufbaus sind von großer Bedeutung die zahlreichen regionalen Arbeiten für die Historischen Atlanten der dt. Länder.

2. Von 1648 bis 1806

Kapitel 15
Der Absolutismus

Das Zeitalter des Absolutismus[1] ist durch die besonders straffe Akzentuierung des Staatlichen und die Organisation eines *modernen Herrschaftsapparates*, dessen Geschichte streckenweise identisch mit der Verfassungsgeschichte wird, auch für die weitere Entwicklung von tragender Bedeutung. Man ist dieser Epoche erst spät gerecht geworden, die durch den Totalitarismus unserer Zeit erneut in ein Zwielicht gerät. Nicht allein die politische Praxis hat den absolutistischen Staat heraufgeführt, er ist auch das Ergebnis eines *geistigen Prozesses* als Reaktion auf die konfessionelle Zersplitterung der Völker und die dadurch bewirkten Auflösungserscheinungen des frühmodernen Staates. Die politische Gewalt, die Recht und Frieden, Schutz und Wohlfahrt für die Gesellschaft und das Individuum garantieren soll, muß von den theologischen und von den mit ihnen oft verbündeten ständischen Mächten emanzipiert werden. Mit der Enttheologisierung und Entkonfessionalisierung parallel läuft ein anderer Vorgang: In einem durch barocke Repräsentation übersteigerten Anspruch wird der Fürst zum vornehmsten Mittelpunkt der staatlichen Behördenorganisation und des Staates überhaupt. Der Herrscher soll die Zügel der Regierung allein und selbst führen, nicht gebunden an die Zustimmung oder Mitwirkung einer Landesvertretung (Hartung), um die erstrebte unabhängige, souveräne Gewalt zu gewährleisten. Dieser allgemeine Verfürstlichungs- oder *Verstaatlichungsprozeß* der frühen Neuzeit, der das politische Ständetum überwindet und schließlich auszuschalten versucht, spielt sich auf *drei Ebenen* ab, der zentralen, der mittleren und der lokalen.

Die mehrere historische Räume beherrschenden absolutistischen Staatsbildungen sind zusammengesetzte Staaten, dynastische Personalverbindungen ursprünglich selbständiger Länder, »monarchische Unionen von Ständestaaten« (so O. Brunner für Österreich). Die in der älteren Ständestaatlichkeit an der Spitze des Staates noch kombinierten ständisch-monarchischen Gewalten werden voneinander gelöst. Die fürstlich-zentrale Sphäre konzentriert sich und befreit sich für die große Politik weitgehend vom Einfluß der regionalen und lokalen Gewalten, ohne sich diese aber zu unterwerfen. Auf die Provinz- oder alte

Länderebene sehr verschieden stark zurückgedrängt, auf der untersten Ebene kaum berührt, sogar oft gestärkt, behaupten sich die Herrschaftsstände als sozial und wirtschaftlich privilegierte Eigengewalten. So ist der Absolutismus relativ zu sehen angesichts der weiteren Existenz ständischer Herrschaft auf der nichtzentralen Ebene. Aber aus der ständischen Gleichsetzung von Land und Landschaft (= Stände) des 16. Jh. wird die fürstliche Identifizierung von Staat und Landesherr. Die Stände »sind« nicht mehr das Land; der Fürst repräsentiert den zum Absolutismus strebenden Staat (L'état c'est moi).

Der monarchische Absolutismus entwickelte die autoritäre Herrschaftsform der zentralen Regierungssphäre, in der auch der Fürst mit seiner Bürokratie in Streit geraten konnte. Von einer totalen Durchdringung der Staatsverwaltung nach unten, von einer absoluten Herrschaft durch die Zentrale bis zu den oft nur mittelbaren Untertanen kann keine Rede sein. Denn die ältere *ständische Staatsgesellschaft* wirkte auf der regionalen Ebene in verschiedenen Bereichen (z. B. Gericht) mit, regierte sogar auf der lokalen Ebene oft selbst absolut (Ostelbien). Die neue absolutistische Staatsgesellschaft verkörperte und besaß nur die zentrale bürokratische und militärische Gewalt. Beide Staatsgesellschaften, ständische und absolutistische zusammen erst übten die ganze Herrschaft aus im Gegensatz zu dem von der Einheitspartei zentral und lokal geleiteten und repräsentierten Totalitarismus. Der Militär-, Wirtschafts- und Verwaltungsstaat des Absolutismus machte aus den genuinen Herrschaftsständen vom Monarchen privilegierte, beschränkte Gesellschaftsstände, die in ihren Bezirken weiterlebten und am Ende des 18. Jh. sich wieder erheben konnten.

Parallel zum Absolutismus und stark mit ihm verbunden, aber als speziell strukturgeschichtlicher Vorgang unterschieden, anders gelagert und umfassender läuft der Prozeß der *Sozialdisziplinierung* ab[2]. Dieser greift über Staat und Kirche, Wirtschaft, Schule und Heer bis in die untersten Volksschichten durch, verändert durch reglementierende Erziehung die Glieder der absolutistischen wie der ständischen Staatsgesellschaft. Absolutismus und Sozialdisziplinierung stützen sich auf die theologischen und philosophischen Menschenbilder der Zeit: Religiös gesehen ist der Mensch der Sünde ausgeliefert, ethisch betrachtet ist er den Leidenschaften verfallen[3]. So erschien auch geistig die Härte der Ordnung und Unterordnung, Schroffheit der Fundamentaldisziplinierung zunächst nicht als menschenunwürdig und als Sklaverei, vielmehr als Halt und Stütze des Menschen in all seinen gesellschaftlichen Beziehungen.

Im späten 17. Jh. entsteht das neue *Bündnis zwischen Thron und Altar*, zwischen dem Absolutismus von Gottes Gnaden und der vom Staat beaufsichtigten oder im Staat aufgehenden Kirche, die sich beide vom gleichen Gegner bedrängt sehen: der naturrechtlich-aufgeklärten Wissenschaft und der Volkssouveränitätslehre. Nachdem im ausgehenden 16. Jh. die Konfessionen in Verbindung mit den Ständen den Kampf gegen das Fürstentum geführt hatten, wie die Lehre der katholischen und protestantisch-calvinistischen Monarchomachen zeigt, gehen jetzt nach dem Übergewicht der absoluten Monarchie über Kirchen und Stände Staat und Kirche eine enge Verbindung ein. Gewiß ergeben sich dabei große Unterschiede zwischen der apostolischen Majestät der Habsburger und dem durch Luthertum und Calvinismus geprägten brandenburg-preußischen Herrscherhaus und ihren Entsprechungen.

Der souveräne Machtstaat steht aber auch in engem Zusammenhang mit jener großen *geistigen Bewegung*, die im *Naturrecht* und *Neustoizismus*[4] des ausgehenden 16. Jh. beginnt und in der *Aufklärung* des 18. Jh. endet. Natürliches Erkenntnisvermögen und menschliche Urteilskraft (ratio et iudicium) gehen in dieser Strömung in Verbindung mit einem energiegeladenen Pflichtbegriff über die christliche Religion hinaus und ergreifen alle sozialen Erscheinungen, um schließlich in Politik und Wirtschaft zur gerade für viele deutsche Territorien so charakteristischen Form des *aufgeklärten Absolutismus* im 18. Jh. überzuleiten[5]. Nachdem zuerst die italienisch-französische Staatsräson im Verein mit dem Neustoizismus das Wesen des Staates in der durch militärische Macht gesicherten Ordnung erblickt hat, wobei dem Instrument dieser Politik, dem Heerwesen, oft die anderen Staatszwecke untergeordnet wurden, wird nunmehr im Gegenschlag gegen den sich selbst verabsolutierenden Staat die Idee des sozialen, die Menschenrechte anerkennenden Wohlfahrtsstaates geboren[6]. Die deutschen Staatstheoretiker Samuel von Pufendorf, Christian Thomasius und Christian Wolff[7] haben innerhalb des neuzeitlichen abendländischen Naturrechts, das die herrschende staatstheoretische *Lehre vom Staatsvertrag* ausbildete, am stärksten eine ethische Linie, die Pflichtenlehre betont und damit sowohl den Fürsten als auch den einzelnen angesprochen, den Fürsten in seiner Verantwortung für das gemeine Beste, den einzelnen in seiner Pflicht, für die Gemeinschaft zu schaffen. Diese Rechtsphilosophie verband das Naturrecht mit dem Absolutismus.

Die führenden Vertreter des Militär- und Verwaltungsstaates sind fast alle im Besitz der höchsten geistigen Bildung ihrer Zeit gewesen, wie sie schon die Gestalt eines Richelieu verkörpert. Seine Schöpfung, der französische Absolutismus, wurde vorbildlich für Staats-, Regierungsform und kulturelle Gestaltung der deutschen Territorien, gab dann allerdings in seinen späten Schwächen ein oft trügerisches Muster für die Duodezfürsten ab.

Der absolute Fürstenstaat tendierte nicht nur zur militärisch-politischen, sondern auch zur wirtschaftlichen Einheit, Stärke und Unabhängigkeit (Autarkie). Der *Merkantilismus* (s. Bd. 12, Kap. 12), die staatliche Leitung, Entwicklung und Bevormundung der Wirtschaft, sollte die Mittel für eine unabhängige Politik im Innern und Äußeren bereitstellen und eine Wirtschaftseinheit schaffen, die anderen Mächten finanziell und materiell in Krieg und Frieden überlegen ist. Der Intensivierung und systematischen Planung der allgemeinen Staatsverwaltung[8] entsprach unter Lenkung durch die staatlichen Behörden eine wirtschaftliche Intensität und Rationalität. Sie konnte sich allerdings nur in den großen, aber kaum bzw. gar nicht in den mittleren und kleineren deutschen Ländern auswirken[9].

Die Zentralgewalt forderte theoretisch ein allgemeines politisches *Untertanentum* und bereitete damit die spätere politisch-rechtliche Gleichstellung aller Bürger vor, erhielt aber in seinem verfassungsmäßigen Aufbau bewußt die sozial-wirtschaftliche Unterscheidung der Stände aufrecht. Der gesellschaftliche Konservativismus ließ sich durchaus mit systematischer Planung und allgemeinem Rationalismus vereinbaren.

---

[1] F. HARTUNG-R. MOUSNIER, Quelques problèmes concernant la monarchie absolue, Relazioni del X. Congresso intern. di scienze storiche 4 (1955); F. HARTUNG, Die Epochen der absoluten Monarchie in der neueren Gesch., in dess. Volk und Staat (1940). Allg. Lit. DW[9] 11414; W. H. BRUFORD, Die gesellschaftl. Grundlagen der Goethezeit (1936); K. v. RAUMER, Absoluter Staat, korporative Libertät, persönl. Freiheit, HZ 183 (1957); H. MAIER, Die ältere dt. Staats- u. Verwaltungslehre (1966); da-

zu die neuerschienenen Handbücher HUBATSCH, JUST usw.

[2] G. OESTREICH, Geist u. Gestalt des frühmod. Staates (1969), S. 187 ff.

[3] Vgl. Kap. 2, Anm. 2–4; F. WOLTERS, Über die theoret. Begründung des Absolutismus im 17. Jh., Grundrisse u. Bausteine z. Staats- u. z. Geschichtslehre (1908); P. KLASSEN, Die Grundlagen des aufgeklärten Absolutismus (1929); G. MARCHET, Studien üb. d. Verwaltungslehre in Dtld. (1885), u. Bulletin of the

Internat. Committee of Hist. Sciences 9 (1937).

[4] G. OESTREICH (wie Anm. 2), S. 35ff.

[5] F. HARTUNG, Der aufgeklärte Absolutismus, in dess. Staatsbildende Kräfte der NZ (1961), betont das Nachlassen der polit. Energie.

[6] G. OESTREICH, Gesch. d. Menschenrechte u. Grundfreiheiten im Umriß (1968), S. 47ff.

[7] Über alle drei: E. WOLF, Große Rechtsdenker (⁴1963) mit Lit.; K. LA-RENZ, Sittlichkeit und Recht, Unters. z. Gesch. des dt. Rechtsdenkens, in: Reich u. Recht in d. dt. Philosophie, hg. v. K. LARENZ, Bd. 1 (1943).

[8] Europäischer Vergleich im ZA d. Absolutismus: H. HAUSSHERR, Verwaltungseinheit u. Ressorttrennung vom Ende d. 17. bis z. Beginn d. 19. Jh. (1953) mit Speziallit.

[9] A. W. GERLOFF, Staatspraxis und Staatstheorie d. kameralist. Verwaltungsstaats (1937).

Kapitel 16
Die Entwicklung der österreichischen Verfassung

Für die Entwicklung des österreichischen Absolutismus[1] war von Wichtigkeit, daß schon im Zeitalter der Gegenreformation und des Dreißigjährigen Krieges der katholische Landesherr den Einfluß der *Stände* auf die zentrale Regierung, insbesondere auf die Führung der Außenpolitik, ausschaltete, da die Mehrzahl sowohl der Ritter als auch der Städte protestantisch gesinnt war. Der Sieg des Katholizismus ist auf dieser Ebene der *Sieg des monarchisch-absolutistischen Prinzips* in Österreich gewesen (Hintze). Nachdem 1568 die evangelischen Stände Nieder- und Oberösterreichs durch die Bewilligung der Türkenhilfe die »Religionskonzession« erkauft hatten, d. h. freie Religionsübung für den Herren- und Ritterstand, erzwangen die konföderierten Stände Österreichs, Ungarns und Mährens unter Führung Tschernembels[2] gegen die einsetzende Gegenreformation die Bestätigung ihrer Freiheiten und verbanden sich schließlich mit den protestantischen Ständen Böhmens, denen im Majestätsbrief 1609 die religiöse Freiheit für jedermann zugestanden wurde. Dadurch war die Auseinandersetzung zwischen Ständekonföderationen und Landesherrn um ein Jahrzehnt verschoben. Die böhmische Revolution gegen Ferdinand II. brachte in der *Konföderationsakte von 1619* die Verfassung eines protestantischen Ständestaates, in der die königliche Gewalt rechtlich fest beschränkt wurde und der Adel der eigentliche Träger der Staatsgewalt war. Ein weiterer Bund im gleichen Sinne umschloß die ober- und niederösterreichischen Länder.

Die militärische Niederlage der Aufständischen 1620, der *Sieg Ferdinands II.* zeitigte dort wie hier entscheidende Folgen[3].

Das Testament Ferdinands II. von 1621 brachte die Primo-geniturerbfolge und die Unteilbarkeit aller habsburgischen Be-sitzungen. Durch die Vertreibung des alten Adels und das Ent-stehen eines jüngeren wurden in einer sozialen Umschichtung die ständischen Traditionen unterbrochen; allerdings blieb den Ständen durchweg eine umfassende administrative, finanzielle und militärische Befugnis. Nach außen am sichtbarsten wurde die Veränderung in Böhmen, als Ferdinand II. durch die »Ver-neuerte Landesordnung« 1627 aus der ständischen Landesregie-rung einen königlichen Statthaltereirat machte, die politischen Vorrechte der besiegten ständisch-partikularistischen Oppo-sition aufhob und das Wahlreich in ein Erbreich umwandelte. Der böhmische Landtag behielt aber das Recht der Steuerbewil-ligung und der Steuerverwaltung. Hierfür wurde später ein ständischer Ausschuß eingesetzt. Auch in den anderen Be-sitzungen der Habsburger, in Schlesien, in Ober- und Nieder-österreich wie in Ungarn bleiben die Funktionen der Militär- und Steuerverwaltung im Unterschied zu Preußen in den Hän-den ständischer Kollegien.

Die Ergänzung des österreichischen Heeres beruhte neben der ausländischen Werbung auf der regelmäßigen Gestellung von inländischen Rekruten durch die Stände, die auch die Kontri-butionen veranlagten und verwalteten. Die ständische Büro-kratie war auf die regionale und lokale Ebene beschränkt, aber nicht entmachtet. Eine stärkere Einheit aller österreichischen Länder durch die Vereinigung der Provinziallandtage zu schaf-fen, gelang nicht (zuletzt Wiener Generallandtag 1655). So war gleichsam erst eine Zwischenstufe des europäischen Absolutismus errungen, die sich in den Grundlagen bis zu den theresianischen Reformen 1749/50 erhielt.

In der Behördenorganisation[4] erreichte der Geheime Rat, der im 16. Jh. nur fünf Mitglieder zählte, 1637 dagegen fünfzehn – darunter die Spitzen aller wichtigeren Regierungsbehörden –, nicht die feste Form einer Behörde, sondern blieb das Organ zur Beratung des Monarchen, aus dem sich wieder ein engerer Rat, die Geheime (so 1669) oder Ständige (so seit 1709) Konfe-renz, für die wichtigeren Dinge herausgliederte. Die Geheime Finanzkonferenz dagegen (1714–1741) bildete ein festes Depar-tement, ohne jedoch zur Zentralbehörde zu werden. Durch den überragenden Einfluß des Prinzen Eugen wurde die Ständige Konferenz unter Karl VI. zeitweise zurückgedrängt.

Die wichtigste Behörde wurde die österreichische Hofkanzlei, die im österreichischen Epochenjahr 1620 aus der Reichskanzlei verselbständigt wurde. Der Hofkanzler bildete als einziges ständiges Mitglied des Geheimen Rates bzw. der Geheimen Konferenz das Rückgrat des Regierungsapparates, der auch die Reichssachen mit umfaßte (Kap. 10); er verkörperte als einziger Sachkenntnis und Dauer. 1654 wurde die Hofkanzlei zur kollegialisch geordneten, beschließenden und verwaltenden Behörde, in der Außenpolitik, innere Verwaltung, Aufsicht über das Rechtswesen und auch Billigkeitsrechtspflege erledigt wurden. Dagegen blieben ihr Finanz- und Militärverwaltung vorenthalten. Außerdem gab es in Wien eine böhmische, eine ungarische sowie später eine italienische und niederländische Hofkanzlei. Joseph I. hat in der Hofkanzlei zwei Abteilungen errichtet, eine für die »politica« und eine für die »iuridica«. Die Wiener *Hofkammer* wurde die zentrale Finanzbehörde, während der *Hofkriegsrat*[5] (1556) für Verpflegung, Organisierung und Oberleitung der Heere sowie Instandhaltung der Festungen und Zeughäuser zuständig war. Durch die Länderteilung von 1564 waren auch die Behörden verdreifacht worden, ohne daß sie alle 1619 bei der Wiedervereinigung wieder zusammengelegt wurden. Die Türkengefahr, unter der Österreich im 16. und 17. Jh. stand, hat staatsbildend und zugleich zentralisierend gewirkt[6].

Die staatlichen *Mittelbehörden* für die Ländergruppen (Provinzialbehörden), die Regierungen (allgemeine Länderverwaltung und Gerichtshof) und Kammern (Domänen, Regalien, Zölle und indirekte Steuern) waren weitgehend von den Ständen abhängig, vom Adel; die Verwaltung der direkten Steuern blieb unmittelbar in den Händen ständischer Kollegien[7]. Der Unterbau der lokalen Verwaltungsorgane, die die staatlichen Intentionen verwirklichten, war nicht in den Staatsdienst einbezogen, so daß sowohl in der Mittel- wie in der Unterinstanz keine Institution vorhanden war, die den Staat in unmittelbare Fühlung mit der Masse der Bevölkerung gebracht hätte. Dennoch regelten landesfürstliche Patente viele grundherrliche Angelegenheiten. Die Landgerichte im (salzburgisch-)tirolischen Raum befanden sich fast ausschließlich in landesherrlicher Hand; sie dienten der Überwindung und Beherrschung der Grundherrschaft von Kirche und Adel, die sich in Ober- und Niederösterreich dagegen unabhängiger entwickeln konnte[8]. Die Funktionen der Pfleger oder Verwalter der Grundherrschaften zeigen zugleich die allgemeinen Rechte und Aufgaben des Grundherrn an; es handelte sich um obrigkeitliche, gerichtsherrliche, polizeiliche Rechte, solche des »Schutzes und Schirmes« und der Erhebung der landesfürstlichen Steuern, die die Untertanen zu zahlen hatten.

Die *Pragmatische Sanktion von 1713* war nicht nur eine monarchische Kodifikation des Thronfolgerechts zugunsten weiblicher Erbfolge, sondern zugleich ein durch die Landtage aller Landesteile kodifiziertes Staatsgrundgesetz der habsburgischen Länderunion über die Unteilbarkeit und Untrennbarkeit der gesamten »österreichischen Monarchie«. Fürst, Stände und Länder wirkten zusammen im Sinne der politischen Einheit und des staatlichen Bestandes.

Die Notlage zu Beginn des österreichischen Erbfolgekrieges, der Geldmangel und das Versagen der Armee ließen in der jungen, tatkräftigen Herrscherin Maria Theresia den Wunsch nach *Reorganisation der Staatsverwaltung* entstehen. Die ersten Schritte wurden sofort getan, aber erst durch die Planungen des in der schlesischen Verwaltung Österreichs erfahrenen Grafen *Haugwitz* wurde der im ganzen überalterte Staatsapparat umgestaltet. Es galt dabei, die ständischen Kräfte auszuschalten, die von der lokalen oder Länderebene bis in die Wiener Zentralstelle der nach Ländern separierten Hofkanzleien hereinwirkten, das »feste Mauerwerk feudaler Administration« (H. O. Meisner) zu durchstoßen und den Ausbeutungswillen einer kleinen Anzahl hoher Familien zu brechen. Vielfach wurde die preußische Verwaltungspraxis maßgebend, wenngleich die österreichische Kameralistik, besonders eines Wilhelm von Schröder, die theoretische Grundlage für Haugwitz bot. Um den Unterhalt einer stehenden Armee von über 100000 Mann zu ermöglichen, hat Haugwitz die Finanzen zunächst durch langjährige Steuerabkommen mit den Ständen gesichert und sie dann durch Änderung der Verwaltungsstruktur verewigt.

Die Staatsreform betraf nur die österreichisch-böhmischen Länder; der ungarische Ständestaat wurde nicht einbezogen. Zunächst nahm Haugwitz die Finanz- und Behördenreform in den *Mittelinstanzen* in Angriff. Die in Böhmen als ständische Einrichtung bestehenden Kreisämter wurden 1748 zu staatlichen Behörden. Zwischen die Provinzverwaltungen und die alten Ortsobrigkeiten gestellt, durchbrachen sie nun die Schranken, die zwischen der Staatsgewalt und einem großen Teil der Bevölkerung aufgerichtet waren. Die Verwaltung der Provinzen wurde neu geordnet und die Justiz den Regierungen überlassen, während für die Finanz-, Handels- und Militärsachen die sogenannten Repräsentationen (1749, seit 1763 Gubernien) zuständig wurden. Die neuen Beamten waren nur auf die Königin, nicht auf die Stände vereidigt.

Die Finanzreform, die auch auf die Initiative von Haugwitz zurückgeht, versuchte das Prinzip der Steuergleichheit durchzusetzen, wozu der *Theresianische Kataster* die Grundlage direkter Besteuerung abgab. Auch der Adel wurde grundsätzlich mit veranlagt, wenn auch etwas geringer als der bäuerliche Besitz. Man überließ den Ständen das Einziehen, aber der Staat beaufsichtigte das gesamte Steuerwesen.

Die Finanzreform schuf die Voraussetzung für eine Reform des *Heerwesens*, um den Ständen auch das Militärwesen zu entwinden; der Hofkriegsrat unter seinem Präsidenten Daun griff energisch durch. Das Heer wurde anfangs durch Werbung, später durch Rekrutierung aufgrund der Konskription von 1754 ergänzt; 1773 wurden die Länder in Werbbezirke ähnlich den preußischen Kantonen eingeteilt. Die Macht der Stände, die sich gegen alle Neuerungen wehrten, weil ihnen sowohl Einfluß wie Einkommen genommen wurden, war gebrochen.

Die Reformen in der *Zentrale* legten die österreichische und böhmische Hofkanzlei zusammen; das »Directorium in publicis et cameralibus« (seit 1761 Vereinigte Österreichisch-Böhmische Hofkanzlei) vereinigte die innere Verwaltung mit den wichtigsten Agenden der Finanzverwaltung, den Kontributionen und dem »deutschen Kamerale«, während die Hofkammer in ihrer Bedeutung zurücktrat. Die »Oberste Justizstelle« besorgte die Aufgaben eines höchsten Gerichtshofes und eines Justizministeriums. Die allgemeine Trennung von Justiz und Verwaltung war ein nicht unbedingt beabsichtigtes Ergebnis der politischen Reformen, in denen »das Streben nach Macht ... klar und deutlich jenes andere nach Wohlfahrt überwog« (Walter).

Als das Direktorium durch die Aufnahme der Kommerzienhofkommission (Handelsministerium) und des Generalkriegskommissariats zu einer Riesenbehörde anwuchs, kam der Gegenschlag durch den Staatskanzler (Außenminister) Graf *Kaunitz*, der sich mit der ständischen Opposition verband. 1760 trat der Staatsrat als beratendes Organ ohne Exekutivgewalt an die Spitze der Regierung. Es folgte die Zerschlagung der Zentralbehörde von Haugwitz in nebengeordnete Hofstellen, aber der Ständestaat wurde nicht wiederhergestellt; die ständische Opposition blieb enttäuscht. Die neue staatliche Verwaltung hat auch hier wie anderswo als intensiv »arbeitende Verfassung« (Redlich) die Anliegen des Absolutismus durchgesetzt.

[1] Umfassende Bibliogr. bei K. u. M. UHLIRZ, Hdb. d. Gesch. Österreichs, Bd. 1 ([2]1963).

[2] H. STURMBERGER, Georg E. Tschernembl (1953).

[3] Ders., K. Ferdinand II. u. d. Problem des Absolutismus (1957); ders., Aufstand in Böhmen (1959); ders., Dualist. Ständestaat u. werdender Absolutismus, in: Die Entwicklung d. Verf. Österreichs (1963).

[4] Quellen: Th. FELLNER-H. KRETSCHMAYR, Österreichische Zentralverwaltung, 1. Abt. 1493–1748 (3 Bde. 1907), 2. Abt. 1749–1848 (5 Bde. 1925–1956). Darstellungen: O. HINTZE, Der österr. u. preuß. Beamtenstaat im 17. u. 18.Jh., Ges. Abh. 1 ([3]1970); F. HARTUNG, Die Ausbildung des absoluten Staates in Österreich u. Preußen, in: Das Reich u. Europa, hg. v. Th. MAYER (1941); H. O. MEISNER, Das Regierungs- u. Behördensystem Maria Theresias u. d. preuß. Staat, FBPG 53 (1941); F. WALTER, Zs.f. öff. Recht 17 (1937), MÖIG 51 (1937); Die Theresian. Staatsreform 1749 (1958);

ders., Männer um Maria Theresia (1951); vgl. auch HAUSSHERR (Kap. 15, Anm. 8), S. 54ff.

[5] O. REGELE, Der österr. Hofkriegsrat 1556–1848 (1949).

[6] H. STURMBERGER, Türkengefahr u. österr. Staatlichkeit, Südostdt. Arch. 10 (1967).

[7] A. MELL, Grundriß der Verfassungsgesch. d. Landes Steiermark (1929); K. LECHNER, Österreich, in: Territorien-Ploetz (1964).

[8] H. FEIGL, Die niederösterr. Grundherrschaft vom ausgehenden MA bis zu den theres.-josefin. Reformen (1964); um 1750 findet sich folgende Untertanenverteilung in Oberösterreich: Landesfürst 1288, Prälaten 20136, Herrenstand 32348, Ritterstand 3522 Untertanen. G. GRÜLL, Die Herrschaftsschichtung in Österr. ob der Enns 1750, Mitt. d. Ob. österr. Landesarch. 5 (1957), S. 317; ders., Bauer, Herr u. Landesfürst, Sozialrevolutionäre Bestrebungen der oberösterr. Bauern 1650–1848 (1963).

Kapitel 17
Der Aufstieg Brandenburg-Preußens

Als Kurfürst Friedrich Wilhelm 1640 zur Regierung kam, unterschieden sich die Länder der Hohenzollern – eine monarchische Union von Ständestaaten – kaum von den übrigen deutschen Landesstaaten. Die bitteren Erfahrungen des Dreißigjährigen Krieges bewogen den Kurfürsten und einen Teil seines Beamtentums, in den einzelnen Ländern gegen Stände und ständisch beherrschte Behörden ein monarchisches Staatswesen auf zentraler Ebene zu schaffen. Mit der Gründung eines stehenden Heeres, das allein dem Befehl des Kurfürsten unterstand, begann der Kampf um die Voraussetzungen der neuen Staatsbildung. Sie wurde *gegen* die provinzialen Interessen der *Stände* durchgesetzt[1].

Die Auseinandersetzung mit den alten territorialen Kräften erfolgte in mehreren Etappen[2]. Der *kurmärkische Landtagsrezeß* 1653 brachte die Bewilligung der Heeressteuer auf sechs Jahre – der Kurfürst blieb formal in allen wichtigen Dingen an die Zustimmung der Stände gebunden. Die Ritterschaft errang damals einen wirtschaftlich-politischen Sieg durch die landesherrliche Anerkennung der grundherrlichen Eigenwirtschaft, die eine Bestätigung der vorhandenen Leibeigenschaft und Erschwerung des Nachweises der bäuerlichen Freiheit brachte. Das Bauerntum geriet in volle Abhängigkeit von der ritterlichen Gutswirtschaft. Der Adel selbst blieb zudem von der Kontribution frei, diese aber wurde nun mit dem stehenden Heer eine dauernde Einrichtung. Die Stände in *Kleve* besaßen einen Rückhalt an den niederländischen Staaten und am kaiserlichen Hof. Sie konnten 1649 eine Bestätigung der alten Ständeverfassung ertrotzen, die Friedrich Wilhelm nach Kämpfen auf dem Reichstag 1653/54 erst 1660 durch einen neuen Landtagsrezeß beseitigen konnte, in dem er das Recht der Steuerverweigerung und der Vereidigung der Beamten auf die ständischen Privilegien aufhob und sein absolutes Recht aussprach, ein Heer aufzustellen. Durch den Rezeß von 1661 gab der Große Kurfürst den Ständen gewisse Rechte zurück, die ohne politische Bedeutung für die zentrale Staatsführung blieben; doch erhielt sich in Kleve-Mark besonders in der Lokalverwaltung dank der starken wirtschaftlichen Position der Städte ein ständisches Kraftfeld; bis 1714 wurden sogar Steuerverweigerungen ausgesprochen. Im Verlauf der Auseinandersetzungen scheute sich der Kurfürst nicht, den Führer der Stände zu verhaften. Am schwierigsten war die Auseinandersetzung mit den *preußischen Ständen*, die mit Rückhalt am polnischen Lehnsherrn sich die gesamte Verwaltung unterworfen hatten. Erst nach Abschüttelung der Lehnshoheit konnte der Kurfürst auf dem Königsberger Landtag 1661–1663 seine Ansprüche durchsetzen. Er ließ den Führer der städtischen Opposition verhaften und erreichte die Bewilligung der Heeressteuern gegen das Zugeständnis der Regelmäßigkeit der Landtage.

Eine Beseitigung des Ständetums hat der Kurfürst-Herzog nirgendwo angestrebt, sondern nur gegen die Beschränkung seiner politischen Macht auf der zentralen Ebene gekämpft. So wurde die praktische *Bedeutung der ständischen Verfassung* allmählich *eingeschränkt*, der Landtag nicht mehr einberufen (Kurmark seit 1653, Preußen seit 1671) und die Steuerverwaltung der Stände teilweise unter die Kontrolle der kurfürstlichen Beamten gestellt (Märkisches Kreditwerk seit 1664, Ostpreußischer Landkasten seit 1684). Die neue indirekte Steuer, die städtische Akzise, befreite den preußischen Herrscher von der weiteren ständischen Steuerbewilligung oder Mitverwaltung.

Friedrich Wilhelm I. regelte die Stellung des Adels im brandenburg-preußischen Staat endgültig. Anläßlich einer Regulierung des Generalhubenschosses, der auch den Adel Ostpreußens betraf, fiel das bekannte Wort des Königs, daß er die Souveränität »wie ein rocher von Bronce stabilieren« wolle. Allerdings zahlte die Ritterschaft in den anderen Provinzen bis zu Friedrich Wilhelm I. keine Steuern; nunmehr forderte der König vom Adel eine jährliche Steuer von 40 Thalern für jedes Lehenspferd, wofür er die Lehen in volles Eigentum (Allod) umwandelte[3]. Der Adel mußte die Offiziere seiner Armee stellen; der Widerstand wurde trotz ständischer Appellation an den Reichshofrat durch zwangsweise Erziehung im Kadettenkorps überwunden. Dagegen blieben die wirtschaftlichen Rechte des Adels sowie die politischen in der Lokalverwaltung der Gutsherrschaft unangetastet. Im Amt des Landrats, das in der Unterinstanz des Kreises eine Verbindung zwischen ständischer Selbstverwaltung und staatlichem Auftrag darstellte, zeigte sich eine Versöhnung des Staates mit seinem ersten Stand. Als Friedrich d. Gr. Schlesien erobert hatte, schaffte er die landständische Verfassung ohne Gewalt und Schwierigkeiten ab.

Durch das *stehende Heer*, den »miles perpetuus«, erhielt Brandenburg-Preußen eine wesentliche Grundlage seiner Staatlichkeit[4]. Die Berufsarmee beruhte auf der Werbung im In- und Ausland, während die alte Einrichtung der militärischen Folgepflicht[5] der wehrfähigen Männer außer im Herzogtum Preußen verkümmerte. Im Krieg wurden die Truppen jeweils stark vermehrt; 1688 umfaßte das stehende Heer etwa 31000 Mann. König Friedrich I. war mit dem Versuch, durch Wiederbelebung des älteren Defensionswesens eine Änderung der Wehrverfassung durchzusetzen, gescheitert, so daß Friedrich Wilhelm I. die Miliz vollkommen aufhob und sogar die Verwendung des Wortes verbot. Er hat die von seinem Vater teilweise eingeführte Methode der Ausschreibungen, d. h. einer auf der genannten Verpflichtung zur Landesverteidigung beruhenden Soldaten-Gestellungspflicht, wiederbelebt und durch Kantonreglements 1733 ff. den Regimentern bestimmte Ergänzungsbezirke zugewiesen, in denen Rekruten zur späteren Aushebung zumeist auf Lebenszeit in Listen eingetragen, »enrolliert« wurden. Hiervon eximiert blieben Adel, angesehene Bürger, Inhaber oder Erben der Bauernhöfe, Beamte und Studierende. Die tatsächliche Dienstzeit betrug jährlich drei Monate und sank schließlich auf anderthalb Monate ab. Daneben blieb die oft gewaltsame freie Werbung bestehen, auch der »Menschenraub« der Auslandswerbung; Friedrich d. Gr. forderte im Politischen Testament von 1752, daß die Kompanie nicht über die Hälfte Einheimische aus dem Kanton haben dürfe, der Rest aus dem Ausland angeworben werden solle.

Bei einer solchen Zusammensetzung des Heeres war natürlich die Führungsschicht von ausschlaggebender Bedeutung[6]. Friedrich Wilhelm I. hat auf der Grundlage des einheimischen Adels das *preußische Offizierkorps* geschaffen, das neben dem Beamtentum zum Träger des Staates wurde. Die scharfe Unterscheidung und Trennung von Offizier und Gemeinen, von Armee und Bürgertum führte zu einer Erstarrung, die den Zusammenbruch von 1806 mitverschuldete.

Der Große Kurfürst übernahm 1640 als *zentrale Behörden* den Geheimen Rat in der Kurmark, die Geheime Landesregierung in Kleve und die Oberratsstube in Preußen[7]. Eine Gesamtstaatsbehörde über diesen Provinzialstellen, auf deren Zusammensetzung und Arbeit die Stände in Kleve und Preußen Einfluß ausübten, existierte nicht. Die Einheit des Staates gründete sich allein auf die Person des Herrschers. Nach der Neubelebung des verfallenen *Geheimen Rates* in Brandenburg hat Friedrich Wilhelm durch die unter Einfluß des Grafen Georg Friedrich von Waldeck zustande gekommene Geheime Ratsordnung vom 4. 12. 1651 eine Departementseinteilung in neunzehn allerdings sehr ungleiche Referate für den gesamten Staat vorgenommen und mit der Herausgliederung von gesamtstaatlichen Fachbehörden für die Finanzen, das Kriegswesen und die Außenpolitik eine Richtung beschritten, in der sich schließlich die preußische Behördenorganisation entwickelt hat[8]. Kabinettsregierung, Regierung im Rat wie auch die Verwaltung durch unabhängige, nach kollegialen Grundsätzen arbeitende Ratsausschüsse standen damals nebeneinander. Aus der 1651 gebildeten Kommission der Staatskammerräte für die Reform der *Domänenverwaltung* entstand schließlich 1689 die Geheime Hofkammer unter Dodo von Knyphausen, die dann 1713 unter dem Titel Generalfinanzdirektorium durch Friedrich Wilhelm I. neu belebt wurde[9]. Dieser zentralen Behörde für die Domänenverwaltung aller Provinzen waren die Amtskammern der älteren Länder zugeordnet, war seit 1696 auch die Hofrentei als Zentralkasse unterstellt.

Aber nicht durch diese alten Einrichtungen vollzog sich die Neuschöpfung des preußischen Staates. Sie ging vielmehr von einem neuen Behörden- und Beamtentyp aus, dem *Kommissariatswesen*[10], das allein auf einem besonderen Auftrag des unabhängigen Fürsten und nicht auf der landesüblichen ständestaatlichen Grundlage ruhte. Wie in Frankreich, so knüpfte auch in Brandenburg die neue Verwaltung an das Heerwesen an. Im Auftrag des Landesherrn begleiteten Kommissare die Truppen, um Intendanturgeschäfte wie den Unterhalt des Heeres zu regeln und die dafür bestimmten Steuern, die Kontributionen, zu verwalten. Mit dem stehenden Heer wurden die bisher von Fall zu Fall beauftragten Kommissare ständige Beamte. Seit 1660 steht ein Generalkriegskommissar für alle Provinzen an der Spitze; ihm wird 1674 die Feldkriegskasse für den gesamten Staat unterstellt. Die Kommissariatsverwaltung erhielt nunmehr die Aufgabe, durch eine gesunde Steuer-, Finanz- und schließlich Wirtschaftspolitik den Unterhalt des Heeres zu gewährleisten. Aus einer Armeebehörde entwickelte sich so der Träger der ungemein aktiven merkantilistischen Wirtschaftspolitik des preußischen Staates.

Die beiden für die neuen und alten Finanzgrundlagen des Staates verantwortlichen Behörden, das Generalkommissariat und das Generalfinanzdirektorium, stießen wegen der rigorosen Aktivität, die König Friedrich Wilhelm I. von seinen Beamten forderte, scharf zusammen. Beide hatten eigene Interessen und eigene Ziele. Während die Kommissariatsverwaltung einen neuen städtisch-industriellen, bürokratisch-zentralistischen Geist züchtete, vertrat das Generalfinanzdirektorium mit seinen ländlich-agrarischen Interessen überwiegend den ständischen Regionalismus. Um den bis zu ständigen Prozessen gehenden Streitigkeiten der zwei Prinzipien verkörpernden Verwaltung ein Ende zu bereiten, schuf Friedrich Wilhelm in der persönlich entworfenen Ordnung vom Dezember 1722 eine neue einheitliche Behörde, das General-Ober-Finanz-Kriegs- und

Domänendirektorium[11]. Das *Generaldirektorium* von 1723, das die kollegialisch arbeitende Zentralbehörde für die wichtigsten Aufgaben der gesamten Verwaltung und der staatlichen Wirtschaftspolitik wurde, behielt noch zwei Generalkassen; die Einteilung der Geschäfte aber erfolgte regional in Provinzdepartements. Neben diese traten einige gesamtstaatliche Sachreferate wie Armeeplanung, Grenzsachen, Post- und Münzwesen, die von den Provinzialdepartements zusätzlich betreut wurden. Mit der Ausdehnung des hier begonnenen Realsystems fand der preußische Staat seine relative Verwaltungseinheit; insbesondere Friedrich d. Gr. richtete neue Sachressorts ein (Departement für Handel und Gewerbe 1740, für Militärverwaltung 1746, Akzise und Zoll 1766, Bergwerks- und Hüttenwesen 1768, Forsten 1771), die die ersten Departements für die Provinzen in ihrer Zuständigkeit beschränkten.

Für die Fragen der auswärtigen Politik entwickelte sich das Departement der auswärtigen Affären als selbständige kollegialische Behörde (Kabinettsministerium), in der zwei bis drei Kabinettsminister tätig waren[12]. So blieb dem Geheimen Rat nur noch die Verwaltung der Kultus- und Justizangelegenheiten; der 1737 zum Chefminister der Justiz ernannte Cocceji erhielt zehn Jahre später den Titel eines Großkanzlers. Gleichwohl haben sich noch Gesamtsitzungen aller Minister im Geheimen Rat bis in die 30er Jahre des 18. Jh. erhalten.

Die Einheit der drei Behördengruppen für Finanzen und Inneres, für das Auswärtige und für Justiz und Kultus wurde allein durch die Persönlichkeit des Monarchen dargestellt. Nachdem schon der Große Kurfürst in der Geheimratsordnung von 1651 sich ausdrücklich die letzte Entscheidung im Kabinett vorbehalten hatte, war das System des persönlichen Regiments weiter ausgebildet worden. An seine Stelle trat zwar zeitweise unter Friedrich I. eine Premierministerschaft bzw. eine Günstlingsherrschaft, aber Friedrich Wilhelm I. errichtete mit der von ihm als Kronprinz in Königswusterhausen ausgebildeten Form der *Regierung aus dem Kabinett* die für den preußischen Absolutismus charakteristisch gewordene königliche Selbstregierung. Die alte Institution der Kammersekretäre (seit 1717 Geheimer Kabinettssekretär) wurde wieder aufgenommen. Der König verließ nun grundsätzlich seine obersten Behörden und verkehrte mit seinen Ministern schriftlich, wenn auch im Generaldirektorium stets der Stuhl des Präsidenten für ihn freigelassen wurde. Aus dem Kabinett regierte er durch kurze schriftliche Weisungen, die Kabinetts-ordres, die der Sekretär nach mündlichem Befehl oder Margi-naldekreten auf den Immediatberichten ausfertigte. Der Unterschied zur Kammerregierung des 16. Jh. bestand darin, daß die Kabinettsregierung nur schriftliche Befehle gab, die Agenda aber nicht mehr selbst ausführte[13]. Die Monarchen bildeten so die treibende und lenkende Kraft des preußischen Staates.

Mit der Entwicklung einer schärfer nach unten durchgrei-fenden Zentralverwaltung sank die Bedeutung der alten *Provinzialbehörden*. Neben den neuen Kommissariatsbehörden traten die von ständisch-regionalen Kräften beherrschten Regierungen zurück, die schließlich nur noch als Appellations-gerichte, Kriegs- und Domänenkammern der Provinz fungier-ten. Schon der Große Kurfürst hatte es verstanden, den Regie-rungen die Aufsicht über die Amtskammern und damit über die Domänenverwaltung zu nehmen, während die Provinz-kommissariate unabhängig vom Landadel für die Kontribu-tionen und die Heeresverwaltung zuständig waren. Die Errichtung des Generaldirektoriums brachte die Zusammen-legung des Kammer- und des Kriegsstaats. Die ihm unter-stellten Provinzbehörden wurden zu Kriegs- und Domänen-kammern vereinigt, die als die aktiven Träger der landesherr-lichen Innenpolitik zugleich die Wirtschaftspolitik leiteten. Um ihnen eine jurisdiktionelle Macht gegenüber den vom ständischen Geist beeinflußten Gerichten und Regierungen zu sichern, erhielten sie auch eine ausgedehnte Verwaltungs-gerichtsbarkeit, die als Kammerjustiz bei Rechtsstreitigkeiten das fiskalische gesamtstaatliche Interesse zu wahren hatte (in dubio pro fisco)[14].

Zwischen den Trägern der *Lokalverwaltung*, Stadtrat, Ritter-gutsbesitzer oder Domänenamtmann, und der Provinzialver-waltung wurde eine Zwischeninstanz geschaffen, die besonders charakteristisch für die preußische Verwaltung geworden ist: der *Landrat* und der Steuerrat. Die schon in slavische Zeit zurückgehenden Kreise in der Mark Brandenburg bildeten im 16. Jh. eine besondere ständische Selbst- und Steuerverwaltung aus. Der an der Spitze des Kreises stehende Kreisdirektor regelte im 30jährigen Krieg im Zusammenwirken mit dem kurfürstlichen Land- oder Marschkommissar die sich aus der Besetzung des Landes mit eigenen oder fremden Truppen ergebenden Fragen. Das ständische Organ des Kreisdirektors

erhielt sich (seit 1701 Landrat), wurde vom Landesherrn anerkannt, mit besonderen staatlichen Aufgaben der Polizei und
mit der Durchführung landesherrlicher Verordnungen beauf-
tragt, ohne jedoch Gerichtsbarkeit zu besitzen. So entstand ein
neues Amt, das sowohl Organ der Selbstverwaltung der Stände
als auch staatlich war[15]. Es war eine Art Ehrenamt mit geringer
Besoldung, wozu der König einen Rittergutsbesitzer auf Vor-
schlag der Kreisstände ernannte. Diese Einrichtung wurde allmählich auf die anderen Provinzen übertragen. Der *Steuerrat*
oder »commissarius loci«, der als landesherrlicher Beamter die
Aufsicht über mehrere Städte (Städtekreis) zu führen hatte, war
aus einem Kontrollorgan für die städtische Akzise entstanden
und bildete sich zum Wahrer des fiskalischen Interesses in den
Städten aus, um schließlich infolge Versagens der oft korrupten
Selbstverwaltung das finanzielle und wirtschaftliche Leben der
Stadt überhaupt zu bevormunden und zu fördern.

Friedrich Wilhelm I. hat auch sein *Beamtentum*[16] wie das
Offizierkorps persönlich erzogen. Es begann schon bei der
Auswahl, wofür Untertanenverhältnis, praktische – nicht
theoretische – Ausbildung und Geschicklichkeit Voraussetzung
waren. Für die niederen Posten gab es eine Art Ämterkauf
(Rekrutenkasse). Die Aufgabe eines Beamten sah der preußische
König in der unbedingten, pünktlichen, gewissenhaften und
prompten Pflichterfüllung, in der vollkommenen Hingabe an
den Dienst, in der ständigen Erweiterung der Kenntnisse. Von
den höheren Beamten, namentlich seinen Ministern, forderte
Friedrich Wilhelm sehr viel, aber was er verlangte, das lebte er
vor. Zur theoretischen Ausbildung seiner Kammerbeamten
gründete er Lehrstühle für innere Verwaltung in Halle und
Frankfurt/Oder 1727 – die ersten an europäischen Universitäten. Im preußischen Beamtentum des 18. Jh. kam die enge
Verbindung von Heer und Staat zum Ausdruck, indem die
niederen Stellen den inaktiven Unteroffizieren vorbehalten
blieben, frühere Regimentsquartiermeister als subalterne Beamte Verwendung fanden und seit Friedrich d. Gr. gerade
leitende Posten mit ehemaligen Offizieren besetzt wurden.

Während Friedrich Wilhelm I. einen grundsätzlichen Kampf
gegen jede Möglichkeit adliger Mitregierung (auch durch
starke Erweiterung des Domänenbesitzes) führte und den Jun-
ker domestizierte, trat sein Nachfolger für den Adel ein, gab
ihm alte Rechte zurück und schützte ihn in jeder Weise.

[1] Allg. Lit. u. Quellen: s. vor Kap. 1; DW⁹ 11521ff. u. 12350; Acta Borussica, Denkmäler d. preuß. Staatsverwalt. im 18.Jh., Abt. 2: Behördenorganisation (1892ff., 15 Bde. bis 1772, in Vorber. Bd. 16 u. 17 bis 1786); Abt. 1: Die einzelnen Gebiete der Verwaltung DW⁹ 12351, dazu Wollindustrie, Bd. 1 hg. v. C. HINRICHS (1933) bis 1740; Preußen und die katholische Kirche seit 1640 (9 Bde. [1878–1902] bis 1807, s. DW⁹ 1207); P. BAUMGART (Hg.), Erscheinungsformen des preußischen Absolutismus (1966). Darstellungen: sozialgeschichtlich-kritisch F. L. CARSTEN, Die Entstehung Preußens (1968); HARTUNG, Volk u. Staat (1940); G. SCHMOLLER, DW⁹ 2503 u. 12438f.; L. TÜMPEL, Entstehung des brandenburg-preuß. Einheitsstaates im ZA des Absolutismus 1609–1806 (1915); W. KOCH, Hof u. Regierungsverf. Kg. Friedr. I. v. Pr. (1926); O. HINTZE, Regierung u. Verwaltung (³1967); C. HINRICHS, Friedrich Wilhelm I., Kg. in Preußen 1 (³1968); ders., Preußen als histor. Problem(1963); F. HARTUNG, Die Ausbildung des absoluten Staates in Österreich u. Preußen, in: Das Reich u. Europa, hg. v. Th. MAYER u. W. PLATZHOFF (1941); ders., Der preuß. Staat u. seine westl. Provinzen, in: Staatsbildende Kräfte der NZ (1961). Zur Lit. nach 1945 St. SKALWEIT in Jb. f. Gesch. Mittel- u. Ostdtlds. 3 (1954); U. SCHEUNER, Der Staatsgedanke Preußens (1965).

[2] Allg. G. KÜNTZEL, Über Ständetum u. Fürstentum vornehml. Preußens im 17.Jh., in: Festschr. G.Schmoller (1908); vgl. G. v. SELLE, FBPG 38 (1926). Kleve: DW⁹ 12350 (HÖTZSCH). Preußen: DW⁹ 12403; P. BAUMGART, Zur Gesch. d. kurmärk. Stände, in: Länd. Vertretungen in Europa im 17. u. 18.Jh. (1969).

[3] V. LOEWE, Die Allodifikation der Lehen unter Fr. Wilh. I., FBPG 11 (1898).

[4] C. JANY, Gesch. d. kgl. preuß. Armee bis 1807 (3 Bde. 1928/29) mit Lit.; E. KESSEL, Die preuß. Armee 1640–1866, in: Dt. Heeresgesch., hg. v. K.LINNEBACH (1935); H. HELFRITZ, Gesch. d.

preuß. Heeresverwaltung (1938); E. R. HUBER, Heer u. Staat in d. dt. Gesch. (²1943), unhistor. Grundthese. Am besten bleibt O. HINTZE, Staatsverfassung u. Heeresverfassung, Ges. Abh. 1 (³1970).

[5] Über diese dt. Gesamterscheinung mit Lit. G. OESTREICH, Geist u. Gestalt d. frühmod. Staates (1969).

[6] R. WOHLFEIL, Adel u. Heerwesen, in: Deutscher Adel 1555–1740, hg. v. H. RÖSSLER (1965).

[7] Lit. zur seinerzeit sehr umstrittenen Geh.Ratsgründung in Brandenburg DW⁹ 11079 u. O. HINTZE, Kalvinismus u. Staatsräson in Brandenburg zu Beginn des 17.Jh., Ges. Abh. 3 (²1967); Einleitung zu Acta Borussica, Beh.Org. 1 von SCHMOLLER (1892).

[8] G. OESTREICH, Der brandenb.-preuß. Geh.Rat vom Regierungsantritt des Gr. Kurf. bis 1651 (1937); F. HARTUNG, Studien zur Gesch. d. preuß. Verwaltung, in: Staatsbildende Kräfte der NZ (1961).

[9] DW⁹ 12350; A. STORCH, Der brand.-preuß. Kammerstaat unter Leitung Dodos v. Knyphausen (Diss. Göttingen 1912).

[10] DW⁹ 12436; O. HINTZE, Der Commissarius u. seine Bedeutung in der allg. Verwaltungsgesch., Ges. Abh. 1 (³1970); ders., Behördenorganisation u. allg. Verwaltung in Preußen um 1740, Acta Borussica, Beh.-Org. VI, 1 (1901), Ndr. notwendig; B. GLOGER, Der Potsdamer Steuerrat (Diss. Berlin-Ost 1957).

[11] HAUSSHERR (Kap. 15, Anm. 8), S. 1ff.; R. A. DORWART, The Administrative Reforms of Frederick William I of Prussia (1953); W. L. DORN, The Prussian Bureaucracy in the 18th Century, Polit. Science Quart. 46/47 (1931/1932); F. TERVEEN, Gesamtstaat u. Retablissement 1714-1740 (1954).

[12] P. BAUMGART, Gründungsgesch. d. Auswärt. Amtes in Preußen, Jb. Gesch. Mitt. Ostdtld. 7 (1958).

[13] H. O. MEISNER, Die monarchische Regierungsform in Brand.-Preußen, in: Festschr. F. Hartung (1958).

[14] W. RÜFNER, Verwaltungsrechts-

schutz in Preußen 1749–1842 (1962), betont den späteren Rechtsschutz.

[15] O. Hintze, Die Wurzeln der Kreisverfassung in den Ländern des nordöstl. Dtld., Ges. Abh. 1 ([3]1970); ders., Behördenorganisation um 1740 (s. o. Anm. 10); G. C. v. Unruh, Der Kreis (1964); ders., Der Landrat (1966).

[16] DW[9] 2527; H. Rosenberg, Bureaucracy, Aristocracy and Autocracy. The Prussian Experience 1660 to 1815 (1958), wichtiges sozialgesch. Werk, dazu kritisch G. Oestreich, VSWG 52 (1965).

Kapitel 18
Verfassung der mittleren und kleineren Territorien

Das Zeitalter des Absolutismus brachte den mittleren und kleineren Staaten, soweit letztere überhaupt eine verfassungsgeschichtliche Entwicklung durchmachten und nicht nur auf dem altterritorialen Standpunkt verharrten, einen ähnlichen Werdegang wie den eben geschilderten Großstaaten Österreich und Preußen. Jedoch sind die aufgewendeten Energien der weltlichen Dynasten oder geistlichen Herren nirgends zu voller Auswirkung gelangt.

Die auf dem Reichstag beschlossenen Gesetze unterstützten die Reichsstände bei der rechtlichen Entmachtung ihrer *Landstände*. Seit dem Reichsabschied von 1543 bzw. 1548 wurde die landständische Steuerpflicht für alle Reichshilfen, seit 1555 für alle Kreishilfen festgelegt; Steuerverweigerer oder Säumige konnten mit der »poena dupli« belegt werden. Der berühmte § 180 des Jüngsten Reichsabschiedes[1] verpflichtete Stände und Untertanen, Festungen und Garnisonen zu unterhalten ohne Änderung des Steuermodus, d. h. der üblichen vertraglichen Vereinbarung zwischen Landesherrn und Landständen. In der Wahlkapitulation von 1658 wurde die Einberufung der Landtage an die Zustimmung des Landesherrn gebunden, den Landständen das alleinige Verfügungsrecht über Steuern und das interterritoriale Bündnisrecht aberkannt, dagegen den Reichsständen ein Verbündungsrecht gegen ihre Untertanen ausdrücklich zugestanden.

Die Wahlkapitulation führte einen entscheidenden rechtlichen Schlag gegen das landständische Wesen; ihre Rechtstitel mußten aber erst in die Praxis der einzelnen Fürstentümer umgesetzt werden. Als ein Teil der Reichsstände unter Führung von Bayern, Brandenburg und Köln um 1670 die »Extension« des § 180 forderte, nämlich die grundsätzliche und widerspruchslose Verpflichtung der Untertanen zum allgemeinen Unterhalt eines Heeres und zu allen Bündnisausgaben, lehnte der *Kaiser* seine Zustimmung zum Reichsgutachten und damit die Erhebung zum Reichsgesetz ab. Nur die Erweiterung der ständischen Steuerpflicht für Reichs- und Kreisgesandtschaften gestand er zu, dagegen wollte er den Landständen, deren Privilegien er oft bestätigte, den Weg zum Reichshofrat und Reichskammergericht offenhalten. Daß diese Weigerung für das Ansehen und die Wahrung der kaiserlichen Gewalt von großer Bedeutung war und auch für die Untertanen von Wichtigkeit werden konnte, beweisen besonders die Behauptung der landständischen Verfassung in Mecklenburg, der erfolgreiche Kampf gegen ein Willkürregiment in Württemberg und mannigfache Unterstützung von Landständen und reichsstädtischen Bürgerschaften durch Urteile des Reichshofrats.

Neben der Sonderung in Mittel- und Kleinstaaten, weltliche und geistliche Fürstentümer, katholische und protestantische Reichsstände ist verfassungsrechtlich zu unterscheiden zwischen *Ländern mit absolutistischer und mit landständischer Verfassung.* Gleichwohl ist diese Unterscheidung oft nicht so gravierend, denn ein energischer Landesherr konnte angesichts der absolutistisch-merkantilistischen Zeitströmung und des staats- und wirtschaftspolitischen Dirigismus auch in vorwiegend ständischen Staaten[2] neue Formen bewirken; ein Musterbeispiel hierfür ist Kursachsen. Im allgemeinen verwirklichte sich der absolutistische Staat der kontinentalen Mächte in vereinfachter Form auch in den deutschen Territorien[3].

Bayern hatte den Weg hierzu schon unter Maximilian I. beschritten, der die politische Selbständigkeit seiner Stände bereits vor dem Dreißigjährigen Krieg eingeschränkt hatte und die ständische Steuerverwaltung nur »aus Gnade« bewilligte[4]. Nachdem der Landtag von 1669 ergebnislos beendet war, übte in Zukunft der ständige Landtagsausschuß die verbliebenen ständischen Rechte auf Steuerbewilligung, Steuerverwaltung und Gravamina in jährlichen Sitzungen aus. Diese »Landschaftsverordnung«, ein sich selbst ergänzendes Gremium von sechzehn Personen, gewann im 18. Jh., unterstützt durch Urteile des Reichshofrates, wegen des Versagens der landesherrlichen Finanzverwaltung eine neue Bedeutung.

Die landständische Verfassung wurde in den meisten Staaten *ohne militärische Auseinandersetzung,* wenn auch nicht ohne innere

Kämpfe beseitigt. Da das Fürstentum, im großen betrachtet, die zentralistisch-allgemeinen Tendenzen der Zeit verkörperte, während die Stände auf ihre egoistisch-regionalen Interessen abgedrängt wurden, stand der Fortschritt im Lager der Fürsten. Jedoch haben diese trotz glanzvoller Vertreter unmittelbar nach dem Dreißigjährigen Krieg – wie Herzog Ernst der Fromme von Sachsen-Gotha[5] und Kurfürst Ludwig von der Pfalz[6] – in der kleinstaatlichen Enge auf die Dauer keine wirklich fruchtbare Arbeit leisten können.

Das Vorbild Ludwigs XIV. und der deutschen Großstaaten fand bei vielen zumeist nur eine äußerliche Nachahmung in Schloßbauten und Soldatenspielereien. So ging der Gedanke einer *Verpflichtung gegenüber den Untertanen* oft *verloren*; an seine Stelle traten leichtfertige Machtmißbräuche wie mit den Machtsprüchen der Kabinettsjustiz, die aus der Billigkeitsrechtspflege entstanden war, und mit dem Soldatenhandel, d. h. der Vermietung deutscher Truppen ohne Landesinteresse – nur zur Sanierung der Finanzen durch Subsidien; letztere spielten in manchen deutschen Staatshaushalten eine erhebliche Rolle. Verdienste erwarb sich das Fürstentum um die Pflege von Kunst und Kultur, die den Glanz des Hofes erhöhen sollten, aber die Wirtschaftspolitik der Mittel- und Kleinstaaten wies nur geringe Dauererfolge auf.

In einigen Ländern, wo sich die *landständische Verfassung* erhielt, bewilligten die Landtage weiterhin die Steuern. Trotzdem haben praktisch z. B. die *sächsischen* Kurfürsten, die seit 1697 im Gegensatz zum Land katholisch geworden waren, und ihre Premierminister im 18. Jh. ohne Einspruch der Stände regieren können. Aus wirtschaftlicher Notlage erwuchs nach dem Siebenjährigen Krieg eine allgemeine Staatsreform, getragen vornehmlich von pietistischen Kräften des Bürgertums, das in die führenden Stellen der sächsischen Verwaltung vorgedrungen war[7]. In *Württemberg*[8] hat sich die landständische Verfassung am stärksten in ihrer Kraft erhalten. Allerdings gelang dies dem Bürgertum, das die Landschaft bildete, auch nur mit Hilfe des Kaisers. Der Tübinger Vertrag von 1514 blieb die Grundlage für das Recht der Steuerbewilligung, das schon Herzog Eberhard Ludwig (1693–1733) durch die eigenmächtige Ausschreibung von Heeressteuern antastete (seit 1724 erfolgte Militärbeitrag der Landschaft), während sein Nachfolger Karl Alexander (1733–1737) das Recht der Stände durch Finanzmanipulationen des Hoffaktors Süß Oppenheimer umging. Unter Herzog Karl

Eugen kam es dann zur offenen Auseinandersetzung zwischen Herrscher und Ständen, deren Rechtsberater Johann Jakob Moser auf fünf Jahre widerrechtlich festgesetzt wurde. Die Stände riefen den Reichshofrat an, und eine kaiserliche Hofkommission brachte den Erbvergleich von 1770 zustande, in dem der Herzog auf die alte Verfassung verpflichtet wurde. In *Mecklenburg* hat der sehr reaktionäre Adel, der keine Steuern zahlte, die Bewilligung der Reichs- und Kreishilfen abgelehnt und gegen die Zwangsbeitreibung Klage beim Reichshofrat erhoben, die abgelehnt wurde. Als Herzog Leopold von Mecklenburg-Schwerin (1713–1747) gegen die Stände Heeressteuern erheben, das widerspenstige Rostock unterwerfen und überhaupt ein absolutistisches Regiment einführen wollte, wurde auf Antrag der Landstände die Reichsexekution gegen den Herzog verhängt und durchgeführt. Die Nachfolger mußten in einem Erbvergleich 1755, der bis 1918 gegolten hat, die Mitregierung der Stände anerkennen, die ihre Macht zur Verschärfung der Leibeigenschaft und Unterdrückung der Bauern mißbrauchten[9]. In *Hannover* hat sich nach einer absolutistischen Herrschaft in der zweiten Hälfte des 17. Jh. durch die Abwesenheit der seit 1714 in England regierenden Dynastie die landständische Verfassung zu einem Adelsregiment entwickeln können, in dem der Hochadel und das gehobene Bürgertum, die »hübschen Familien«, Regierung bzw. Verwaltung besetzten[10].

Zu Ausgang des Jahrhunderts im Zeitalter des *aufgeklärten Spätabsolutismus* ist ein neues Aufleben ständischer politischer Ansprüche und ständischer Aktivität zu verzeichnen. Baulicher Ausdruck sind neue Landhäuser wie in München oder Dresden. Dennoch legt das Ständetum keine neuen Pläne für eine zukünftige Gesellschaftsordnung zur Überwindung des Absolutismus vor, sondern greift in die Zeit vor dem Absolutismus zurück.

Die einmalige Institution der *geistlichen Staaten* [11] unterschied sich von den übrigen deutschen Territorien vornehmlich durch die Wahl des Landesherrn, die vom Domkapitel vorgenommen wurde. Dieses ergänzte sich aus einer Adelsschicht im großen und ganzen gleichbleibender Geschlechter durch Zuwahl und band den Fürstbischof für seine Regierung an eine *Wahlkapitulation*. Das Domkapitel bildete entweder den ersten Stand oder überhaupt die Landschaft und hatte sich ständische Vorrechte gesichert (Besetzung wichtiger Beamtenstellen, Mit-

wirkung in der Rechtsprechung und landesherrlichen Finanzverwaltung, Verfügung über das Heerwesen). Tüchtige Fürsten aber setzten sich durch die Errichtung einer landesherrlichen Behördenorganisation dennoch gegen die Landstände
durch. Als die Domkapitel den absolutistischen Bestrebungen
ihrer Kandidaten Widerstand leisten wollten, verbot der Papst
1695 durch die »Innocentiana« alle Kapitulationen, und der
Kaiser bestätigte die Aufhebung der Wahlverpflichtungen. So
konnte sich der Absolutismus in den geistlichen Staaten unge-
hindert ausbreiten, wenn auch einige Bistümer noch fernerhin
Wahlkapitulationen besaßen. Auch hier scheiterten die Anstrengungen vorwärtsdrängender geistlicher Fürsten bei den
Reformen in Verwaltung und Wirtschaft an der Kleinheit der
Territorien. Zwar war das Leben unter dem Krummstab be-
haglicher und vergnüglicher als unter der Zucht der deutschen
Großstaaten, aber die Sicherheit jener Länder hing doch ganz von
der ungestörten Fortdauer der alten Reichsverfassung ab. Der
erste Sturm der französischen Revolutionsheere überrannte sie.

G. Oestreich, Die Mittel- und Kleinstaaten zwischen Absolutismus und ständischer
Verf. u. Der aufgeklärte Absolutismus in den Mittel- u. Kleinstaaten, in: Th. Schieder (Hg.), Hdb. d. Europ. Gesch. 4 (1968), S. 388 ff. u. 467 ff.; auch K. O. v. Aretin
(s. Kap. 9).

[1] Allg. B. Erdmannsdörffer, Dt.
Gesch. . . . 1648–1740 (2 Bde. 1892/93);
s. auch Kap. 7, Anm. 7.
[2] H. Christern, Dt. Ständestaat u.
engl. Parlamentarismus am Ende d.
18. Jh. (1939). Neuere Darstellungen für
Nordwestdtld. (Vierhaus u. v. Oer),
Schwedisch-Pommern (Back), Kurmark (Baumgart), Hessen (Demandt),
Württemberg (Lehmann), Bayern (v.
Aretin), Österreich (Hassinger) bei
D. Gerhard (Hg.), Ständische Vertretungen in Europa im 17. u. 18. Jh.
(1969), dort auch prinzipielle Erörte-
rungen über die Spätzeit des dt. Ständetums; P. E. Back, Herzog u. Landschaft
in Schwedisch-Pommern um 1650
(1955); H. Backhaus, Reichsterritorium
u. schwed. Provinz. Vorpommern 1660
bis 1672 (1969); K. E. Demandt, Die
hessischen Landstände im ZA d. Frühabsolutismus, Hess. Jb. f. Ldsgesch. 15
(1965); R. Vierhaus, Ständewesen u.
Staatsverwaltung in Dtld. im späteren

18. Jh., in: Festschr. K. v. Raumer
(1966); K. R. Böhme, Bremisch-ver-
dische Staatsfinanzen 1645–1676 (1967);
R. Laufner, Die Landstände von Kurtrier im 17. u. 18. Jh., Rhein. Vjbll. 32
(1968); R. Renger, Landesherr u. Landstände im Hochstift Osnabrück in der
Mitte d. 18. Jh. (1968).
[3] Die Verwaltungsentwicklung der
Mittelstaaten vergleicht Haussherr
(Kap. 15, Anm. 8), S. 31 ff.
[4] D. Albrecht, Staat u. Gesellschaft
1500–1745, in: M. Spindler (Hg.), Hdb.
d. bayer. Gesch. 2 (1969) mit Lit.; K. O.
v. Aretin, Die bayer. Landschaftsverordnung 1714–1777, in: Ständ. Vertretungen (wie Anm. 2); H. H. Hofmann,
Adelige Herrschaft u. souveräner Staat.
Franken u. Bayern im 18. u. 19. Jh.
(1962).
[5] H. Kraemer, Der dt. Kleinstaat d.
17. Jh. im Spiegel v. Seckendorffs
»Teutschem Fürstenstaat«, Zs. f. thür.
Gesch. 33 (1922/24); F. Facius, Staat,

Verwaltung u. Wirtschaft in Sachsen-Gotha unter Hg. Friedrich II. 1691–1732 (1932/33).

[6] Pfalz: DW⁹ 12600 u. 11690; G. BISKUP, Die landesfürstl. Versuche zum wirtsch. Wiederaufbau d. Pfalz 1648 bis 1674 (Diss. Frankfurt 1932).

[7] J. DÜRICHEN, Geh. Kabinett u. Geh. Rat 1704–1720, N. Arch. f. sächs. Gesch. 51 (1930); W. HAHLWEG, Die Grundzüge d. Verf. des sächs. Geh. Kabinetts 1763–1831, Zs. f. d. ges. Staatswiss. 103 (1943); H. SCHLECHTE (Hg.), Die Staatsreform in Kursachsen (1958); ders., Pietismus u. Staatsreform 1762/63 in Kursachsen, in: Festschr. H. O. Meisner (1956).

[8] W. GRUBE, Der Stuttgarter Landtag (1957); E. HÖLZLE, Das alte Recht u. die Revolution, Württemberg 1789–1805 (1931); A. DEHLINGER, Württembergs Staatswesen in seiner geschichtl. Entwicklung 1 (1951) mit Lit.

[9] P. WICK, Versuche zur Errichtung des Absolutismus in der 1. H. d. 18.Jh. (1964); H. J. BALLSCHMIETER, A. G. v. Bernstorff u. d. mecklenb. Ständekampf 1680–1720 (1962).

[10] J. LAMPE, Aristokratie, Hofadel u. Staatspatriziat in Kurhannover. Die Lebenskreise der höheren Beamten an den kurhann. Zentral- u. Hofbehörden 1714–1760 (2 Bde. 1963); ferner E. STROBEL, Der Neuaufbau der Verwaltung u. Wirtschaft d. Mgfsch. Baden-Durlach 1648–1709 (Diss. Heidelberg 1935); F. SCHUH, Mgf. Christian Ernst u. die landständ. Verf. Bayreuths (Diss. Erlangen 1930); J. SAUER, Finanzgeschäfte d. Landgrafen v. Hessen-Kassel (1930); K. DÜLFER, Fürst u. Verwaltung, Grundzüge d. hess. Verwaltungsgesch. vom 16.–19.Jh., Hess. Jb. f. Ldsgesch. 3 (1953); R. PRIES, Das Geh. Regierungs-Conseil in Holstein-Gottorf 1716–1773 (1955); W. FLACH, Goetheforschung u. Verwaltungsgesch. (1952); W. HUSCHKE, Die Beamtenschaft d. weimar. Zentralbehörden beim Eintritt Goethes in den weimar. Staatsdienst, in: Festschr. H. Kretzschmar (1953).

[11] Vgl. die umfangreiche Lit.übersicht für die einzelnen Territorien bei F. HARTUNG, Dt. VG (⁸1964), S. 142. Dazu v. ARETIN (s. Kap. 9) passim; P. WENDE, Die geistlichen Staaten u. ihre Auflösung im Urteil d. zeitgenöss. Publizistik (1966).

Kapitel 19
Der aufgeklärte Absolutismus in Preußen und Österreich

Der aufgeklärte Absolutismus stellt eine folgenreiche Verbindung der umfassenden Sozialtheorie des Vernunftrechts mit der absolutistischen Staatspraxis dar. Er führt zu einer *Reformbewegung*, die sich im Sinne des wohlwollenden Absolutismus (»benevolent despotism«) gegen die dogmatische kirchliche Verhärtung, gegen das veraltete Recht und Rechtssystem wendet und für die entdeckte Menschenwürde des Untertanen eintritt. Sie rüttelt in Österreich mehr als in Preußen an den Grundlagen der ständischen Staatsgesellschaft des Absolutismus, ohne sie aber wirklich zu überwinden oder überwinden zu wollen. In Preußen bringt das Allgemeine Landrecht zu Ende der Epoche eine Neukonstituierung des Systems der Stände bei freiheitlicheren

Tendenzen für den einzelnen, während in Österreich die ungewöhnliche Energie Josephs II. mit ihrem grundsätzlichen Kampf gegen die Stände in Überspannung der weitreichenden Reformen die Reaktion auf den Plan ruft. Die Hoheit des Staates wurde von keinem der aufgeklärten Fürsten in Theorie und Praxis verleugnet, die autoritäre Regierungsform von keinem aufgegeben.

Friedrich II. nahm frühzeitig das aufklärerische Gedankengut in sich auf und handelte während seiner ganzen Regierung als aufgeklärter Monarch[1]. Die *Regierungsorganisation* seines Vaters ließ er im wesentlichen bestehen, ergänzte sie nur durch Gründung neuer Realdepartements (s. Kap. 17). Seine Instruktion für das Generaldirektorium von 1748 jedoch *tastete das kollegiale Prinzip* der Behörde *an*, indem die neuen Departements-Minister eine Sonderstellung durch eigenverantwortliche Verwaltung erhielten. Die neu erworbene Provinz Schlesien wurde dem König direkt unterstellt und von einem Provinzialminister außerhalb des Generaldirektoriums verwaltet. Mit der Errichtung einer in allen Provinzen zuständigen Verwaltungsbehörde für die französische Regie wurde im Rahmen des Generaldirektoriums ein Generaldepartement begründet, das eigene Provinzialbeamte besaß. In den späteren Jahren hat Friedrich II. die kollegiale Einheit weiterhin aufgelöst, indem er Sitzungen des Plenums nach Möglichkeit inhibierte und mit jedem Minister einzeln verkehrte[2]. Friedrich Wilhelm II. versuchte durch die Instruktionen von 1786 die alte kollegialische Verfassung im Sinne Friedrich Wilhelms I. wiederherzustellen und eine Verbindung mit der Zentralisation im Kabinett einzuführen. Durch die Interimistische Instruktion von 1798 hat dann Friedrich Wilhelm III. die Auflösung der Einheit als notwendige Folge eines zu umfangreichen Arbeitsgebietes anerkannt, aber daraus nicht die endgültige Beseitigung des kollegialen Prinzips gefolgert. Nur gewisse Schwächen wurden behoben, und erst unter dem Druck der diplomatischen und militärischen Niederlage und mit dem Zusammenbruch der alten Zivilverwaltung erfolgten die grundlegenden Reformen des 19. Jh.[3].

Friedrich II. hat bereits in den ersten Tagen seiner Regierung die Folter grundsätzlich abgeschafft; seine Reformtätigkeit wandte sich zunehmend der *Justiz* zu, dem Straf- wie dem Zivilrecht, dem Prozeßverfahren wie der Gerichtsorganisation[4]. Der Großkanzler Cocceji vereinfachte die provinzialen Rechtsverhältnisse durch die Schaffung eines einzigen Obergerichtes, während auf der zentralen Ebene das Berliner Obertribunal als oberstes Gericht für alle galt, denn 1746 hatte der König ein unbeschränktes »privilegium de non appellando« für seine gesamten Länder erworben. Die Reform erstreckte sich auch auf die Personalia, indem alle Richter nach Überprüfung mit ausreichendem, festem Gehalt angestellt wurden, während die Beteiligung an den Sporteln fortfiel. In der Unterinstanz, den Stadt- und Patrimonialgerichten, durfte die Rechtsprechung nur noch durch staatlich geprüfte Justitiare geübt werden; die Prozesse zwischen Gutsherr und Bauer wurden sichergestellt. Die neue Prozeßordnung, der ›Codex Fridericianus‹, gestattete eine schnellere Erledigung. Die von Cocceji und dem König erstrebte Abschaffung der Kammerjustiz konnte nicht durchgesetzt werden, aber es fand eine Einschränkung durch das Ressortreglement von 1749 statt. Für noch späterhin auftretende Kompetenzkonflikte wurde 1756 eine Jurisdiktionskommission des Generaldirektoriums gebildet[5].

Gerade in dieser Rechtsreform, bei der der König auf Eingriffe in die private Rechtssphäre völlig verzichtete, zeigt sich die *Staatsauffassung* des aufgeklärten Absolutismus[6]. Während noch Friedrich Wilhelm I. die Krone, die Dynastie als das Oberste betrachtete, dem er verpflichtet war, hat Friedrich d. Gr. den Staat dafür angesehen. Erst durch ihn und seine kriegerischen Erfolge sind die »Königlich-preußischen Staaten« über Offizierkorps und Beamtentum hinaus zu einer Einheit zusammengewachsen. Im Sinne der Aufklärung hat Friedrich wie auch später Joseph II. sich als ersten Diener des Staates bezeichnet, um damit das öffentliche Pflichtideal zu dokumentieren, das ihn nicht nur den Interessen der Krone, sondern dem Wohl der Gesamtheit – im königlichen Verständnis – dienen ließ. Macht und Gewalt bleiben »absolut«, aber der tiefere Sinn ihrer Ausübung soll in den Rücksichten auf das Volk liegen. Daher schärft Friedrich d. Gr. seinen Beamten ein, nicht nur das Staatsinteresse, sondern das »Aufnehmen« des ganzen Landes und die Konservation der Untertanen im Auge zu haben. Das Beamtentum wurde mit den fortschrittlichen Ideen des aufgeklärten Despotismus vertraut[7].

Das *Allgemeine Landrecht* (ALR) für die preußischen Staaten vom 1. Juni 1794, dessen Entwürfe seit 1781 bekanntgemacht und von der Gesetzeskommission der Stände mitberaten wurden, gab diesem neuen Geist klaren Ausdruck[8]. Die Domänen sind Staatseigentum im Gegensatz zum Domänenedikt Friedrich Wilhelms I. von 1713, das aus ihnen einen unveräußerlichen Familienfideikommiß des Hauses Hohenzollern gemacht hatte. Die Beamten können nicht mehr vom König jederzeit entlassen werden, sondern die Gesamtheit der Minister entscheidet darüber. Die Prinzipien zur rechtsstaatlichen Entwicklung werden verkündet. Zugleich zeigt das ALR eine gewisse Erstarrung. Die strenge Gliederung der ständischen Staatsgesellschaft wird aufrechterhalten. Wirtschaftliche Betätigung und Berufsausübung bleiben an die Ordnung der Ständegesellschaft gebunden. Das wirtschaftliche und geistige Leben ist der staatlichen Bevormundung unterworfen. Die sozialen Grundlagen des damaligen preußischen Militärstaates verboten es, letzte Konsequenzen im Sinne einer modernen Konstitution zu ziehen, wenn man nicht die gesellschaftlichen Verhältnisse selbst ändern wollte.

Der Geist der Zeit, die Aufklärung, schritt über die polizeistaatliche Praxis fort und forderte eine Änderung der Sozialverfassung. Aber diese Reformen wurden nicht verwirklicht[9]. Die ständische Gliederung und die Privilegierung des Adels verhinderten die notwendige Erhöhung der Staatssteuern und die Anpassung der bäuerlichen Verhältnisse. Aufhebung der Erbuntertänigkeit und Ablösung der Frondienste wurden allein auf den Domänen durchgeführt. Der überkommene Aufbau der Heeresverfassung, Werbung und Befreiung der bevorzugten Schichten vom Kantonsystem blieb erhalten, obwohl das eine nicht mehr durchführbar und das andere nicht mehr gerechtfertigt war.

Die Aufklärung drang in *Österreich* später als in Preußen, dann aber auch schärfer durch. Waren die Reformen unter Maria Theresia zunächst noch im Sinne der Vereinfachung und Zentralisierung der österreichischen staatlichen Verwaltung unternommen, so wurden die Verfassungsänderungen unter *Joseph II.* grundsätzlich im Sinne der Aufklärung und der naturrechtlichen Lehren, in denen er erzogen worden war[10], durchgeführt[11]. Die Idee der natürlichen Freiheit und Gleichheit aller Menschen beherrschte Joseph II. so, daß er die Vorrechte des Adels in jeder Form abschaffte. Bei seinem Regierungsantritt bestätigte er die Freiheitsbriefe der Stände nicht mehr und verzichtete auch auf eine Huldigung. Er veränderte die historisch gewordenen Ländergrenzen zugunsten von rational begründeten Gouvernements. Die Selbstverwaltung der

Städte wurde durch den Wahlkommissar beseitigt, während die politischen Funktionen der Grundherrschaft durch die Kreisämter eine erneute Einschränkung erfuhren. Die Verwaltung wurde weiterhin zentralisiert, indem die böhmisch-österreichische Hofkanzlei, die Hofkammer und die Ministerialbankdeputation zur »Vereinigten Hofstelle« zusammengelegt wurden. Auf der einen Seite wurde die Polizei als staatliche Vollzugsgewalt besser organisiert, auf der anderen Seite wiederum die Zensur gemildert. Im ganzen zielten alle Anordnungen und Reformen auf die Bewirkung der *höchsten Effizienz* in Staat und Wirtschaft, Kultur und Kirche. Alle Untertanen sollten wie der Monarch jederzeit im Dienst des Staates stehen. Die dem Absolutismus verwandte Sozialdisziplinierung aller gesellschaftlichen Schichten und politischen Institutionen ist von Joseph II. zu einem Höhepunkt geführt worden.

Die *Gleichstellung aller vor dem Gesetz* und die Regulierung des gutsherrlich-bäuerlichen Verhältnisses (1781) brachte die *persönliche Freiheit* und sorgte für Ablösung der Robotdienste. Seit 1775 hatten die Bauern auf den königlichen Besitzungen durch Ankauf das vollständige Eigentum erlangt; die Robot war mit Geld abgelöst worden. Damals leisteten die Gutsherren zähen Widerstand gegen die von Maria Theresia geplante allgemeine Bauernbefreiung, die Joseph II. dann ohne Befragen der Stände aus eigener Machtvollkommenheit verordnete. Die Steuerverordnung von 1789, die Herren- und Bauernland gleich besteuerte, wurde angesichts der drohenden Revolution der Grundherren von Josephs Nachfolger wieder aufgegeben. Weitere Maßnahmen Josephs II. betrafen den Bauernschutz und erstrebten Verbesserungen für Industrie, Gewerbe und Handel; teilweise wurde die Zolleinheit erreicht.

Die *kirchlichen Reformen*, die mit der Aufhebung der Steuerfreiheit des Grundbesitzes der Geistlichkeit begannen, führte Joseph II. in einem streng absolutistischen Sinn durch. Die Kirche sollte eine staatlich gelenkte Erziehungs- und Polizeianstalt werden. Päpstliche Breven und Bullen mußten vor der Veröffentlichung durch die Regierung genehmigt werden, die Klöster wurden weitgehend säkularisiert, Ausbildung und Besoldung der Priester übernahm der Staat ebenso wie das gesamte Schulwesen[12]. Lutheranern, Calvinisten und Orthodoxen gestattete das *Toleranzedikt von 1781* private Religionsausübung. Die allgemeinen Reformen, die der Josephinismus entwickelte, waren in ihrem Grundgedanken durchaus zeitgemäß und berechtigt, aber Überstürzung und Überspannung zwangen seine Nachfolger zur Zurücknahme vieler Maßnahmen.

Josephs Bruder *Leopold II.* war gleichfalls aufgeklärter Absolutist; er beschäftigte sich bereits mit der amerikanischen Verfassung, der er theoretisch als »Konstitutionalist« zustimmte[13]. Er ging gleichsam über Joseph II. hinaus, wenn er auch dessen Erlasse, besonders in Ungarn, rückgängig machte und damit die verfassungspolitischen Unruhen dämpfte. Er verselbständigte die Hofkammer wieder, hob die zu weitgehende Zentralisation von Verwaltung und Finanz auf, kollegialisierte die Behörden. Das Mißtrauen des Monarchen gegen alle, auch seine engeren Ratgeber, stärkte das polizeistaatliche Element im modernen Sinne des Wortes. Es wurde schließlich zu einem Charakteristikum des österreichischen Staates für die Zeit in und nach der Französischen Revolution.

[1] A. BERNEY, Friedrich der Große. Entwicklungsgesch. eines Staatsmannes (1934).

[2] Quellen: Acta Borussica (s. Kap. 17, Anm. 1). Darst.: ROSENBERG (Kap. 17, Anm. 16); HAUSSHERR (Kap. 15, Anm. 8); ders., Provinz u. Staat in der altpreuß. Finanzwirtschaft, in: Festg. F. Hartung (1958); W. MERTINEIT, Die friderician. Verwaltung in Ostpreußen (1958).

[3] E. RUPPEL-KUHFUSS, Das Generaldirektorium unter Friedr. Wilh. II. (1937); I. C. BUSSENIUS, Die preuß. Verwaltung in Süd- u. Neuostpreußen 1793 bis 1806 (1960); dies., Urkunden u. Akten z. Gesch. d. preuß. Verwaltung in Südpreußen und Neuostpreußen 1793 bis 1806 (1961).

[4] DW[9] 2550 u. 12498 f.; Eb. SCHMIDT, Rechtssprüche u. Machtsprüche d. preuß. Könige im 18. Jh. (1943).

[5] RÜFNER (Kap. 17, Anm. 14).

[6] F. LUCKWALDT, Friedrichs d. Gr. Anschauungen von Staat u. Fürstentum, in: Festschr. A. Schulte (1927); W. DILTHEY, Ges. Schriften 3 (1927); F. HARTUNG, Der aufgeklärte Absolutismus, in: Staatsbildende Kräfte u. NZ (1961); E. SCHMIDT, Staat u. Recht in Theorie u. Praxis Friedrichs d. Gr., in: Festschr. A. Schultze (1936).

[7] H. BRUNSCHWIG, La crise de l'Etat Prussien à la fin du XVIIIe siècle (1947).

[8] Die Beschäftigung mit dem ALR ist durch die Publikation der ›Vorträge über Recht und Staat von Carl Gottlieb Svarez‹, hg. v. H. CONRAD u. G. KLEINHEYER (1960), neu angeregt worden. Svarez war neben E. F. Klein der Schöpfer des ALR und hielt die Vorträge dem Kronprinz. Friedr. Wilh. (III.) 1791/92. Sie zeigen den geistigen Hintergrund des ALR. Vgl. H. CONRAD, Die geistigen Grundlagen des ALR von 1794 (1958); ders., Das ALR als Grundgesetz d. friderizian. Staates (1965); Kritik des ALR vom marxist. Standpunkt U. J. HEUER, ALR u. Klassenkampf (1960). Die Frage des Rechtsstaats, der Menschen- u. Grundrechte usw. wird lebhaft diskutiert: G. KLEINHEYER, Staat u. Bürger im Recht. Die Vorträge des C. G. Svarez (1959); H. CONRAD, Rechtsstaatl. Bestebungen im Absolutismus Preußens u. Österreichs am Ende d. 18. Jh. (1961); ders., Das ALR als Grundgesetz d. friderizian. Staates (1965); G. BIRTSCH, Zum konstitutionellen Charakter des preuß. ALR, in: Festschr. Th. Schieder (1968); ders., Gesetzgebung u. Repräsentation im späten Absolutismus, HZ 208 (1969). Birtsch arbeitet an einer größeren

Studie zum ALR. Bei Conrad auch die ältere Lit. DILTHEY, THIEME usw.

[9] H. HÜFFER, Die Kabinettsreg. in Preußen u. J. W. Lombard, Ein Beitr. z. Gesch. d. Preuß. Staats, vornehml. 1797 bis 1810 (1891); ders., A. L. Mencken u. die Kabinettsreg. in Preußen (1891); O. HINTZE, Preuß. Reformbestreb. vor 1806, HZ 76 (1896), auch in dess. Ges. Abh. 3 ([2]1967); G. RITTER, Stein, Bd. 1 (1931); L. HELLWIG, Gf. Schulenburg-Kehnert unter Friedr. Wilh. III. (1936).

[10] Vgl. die Vorträge zum Unterricht des Erzhg. Joseph (II.) im Natur- u. Völkerrecht: H. CONRAD (Hg.), Recht u. Verf. des Reiches in d. Zeit Maria Theresias (1964); dazu ders. in: Die Entstehung d. mod. souveränen Staates, hg. v. H. H. HOFMANN (1967).

[11] Die entsprechenden Dokumente Josephs von 1761 u. 1765 bei A. v. ARNETH, Maria Theresia u. Joseph II. Korrespondenz, Bd. 1 (1867), S. 1 ff., u. Bd. 3 (1868), S. 335 ff.; A. MENZEL, Joseph II. u. das Naturrecht, Zs. f. öff. Recht 1 (1920); E. WALDER, Zwei Studien über d. aufgeklärten Absolutismus, Schweiz. Beitr. z. allg. Gesch. 15 (1957), S. 134 ff.; P. MÜLLER, Der aufgeklärte Absolutismus, Schweiz. Beitr. z. allg. Gesch. 15 (1957), S. 134 ff.; P. MÜLLER, Der aufgeklärte Absolutismus in Österreich, Bull. Int. Comm. Hist. Sciences 9 (1937).

[12] E. WINTER, Der Josefinismus u. seine Gesch. ([2]1962); F. VALJAVEC, Der Josephinismus ([2]1945); F. MAASS, Der Josephinismus. Quellen 1760–1850 (5 Bde. 1951–1961). Winter beurteilt die Maßnahmen Josephs als Reformkatholizismus, Valjavec als allg. Geistesbewegung u. Maaß als aufklärerisches Staatskirchentum. E. ZÖLLNER, Bemerkungen zum Problem der Beziehungen zw. Aufklärung u. Josephinismus, in: Festschr. H. Hantsch (1965).

[13] A. WANDRUSZKA, Leopold II. (2 Bde. 1963–65).

C. Reichs- und Landesstädte

Kapitel 20
Wandel der Stadtverfassung
zwischen Ständestaat und Absolutismus

Während die frühneuzeitliche Verfassungsgeschichte die Territorien zu ihren eigentlichen Studienobjekten gemacht hat, standen die Reichsstädte und besonders die Landesstädte zumeist im Schatten der Forschung; erst seit jüngster Zeit gibt es auch Untersuchungen über ihre Entwicklung nach 1500.

In der Wormser Reichsmatrikel von 1521 werden 85 Freie und Reichsstädte aufgezählt, indessen waren es nur noch etwa 68. Die Bezeichnung *Freie und Reichsstädte* weist auf eine ältere Unterscheidung hin, die bald ihre reichsrechtliche Bedeutung verlor. Ursprünglich waren die Freien Städte Bischofsstädte, die sich gegen ihren bischöflichen Landesherrn selbständig gemacht hatten, während die Reichsstädte stets dem Kaiser als Stadtherrn huldigten und sich unmittelbar dem Reich zugeordnet fühlten. Kaiser Siegmund hatte sich in der ersten Hälfte des 15. Jh. auf die Städte zu stützen versucht und nicht nur die eigentlichen älteren Reichsstädte wie Nürnberg, Ulm, Rothenburg, Frankfurt, Aachen, Dortmund, Mühlhausen, Goslar oder Lübeck an sich herangezogen, sondern auch die großen freien Bischofsstädte am Rhein und an der Donau wie Köln, Speyer, Worms, Basel, Augsburg, Regensburg und einen Teil der bedeutenderen und ziemlich selbständigen Hansestädte wie Hamburg, Bremen, Rostock, Stralsund, Lüneburg, Stade, Göttingen und Braunschweig in die Reichsmatrikel aufgenommen bzw. zum Reichstag eingeladen. Von der letzten Städtegruppe wurden im Laufe des 16. und 17. Jh. einige wie Rostock, Stralsund, Lüneburg, Stade, Göttingen vom Landesherrn Schritt für Schritt oder wie Braunschweig schließlich mit militärischer Gewalt unterworfen. Hamburg und Bremen kämpften um ihre Reichsstandschaft. Gegen Ende des Reiches war die Zahl der Reichsstädte auf 51 zusammengeschmolzen. In der Städtekurie des Reichstags gab es zwei Bänke, die rheinische Bank mit 14 und die schwäbische Bank mit 37 Mitgliedern. Die Mehrzahl der Reichsstädte lag also in Süddeutschland; es waren viele kleinere und unbedeutende darunter. Der Reichsdeputationshauptschluß von 1803 mediatisierte alle Reichsstädte bis auf sechs.

Der *Kaiser* griff bei inneren Wirren in die Verfassungsverhältnisse der Reichsstädte[1] ein; er schickte durch den Reichshofrat legitimierte und instruierte Kommissionen oder Exekutionsausschüsse in die Städte. Karl V. hat nach seinem Sieg im Schmalkaldischen Krieg in etwa 25 zumeist evangelischen Reichsstädten, zuerst in Augsburg und Ulm, das Zunftregiment abgeschafft und patrizische Geschlechterräte eingesetzt, um den alten Glauben zwangsweise sicherzustellen[2]. Teilweise wurden die Stadtverfassungen später wieder geändert, überwiegend blieb die Gewalt der fünf Geheimen Räte als Ausschuß des Kleinen Rates erhalten. Im weiteren Verlauf der Neuzeit, zumal im 18. Jh., sind sehr oft kaiserliche Kommissionen bei Streitigkeiten in den Reichsstädten tätig geworden, z. B. Hamburg 1708–1712 oder Frankfurt am Main 1727–1732, beide mit Rezessen abschließend, die die neue Stadtverfassung festlegten. Die Reichsstädte blieben der kaiserlichen Gewalt eng verbunden.

Die Entwicklung von *Hamburg* ist ein Sonderbeispiel für eine Stadt, die erst spät Reichsstadt wurde. Rat und Bürgerschaft der Hansestadt hatten im Spätmittelalter eine große Freiheit von ihren Landesherren, den holsteinischen Grafen, erreicht. Die von Kaiser Siegmund begonnene Städtepolitik erlaubte es dem Hamburger Rat, das Reich gegen den dänischen König als Nachfolger der Grafen von Holstein auszuspielen – nicht zuletzt mit dem Ziel, frei von jeder Steuerzahlung zu bleiben. Erst als Anfang des 17. Jh. König Christian IV. die Oberhoheit eindeutig beanspruchte, erwirkte der Hamburger Senat 1618 ein Reichskammergerichtsurteil, das die Reichsstandschaft anerkannte. Dennoch beugte Christian im Steinburger Vergleich 1621 Hamburg unter die dänische Oberhoheit. Erst 150 Jahre später nach mannigfachen, auch militärischen Unterwerfungsversuchen erkannte Dänemark Hamburg endgültig als Reichsstadt an.

Die Reichsstädte schufen sich z. T. ein umfassendes *Stadtgebiet*, so Nürnberg, Ulm, Rothenburg, Straßburg, Rottweil[3]. Straßburg und Nürnberg unterhielten sogar städtische Universitäten. Die in gezielter Stadterweiterung zusammengebrachten Territorien wurden wie unterworfene Gebiete beherrscht, und der Satz »Stadtluft macht frei« galt nur im engsten Sinne des Wortes.

Rat und Bürgermeister bildeten die städtische *Obrigkeit* und übten die Landeshoheit aus, die seit der Reformation auch das Recht umschloß, den Glauben zu bestimmen. Der Augsburger Religionsfriede schränkte an manchen Orten das ius reformandi zugunsten der Parität der beiden in der Stadt vorhandenen Bekenntnisse ein. Der oder die Bürgermeister wurden vom Rat bestellt. Der Rat ergänzte sich zumeist selbst durch Kooptation aus bestimmten Familien, wobei der Begriff des Patriziats sehr vieldeutig ist[4]. Im Süden Deutschlands hatte nach den Zunftrevolutionen des Spätmittelalters bis zum Eingreifen Karls V. die Zunftverfassung vorgeherrscht, die im Gegensatz zur älteren patrizischen Ratsverfassung des Nordens eine Erweiterung des beschränkten Kreises der ratsfähigen Familien, zumindest aber durch Hinzuziehung der Zünfte eine Neufestsetzung des aktiven Wählerkreises gebracht hatte.

Die politische Gliederung der *Bürgerschaft* zeigt sehr verschiedene Prinzipien. Die Hamburger Bürgerschaft[5] war nach vier, später fünf Kirchspielen gegliedert; die kirchlichen Gemeinden bildeten zugleich die weltlich-politische Organisation. Ihre Vertreter, die Oberalten, und die bürgerlichen Kollegien sowie die Ausschüsse repräsentierten die erbgesessene Bürgerschaft, die sich in Bürgerkonventen versammelte. In Lübeck dagegen waren die Kaufleute in Korporationen, die Handwerker in Ämter (= Zünfte) eingeteilt; beide traten als politische Institutionen in Erscheinung wie in Süddeutschland besonders die Zünfte. Auch die geographische Stadteinteilung nach Vierteln oder Quartieren konnte für die politische Vertretung von Bedeutung werden. Viertelsmeister sind in vielen Reichs- wie auch in den Landesstädten vorhanden. Der Rat Lübecks, dessen Geschichte neuerdings untersucht ist[6], wandte sich an die Kollegien der Bürgergemeinde; vier große Gruppen sind zu unterscheiden: die Ämter der Handwerke, die gewerblich-kaufmännischen Korporationen, die Fahrerkollegien der Kaufleute und die beiden Gesellschaften der führenden Geschlechter der Stadt, die Zirkel- oder Junkerkompanie und die Kaufleutekompanie.

In manchen Reichs- wie auch Landesstädten stehen die Kämpfe um eine Beteiligung der Bürgerschaft an der Stadtregierung in offensichtlicher Parallele zu den Kämpfen der Landstände gegen den Landesherrn. Fast durchgängig entzündeten sich die Auseinandersetzungen an der Notwendigkeit, neue Steuern durch die Bürgerschaft bewilligt zu erhalten. Das

Steuerbewilligungsrecht führte zu Forderungen der Bürgerschaft, über die Finanzen und Abtragung der Schulden mitzusprechen, zumindest eine Kontrollfunktion über Steueraufbringung und -verwaltung auszuüben. Auch Mißstände der Korruption, Rechtsverletzungen und hochpolitische Angelegenheiten wie Entscheidung über Krieg und Frieden waren Gründe zur bürgerlichen Mitsprache. Da der Rat der Städte sich im Sinne der allgemeinen absolutistischen Zeittendenz entwickelte, griff die Bürgerschaft in ihren Schriftsätzen wie die Landschaft gegen ihren Fürsten auf die antiabsolutistische Lehre der Monarchomachen zurück, besonders auf die ›Politik‹ des Johannes Althusius von 1603.

Nur an wenigen Orten vertrat die Bürgervollversammlung die Rechte der Gemeinde, vielmehr wurden fast überall *Ausschüsse* gebildet, die in einer zeitlich und numerisch verwirrenden Vielzahl existierten. Jede Stadt hat ein anderes Gesicht bei diesen nach der Anzahl der Mitglieder benannten Ausschüssen, den 24er, 32er, 48er, 52er usw. Eine ständige Unruhe bestand in vielen, besonders den größeren Städten, während die kleineren von politisch-sozialen Spannungen verschont blieben. In der zweiten Hälfte des 17. Jh. kam es z. B. in Hamburg zum zeitweiligen Übergewicht der Bürgerschaftsvertretungen, was schließlich zur Niederlage des Rates und zu einer völligen Anarchie führte. Der kaiserliche Hauptrezeß von 1712 schuf eine neue Ordnung. Hier und anderswo führten benachbarte Territorialfürsten die militärische Exekution der Reichskreise durch, um der kaiserlichen Kommission Gewalt und Autorität zu verschaffen. Vielfältig sind die Motive und Hintergründe der innerstädtischen Auseinandersetzungen gewesen; verfassungs- und steuerpolitische sowie wirtschaftliche Fragen waren miteinander gekoppelt.

Keineswegs war der Bewohner der Reichsstadt ohne weiteres auch Bürger – in Augsburg[7] zählte man bei 30000 Einwohnern im 18. Jh. nur etwa 6000 Bürger –, doch forderte man, daß jeder, wie es hieß, der Feuer und Rauch hält, das *Bürgerrecht* erwerben müsse. Die Hamburger Ratsverordnung von 1611 verpflichtete den Bürgersohn zum Erwerb des Bürgerrechts, das also durchaus nicht in allen Städten erblich war. Das Bürgerrecht, das mit einer Kaufsumme verbunden war, bildete die Voraussetzung für die selbständige wirtschaftliche Betätigung. Teilweise wurden sogar die niederen Schichten zum Erwerb des Bürgerrechts veranlaßt, die sonst als Einwohner oder Beisitzer außerhalb der eigentlichen Bürgergemeinde standen. In der zweiten Hälfte des 16. Jh. versuchte z. B. der lübische Rat, die Arbeiter, Tagelöhner usw. wegen der Verteidigung der Stadt in den Bürgerstatus zu zwingen; seit 1586 konnte hier ein Nichtbürger weder eine Wohnung mieten noch eine Ehe schließen. Die Lübecker Ratsverordnung von 1611 unterschied zwischen sogenannten Vollbürgern und einer Gruppe von geschworenen Einwohnern, die gegenüber der Stadt zu Treue und Gehorsam verpflichtet waren. Die süddeutschen Reichsstädte hielten bei der jährlichen Neuwahl des Rates den Schwörtag. In der Oberschicht der Räte vollzog sich vielfach gegen Ende des 16. Jh. ein Strukturwandel, indem die reichsten Familien auf die erworbenen Landgüter außerhalb der Stadt zogen und von den Einkünften ihres ländlichen Besitzes lebten. Zwischen der kaufmännischen Mittelschicht in der Stadt und diesen Familien auf dem Land entstand bald eine Kluft, aber die älteren Ratsgeschlechter behielten trotz mancher Auseinandersetzungen das Stadtregiment in der Hand.

Das große Thema der neuzeitlichen Verfassungsentwicklung der landsässigen Städte ist die beständig fortschreitende, oft auch mehr oder weniger gewaltsame *Unterwerfung der Stadt unter den Landesherrn.* Darin unterscheiden sich die deutschen Städtelandschaften der Neuzeit, die mit den Landesstaaten im wesentlichen übereinstimmen, nur wenig voneinander. Das zweite Moment, das die eigene innere Entwicklung der Städte bestimmt, ist der Zug zur Konzentration der Regierung, zur Betonung der Funktionen der Obrigkeit, zur gelenkten Wandlung des Bürgers in den Untertan. Der Abstand zwischen den großen Städten und der Masse der kleinen Städte vergrößerte sich.

Die Stadtformen in der Neuzeit, insbesondere die Neugründungen und Neustadt-Bildungen, kann man in verschiedene Typen ordnen[8]. Ich möchte als *Haupttypen* die Bergstädte, die Flüchtlingsstädte und die Residenzstädte herausgreifen.

Ende des 15., Anfang des 16. Jh. gaben neue umfangreiche Erzfunde von Zinn, Silber, Kupfer Anlaß zu *Bergstadtgründungen* wie Altenberg, Schneeberg, Annaberg im sächsischen Bereich. Annaberg erhielt 1497 das große Privileg, wonach Richter und Geschworene für das Niedergericht von den Bürgern gewählt wurden. 1508 hatte es bereits 6000 Einwohner, 1540 schon 12000 – für damalige Verhältnisse eine Großstadt. Auch das 1521 gegründete Marienberg (großes Stadtprivileg 1523)

gehörte mit 4000 Einwohnern um 1550 zu den größeren kursächsischen Städten, während Joachimsthal, vom Grundherrn
Grafen Schlick 1515 gegründet, 1533 mit 18000 Einwohnern zu
einer der größten Städte Mitteleuropas anwuchs. Im sudeti-
schen Erzrevier entstanden so zwanzig Städte, aber auch in
Oberschlesien, im Oberharz und in anderen Gegenden gründe-
ten zumeist die Landesherren neue Stadtgemeinden.

Eine zweite Periode von Neugründungen ist verbunden mit
der Reformation und ihren Folgen, den großen *Exulantenbe-
wegungen* Europas. In protestantischen Gebieten wurden für die
Glaubensflüchtlinge neue Siedlungen angelegt und ältere belebt. Eines der bedeutendsten Beispiele ist *Neu-Hanau* (gegr.
1598–1601), dessen Stadtrechte in der »Kapitulation«, einem
Gründungsvertrag mit Calvinisten, genau bestimmt wurden[9].
Die Neustadt erhielt unter dem Vorsitz des gräflichen Schult-
heißen einen eigenen Rat; der Graf ernannte aus 32 vorge-
schlagenen Bürgern vier Bürgermeister und zwölf Ratsherren;
die Hälfte stand der städtischen Verwaltung vor. Schon im 16. Jh.
gründete Kurpfalz Otterberg, Frankenthal und Schönau neu,
während Emden, Wesel, Krefeld einen gewaltigen Zuwachs erlebten. In Norddeutschland entstanden zu Anfang des 17. Jh.
Glückstadt, Altona und Friedrichstadt. In diesen Städten wurde
den Flüchtlingen bestimmter Glaubensrichtungen vom Landesherrn Gewissens- und Kultfreiheit zugesichert, während
viele alte Städte sich dagegen sträubten. Die fürstliche Macht
dehnte diese Toleranz später auf weitere Richtungen und Sek-
ten aus. Wie sehr im Laufe des 17. Jh. dabei wirtschaftliche Momente in den Vordergrund traten, beweist die Aufnahme des
französischen Flüchtlingsstroms nach der Aufhebung des
Edikts von Nantes 1685.

Die Stadtverfassungen verbanden fürstliche Herrschaft mit
Selbstverwaltung und religiöser Freiheit. Das Privileg für
Neuwied, das 1653 Residenz wurde, gewährte Toleranz, Ge-
werbefreiheit, Wahl des Magistrats durch die Bürger; der Ma-
gistrat übte die niedere Gerichtsbarkeit aus, während das Hoch-
gericht dem Grafen unterstand, der den Schultheiß und den
Akzisemeister bestellte und über das Kriegswesen verfügte.
Die Akzise für Wein und Bier wie die Einnahmen aus den
Gerichtsbußen wurden zwischen Landesherrn und Stadt ge-
teilt. Die Baupolizei lag beim Magistrat. Die Häuser gräflicher
Beamter und des Adels waren frei von allen bürgerlichen
Lasten; diese Freihäuser blieben in allen Residenzen ein Pro-

blem der bürgerlichen Selbstverwaltung. Städtische Renten und Gefälle durften nicht verpfändet oder verkauft werden. Mit regionalen Abweichungen erfolgten im Ausgang des 17. Jh. in Brandenburg-Preußen, Hessen, Ansbach-Bayreuth entsprechende Ansiedlungen von Hugenotten.

Als dritte Gruppe heben sich die eigentlichen *Residenzstädte* heraus. An ihrer Spitze ist die Stadt des Kaisers, Wien, zu nennen (1620 30000 Einwohner, um 1750 175000). Ähnlich haben die Fürstensitze in Dresden, Bayreuth, München, Stuttgart, Heidelberg, Düsseldorf, Kassel, Hannover und Berlin auf die Stadtentwicklung anregend eingewirkt. Aus einer festen Burg wurde Wolfenbüttel in der zweiten Hälfte des 16. Jh. zur Fürstenstadt entwickelt, aber sie sank zur kleinen Landstadt zurück, als 1753 die Residenz nach Braunschweig verlegt wurde. In den Residenzen mit ihren Behörden griff der wachsende monarchische Militär- und Verwaltungsstaat in das Innere der städtischen Verfassung und Verwaltung ein und begrenzte die Selbstverwaltung oder hob sie praktisch auf. Die dynastischen, administrativen und militärischen Institutionen prägten auch das äußere Stadtbild. Alte Residenzstädte wie Speyer, Baden-Baden, Baden-Durlach, Stuttgart, Heidelberg wurden verlassen und neue wie Bruchsal (um 1700), Rastatt (1705), Karlsruhe (1715), Ludwigsburg (1708) gegründet oder Hof und Staatsverwaltung nach Mannheim verlegt. Das Privileg für Karlsruhe von 1715 gewährt Toleranz und eigenes Niedergericht neben verschiedenen wirtschaftlichen Vorteilen, sagt aber nichts über die bürgerliche Selbstverwaltung oder Gewerbefreiheit aus; die Stadt erscheint gleichsam als Gründung für das Schloß. Für Ludwigsburg ist bezeichnend, daß erst 60 Jahre nach dem Bau von Lateinschule, Zuchthaus, Tollhaus usw. das Rathaus entstand. Auch die Stadtmauer in Ludwigsburg diente nicht dem Schutz der Bürger, sondern war gegen die Deserteure der Garnison gerichtet.

Die Verfassungen der Residenzstädte, ob alte oder neue, zeigen die allgemeine Tendenz des frühmodernen Staates nach Bevormundung und Reglementierung, die Entmündigung städtischer Selbstverwaltung. Dies wird nicht allein durch Änderungen oder Nichtbestätigungen älterer Privilegien bewirkt, es geschieht vielmehr auf dem Wege beständiger stiller Verwaltungsarbeit. So ist in vielen Staaten die alte Ratsverfassung nicht grundsätzlich aufgehoben worden, dennoch erliegt die ganze Stadtverfassung und -verwaltung im Laufe der Neuzeit zunehmend den Eingriffen der landesherrlichen Gewalt. Dieser Wandel läßt sich bisher am eindrucksvollsten in den beiden großen Staaten Österreich und Brandenburg-Preußen verfolgen.

Die *Städte Österreichs* standen unter dem Landesherrn als Stadtherrn, sie gehörten zum größten Teil zum Kammergut, in dem der Herzog unabhängig von Mitwirkung oder Einspruch der Stände herrschte[10]. Stadtgericht und Rat versahen die Geschäfte der Rechtsprechung und Verwaltung; sie wurden beide mit Bürgern besetzt. Zwischen Gemeinde und Rat schoben sich als Verbindungsglieder Bürgerausschüsse, die sich später als äußerer Rat verfestigten. Der Rat bestand aus ca. zwölf Mitgliedern; das passive Wahlrecht lag in den Händen einer begrenzten, vermögenden Oberschicht. Ein Stadtanwalt, im 15. Jh. vom Herzog ernannt, sollte den Rat überwachen.

In Wien und Wiener Neustadt, Residenzstädten der Zeit, versuchte der Landesherr die Ratswahlen zu beeinflussen; er entsandte *Kommissare zur Eidesleistung oder zur Wahl.* 1496 befahl Maximilian I. im Modellfall Krems und Stein bei der Neuwahl, daß Bürgermeister und Richter vor der Regierung in Wien erscheinen und den Eid leisten. Nach der Stadtordnung von 1524 für beide Städte wählten die »Genannten«, 48 besitzende und angesehene Bürger, Bürgermeister und Richter, während Genannte und Gemeinde zusammen zwei Ratsherren aus dem und in den Rat wählten. In Wien wählten 200 Genannte Bürgermeister und Rat; die Regierung prüfte dabei Amtstauglichkeit und Nichtverschuldung der Gewählten. Der Stadtrichter in Wien wurde nicht mehr gewählt, sondern ernannt; der Rat ergänzte die den Wahlkörper bildenden Genannten. Nach der ständischen Opposition von 1520 und dem Wiener Neustädter Blutgericht von 1522, bei dem ein Bürgermeister Wiens hingerichtet wurde, erhielt die Hauptstadt 1526 eine neue Stadtordnung. Der vom Fürsten bestellte Stadtanwalt wurde zum Aufsichtsorgan. Die Bürgerschaft ist bei den Wahlen ausgeschaltet; auch die Handwerker sind von der Teilnahme an der Regierung der Stadt ausgeschlossen. Dagegen blieb in kleineren Städten wie Krems und Stein das Wahlrecht der Bürger schafterhalten. Im Zuge der Gegenreformation prüfte der Stadtanwalt die religiöse Zuverlässigkeit der Magistrate.

Die zu den städtischen Wahlen abgeordneten *Wahlkommissare* kamen aus der Landesregierung und gehörten den Regimentsräten an. In Wien, in Niederösterreich, in Oberösterreich griffen sie aufgrund ihrer Instruktionen in die städtische Geschäftsführung unmittelbar ein. Der Einbruch erfolgte über die Finanzen, während die Rechtsprechung zunächst unberührt blieb. Der Regimentsrat bereiste als Wahlkommissar alle zwei Jahre eine Gruppe von Städten, überwachte die Wahl, prüfte die Rechnungen, kontrollierte die ganze städtische Finanzwirtschaft. Er hatte genaue Berichte über Steuerrückstände und städtische Schulden zu geben. Der Stadtrat war nun an die Weisungen der Landesregierung gebunden. Der Verlust der städtischen Freiheit war mit der Rationalisierung der städtischen Verwaltung verknüpft. Zwar blieb der städtische Magistrat formell die gewählte Obrigkeit der Bürgergemeinde, de facto aber stellte er die unterste Instanz des staatlichen Verwaltungsapparates dar und wurde nach den theresianischen Reformen durch den Kreishauptmann beständig überwacht. Mit der josephinischen Reform wurde auch die Gerichtsbarkeit der Städte angetastet. Nach der Magistratsverfassung Josephs II. für Wien (1783), dem Vorbild für alle neuen Stadtverfassungen, bestand der Magistrat aus einem Bürgermeister, drei Ratsmännern und dem Syndikus, alle fünf gewählt durch einen Bürgerausschuß. Die Stadtverwaltung wurde jedoch dem Kreishauptmann als ihrem eigentlichen Leiter unterstellt.

Die Entwicklung in *Brandenburg-Preußen* zeigt einen ähnlichen Verlauf[11]. Die meisten der kurmärkischen Städte, darunter alle bedeutenden, unterstanden unmittelbar dem Landesherrn. Nur wenige waren Adelsgründungen (= Mediatstädte) wie die der Gänse zu Putlitz: Perleberg, Putlitz, Wittenberge; sie blieben aber meist klein und unbedeutend. Im Laufe des 15. Jh. hatten die Kurfürsten viele Städte zur Steuerzahlung gezwungen, am Ende des Jahrhunderts auch die altmärkischen Städte Stendal und Salzwedel. Wie schon in Berlin, in Neustadt Brandenburg und Frankfurt an der Oder ernannte nunmehr der Kurfürst die Ratsherren. Salzwedel, Stendal, Berlin, Frankfurt mußten im ersten Drittel des 16. Jh. aus der Hanse ausscheiden. Die Einführung der neuen indirekten Stadtsteuer, der *Akzise*, veränderte die Situation im 17. Jh. grundlegend. Der Dreißigjährige Krieg ruinierte die wirtschaftliche Lage der Städte, die Kontributionszahlungen für das wachsende Heer konnten nicht erbracht werden. Ratsherren und Bürgermeister bekämpften die Einführung der staatlichen Akzise in ihren Städten, während die Zünfte sie forderten und nach Unruhen erzwangen. 1680 machte der Kurfürst die seit 1667 erhobene

Akzise für alle Städte der Kurmark obligatorisch; sie wurde in den nächsten Jahrzehnten auf die anderen Provinzen übertragen. Der Akziseeinnehmer war landesherrlicher Beamter. Zollschranken schlossen die Städte von dem sie umgebenden Land ab.

In dem mächtigen Handelszentrum *Königsberg* in Preußen, bestehend aus den drei Städten Altstadt, Kneiphof und Löbenicht, nahmen Zünfte und Gewerke wie die allgemeine Bürgerschaft an den wichtigen Entscheidungen unmittelbar teil. Der Schöppenmeister von Kneiphof, Hieronymus Roth, führte die gesamtständische Opposition an, die nach 1660 die neue Souveränität des Kurfürsten im Herzogtum nicht anerkennen wollte. Der Einmarsch von Truppen besiegte den politischen Widerstand der Stadt und brachte die Verhaftung von Roth. Die Akzise in den Städten wurde eingeführt; kurfürstliche Eingriffe durch Taxordnung, Feuerordnung usw. engten das bisherige hohe Maß ständisch-korporativer Selbständigkeit im Herzogtum mehr und mehr ein.

Aber erst Friedrich Wilhelm I. brachte die Entwicklung zum Abschluß, indem er die Städte der militärisch-wirtschaftlichen *Kommissariatsverwaltung* unterstellte. Wie in Österreich erfolgte der staatliche Einbruch über die Unordnung der Finanzen, die starke Verschuldung und Mißwirtschaft der Räte. Die gewöhnliche Stadtverfassung sah drei Bürgermeister für Polizei, Justiz und Finanzverwaltung vor, der Rat umfaßte in der Regel nicht mehr als sechs Senatoren. Dazu kamen der Syndikus für die Justizsachen, der Kämmerer für die städtische Vermögensverwaltung und ein Stadtschreiber für die Kanzlei. In den mittleren und kleineren Städten war das gesamte Personal auf vier bis sechs Personen beschränkt. Polizei und Gericht blieben in den Händen des Magistrats unter staatlicher Aufsicht. Der Große Kurfürst erließ bereits 1687 in der Stadt Halle eine Regimentsordnung, die den Rat von 78 auf 26 Personen zusammenstrich; Brüder sowie Vater und Sohn sollten nicht gemeinsam im Rate sitzen. Dem engeren Rat in Halle, der für Verwaltung und Justiz zuständig war, gehörten die beiden Ratsmeister, zwei Worthalter (oder -führer) der Innungen und der gemeinen Bürgerschaft und die beiden Kämmerer an.

Auf der Grundlage dieser und anderer städtischer Verfassungen erfolgte die Reform Friedrich Wilhelms I. durch die Rathäuslichen Reglements, die Etats vorschrieben, Kassenordnungen für die Kämmereiverwaltung gaben, Polizeigesetzgebung und Geschäftsführung des Magistrats und seiner Beamten im einzelnen regelten. Die Reformen von 1722 ff. unterwarfen auch die Mediatstädte unmittelbar der Herrschaft des Steuerrates, die drei Städte Königsberg wurden zu einer Stadt vereinigt, neue Städte (*Akzisestädte*) als Mittelpunkte der neuen staatlichen Steuerpolitik in Ostpreußen und Westfalen gegründet[12]. Aber nicht nur der Steuerrat übte seinen Einfluß aus, neben ihm ließen es die Militärbehörden an Übergriffen und Brutalitäten nicht fehlen. So war die Stadt dem absolutistischen Staat eingeordnet.

Als unterstes Organ der Staatsverwaltung bereiste der *Steuerrat* (Commissarius loci) seinen Bezirk – zuständig für etwa sechs bis zwölf Städte –, um sich persönlich über die städtischen Verhältnisse zu informieren. Er übte eine allgemeine Dienstaufsicht über die Beamten der Akziseverwaltung und der Stadtbehörden aus, leitete und beaufsichtigte die städtische Polizei im damaligen weitesten Sinne des Wortes, sorgte für Maß- und Gewichtswesen, Bau- und Nahrungsmittelpolizei, Lebensmitteltaxen, Straßen- und Häuserbau. Zu seinen wesentlichen Aufgaben gehörte die Steigerung von Handel und Gewerbe; er griff tief in die Gewerke, Gilden und Zünfte ein. Die fiskalische und volkswirtschaftliche Tätigkeit des Steuerrates läßt allmählich die städtischen Magistrate zu staatlichen Behörden werden. Friedrich II. führte zwar die Wahl der Ratsmitglieder wieder ein und schied streng zwischen fiskalischem und kommunalem Eigentum (Kämmereirevision von 1743)[13], gleichwohl blieben die Städte in der Abhängigkeit seiner scharfen Bürokratie.

Betrachten wir zum Schluß kurz die deutschen *Städtelandschaften*[14]. In *Schlesien* führte die Gegenreformation zum ersten größeren Eingriff der österreichischen Staatsmacht in die Selbstverwaltung. Die freie Ratswahl in den dem Protestantismus zuneigenden Städten wurde aufgehoben und die Ratsfähigkeit auf Katholiken beschränkt; die Einsetzung von Königsrichtern als den eigentlichen Gewaltherren in der Stadt war jedoch eine vorübergehende Erscheinung. Erst mit der preußischen Zeit traten protestantische Mitglieder in die rein katholischen Ratskollegien ein, gleichfalls vom Staate befohlen. Schließlich wurden die Magistrate von den königlichen Kriegs- und Domänenkammern ernannt. Die Stadtverwaltung wurde staatlich-bürokratisch, und die ausgeschlossene Bürgerschaft verlor das Interesse[15]. Die schlesischen Grundherren übten in ihren Städten eine entsprechende Herrschaft aus.

Im *thüringischen* Raum ist wie im *sächsischen* zwischen den schriftsässigen und den amtssässigen Städten zu unterscheiden; die schriftsässigen unterstanden unmittelbar der landesherrlichen Kanzlei, während für die amtssässigen das lokale Amt zuständig war. Die letzteren strebten nach Ernennung zur schriftsässigen Stadt, um sich den unmittelbaren Eingriffen des Amtmannes entziehen zu können. In vielen Auseinandersetzungen zwischen Rat und Bürgerschaft traten die Bürgerausschüsse immer deutlicher als mitwirkende Institutionen in Erscheinung. Drei Ratskollegien amtierten wie auch in anderen Städtelandschaften in jährlichem Wechsel, wobei der sitzende (= regierende) Rat zwei ruhenden Räten gegenüberstand. Die Zünfte hatten im späten Mittelalter eine Mitwirkung im Rat erreicht. Der Bürgermeister wechselte gleichfalls jährlich, während der studierte Stadtschreiber der wichtigste ständige Beamte war. Die Viertelsmeister kontrollierten die Finanzverwaltung und vertraten die Bürgerschaft bei Prozessen gegen den Rat. Die meisten Städte besaßen die niedere Gerichtsbarkeit, nur wenige große, kapitalkräftige hatten die hohe Gerichtsbarkeit erworben; der Stadtrichter wurde vom Rat ernannt. Leipzig, Dresden, Freiburg, Annaberg, Chemnitz, Zwickau verfügten frei über Verwaltung, Finanzen und Gerichtsbarkeit. Die einzelnen Ratsverfassungen zeigen eine überraschende Vielfalt – sowohl was die Zahl der Ratsherren als auch was die Verwaltungsorganisation betrifft. Hier griff der Landesherr weniger ein als im benachbarten Brandenburg-Preußen.

In *Mecklenburg* nahmen die Seestädte Wismar und Rostock aufgrund ihrer wirtschaftlichen Macht eine Sonderstellung städtischer Freiheit ein. Die Hansestadt Rostock verteidigte im Bündnis mit dem Adel am längsten von allen nichtreichsfreien Städten ihre Unabhängigkeit – bis 1788 und darüber hinaus. Die übrigen Städte litten unter wirtschaftlichen Schwierigkeiten; schon die Polizeiordnung von 1514 versuchte, gegen das Handwerk und das Bierbrauen auf dem Lande einzuschreiten; auch der Getreidehandel wurde direkt vom Adel unter Umgehung des städtischen Kaufmanns betrieben. Die Entwicklung der Stadtverfassung zeigt mehr und mehr eine Beteiligung der Bürgerschaft, allerdings nicht durch Vollversammlungen, sondern durch die Viertelsmänner, die auch in der Kämmereiverwaltung ein Mitspracherecht besaßen, und durch Bürgerschaftsausschüsse. Der landesgrundgesetzliche Erbvergleich von 1755 brachte der Ritterschaft und nicht den Städten die beherrschende Stellung im Lande. Auch der Ständestaat Mecklenburg erlebte eine landesherrliche merkantilistische Städtepolitik, die die städtische Verfassung stark berührte. Die fürstliche Steuer-, Polizei- und städtische Kämmereikommission von 1763[16], teilweise nach preußischem Vorbild errichtet, beauftragte ihre Räte distriktsweise mit der Bereisung und Beaufsichtigung der 39 Städte. Abweichend von der preußischen Organisation wurde die *Steuer- und Städtekommission* nicht mit der Militärverwaltung verbunden. Gegenüber den sehr selbstherrlichen Bürgermeistern aktivierte die Kommission Bürgerausschüsse, ohne deren Zustimmung über kein Stadtgrundstück verfügt, kein neuer Bau aufgeführt, kein Holz geschlagen und kein Prozeß für die Stadt begonnen werden konnte; Rekurse dieser Bürgerausschüsse an den Herzog und die Regierung wurden sichergestellt. Die Verbesserung der städtischen Finanz- und Polizeiverhältnisse Mecklenburgs erfolgte nach dem Vorbild der absolutistischen Staaten Österreich und Preußen.

In *Niedersachsen* reichten die mittelalterlichen Zunftkämpfe bis ins 17. Jh., ohne die kleineren Städte sehr zu berühren; besonders große Auseinandersetzungen fanden in Braunschweig statt. Die Reichsstadt Goslar verlor seit der Mitte des 16. Jh. mehr und mehr an Bedeutung, nachdem sie die Berghoheit über den Rammelsberg an die welfischen Fürsten hatte abtreten müssen. Die wirtschaftlichen Grundlagen Lüneburgs durch den umfangreichen Salzhandel und Braunschweigs als Zentrum des Binnenhandels sicherten diesen Städten eine hohe Unabhängigkeit gegenüber den Landesherren, bis sie im 16. und 17. Jh. (Lüneburg 1576, Braunschweig 1671) unterworfen wurden[17]. *Göttingens* Entwicklung in der Neuzeit mag für die Einordnung einer ehemals starken und freien Hansestadt in den frühmodernen Staat als Beispiel dienen[18]. Der Landesherr nutzte den Kampf zwischen Rat und Gilden bzw. der gemeinen Bürgerschaft, um durch Rezesse in die Selbstverwaltung einzudringen. Die Gerichtssphäre wurde zusehends entkommunalisiert, das Kirchenregiment langsam an das herzogliche Konsistorium gebunden, mit ihm die kommunale Schulhoheit dem Rat entwunden. Nach 1655 sind die iura episcopalia über Kirchen, Schulen, Hospitäler und alle geistlichen Güter verstaatlicht; der Rat darf nur noch die entsprechenden Stellen mitbesetzen. 1664 wurde das der Stadt verpfändete Schultheißen-amt vom Fürsten eingelöst; seine Kompetenz weitete sich zur finanziellen Kontrolle und materiellen Unterordnung der all-gemeinen Verwaltung und Gerichtsbarkeit der Stadt. Seit Aus-gang des 17. Jh. sinkt der Rat zu einer fürstlichen Exekutiv-behörde ab, deren Kompetenz der Herzog genau festlegt; auch die Gilden werden fürstliche Institutionen. Durch Kommissare sorgt die fürstliche Zentralverwaltung für Kontrolle und strikten Gehorsam der Stadt.

Die Ratsverfassung der größeren Städte im *westfälischen* Raum zeigt den aus dem Patriziat jährlich erneuerten Rat, während in kleineren Städten die Handwerker frühzeitig Zu-tritt zu ihm erlangten. In den meisten Städten standen die Ver-treter der Gilden oder der Gemeinheit als erweiterter Rat neben dem engeren Rat und wirkten bei allen wichtigen Entschei-dungen mit. In Münster und Minden fanden schwere soziale Kämpfe statt. Dortmund allein erreichte den Status einer Reichsstadt, zeitweise auch Herford, das 1647 durch den Großen Kurfürsten zur Landsässigkeit gezwungen wurde. Münster strebte im 17. Jh. vergeblich nach der Reichsstand-schaft; es konnte aber mit Soest zusammen lange als Freie Stadt gelten, die keinerlei äußere Einwirkungen auf die inneren Verhältnisse erlitt. Die landesherrliche Macht leitete im 16. Jh. einen Umschwung ein. Auch hier führte die Gegenreformation zur Unterwerfung der protestantischen Städte, so Paderborn 1604, oder der münsterschen Stiftsstädte, deren »Rebellion« das Ligaheer 1622 niederschlug. Münster hatte mit dem Bischof und Domkapitel mehrere Kämpfe zu bestehen, besonders mit Bernhard von Galen, der es 1661 schließlich bezwang. Ein Teil der westfälischen Städtegeschichte – Neugründung von Akzisestädten – mündet in die preußische Städtegeschichte.

Die im *rheinischen* Raum überragende Reichsstadt Köln ging in der frühen Neuzeit wirtschaftlich stark zurück. Die früh-industrielle Entwicklung förderte im Aachener Gebiet Düren, Eschweiler, Stolberg, Eupen, Monschau. Auch im Bergischen Land entstand eine ganze Städtegruppe unter Protektion des Landesherrn. Diese Städte erlebten die wachsende Stärkung des Bürgermeisteramtes, das die Exekutive in der Hand hielt. Im Herzogtum Cleve wirkte wiederum der preußische Abso-lutismus ein.

Das Eintreten des kurmainzischen Neunstädtebundes für

die Sache der Bauern 1525 brachte die völlige Unterwerfung durch den Schwäbischen Bund und den Erzbischof, der 1527/28 durch neue Städteordnungen die früheren Stadtrechte weitgehend beschränkte. Im *mittelrheinischen* Gebiet wurden die zahlreichen Residenzen, Amts- und Verwaltungssitze, für die Entwicklung der kleineren Städte von Bedeutung. Mannheim (gegr. 1606, Privileg von 1652) war mit Religionsfreiheit, Gewerbefreiheit und Ratsverfassung ausgestattet; die Kriege Ludwigs XIV. brachten die totale Zerstörung. Als die Stadt 1720 **Residenz der Kurfürsten wurde, blühte sie wirtschaftlich** auf. Die vorderösterreichischen Städte im Breisgau unterlagen der Gesamtpolitik Österreichs. Freiburg, Breisach, Villingen behaupteten zwar ihre landständische Vertretung, sie wurden aber doch letztlich durch die vorderösterreichische Regierung gelenkt.

Der heutige *württembergische* Raum war wesentlich durch die Reichsstädte wie Ulm, Heilbronn, Esslingen, Reutlingen bestimmt; auch unter den wenigen Kleinstädten sind sechs Reichsstädte zu verzeichnen. Im Wechsel der Residenzstädte Stuttgart–Ludwigsburg–Stuttgart zeigt sich die Bedeutung des Landesherrn.

In der *bayerischen* Städtelandschaft waren die sogenannten sechs Hauptstädte unmittelbar den Regierungen bzw. dem Hofrat unterstellt[19]. Sie erwarben im 16. Jh. noch die Blutgerichtsbarkeit, während in den übrigen kleineren Städten die niedere Gerichtsbarkeit in den Händen des Magistrats lag. Das Stadtregiment bestand aus dem Bürgermeister und dem inneren und äußeren Rat, wobei die Zünfte oder die Bürgergemeinde einen mehr oder minder starken Einfluß ausübten. Der Stadt stand die selbständige Steuererhebung und -verwaltung, die Aufsicht über Handwerk und Gewerbe, Maß und Gewicht sowie die Verwaltung des gesamten, auch des kirchlichen Vermögens zu. Mit der Stadt- und Marktordnung von 1670 griff der Landesherr in die Selbstverwaltung der Städte zugunsten einer Landesregelung ein. In München galt weiterhin die Zunftverfassung von 1403, nach der der innere Rat zwölf, der äußere Rat 24 Mitglieder umfaßte; beide Ratsgremien wählten je einen Bürgermeister, der monatlich wechselte. Im Laufe des 16. Jh. wurde die Zahl auf sechs Bürgermeister erhöht. Die sogenannte Gemeinde, der angesehene, eine bestimmte Steuersumme zahlende Teil der Bürgerschaft, besaß das Recht der Steuerbewilligung, wurde aber immer stärker zurückgedrängt.

Die eigentliche Leitung der Stadt lag beim inneren Rat und seinem Bürgermeister. Nachdem München im 16. Jh. zur vornehmlichen Residenz der Herzöge geworden war, griff der Hof mit vielen Mandaten in die stadtherrlichen Rechte ein. Nach 1640 mußte die jährliche Stadtrechnung den staatlichen Behörden vorgelegt werden. Auch die geistlichen Fürsten wie in den Residenzstädten Freising und Passau prägten im 17. und 18. Jh. Stadtbild und Stadtverfassung, deren vielfältige Formenwelt in Deutschland nur angedeutet werden konnte.

Bibliogr. Grundwerk: E. KEYSER, Bibliographie zur Städtegesch. Dtlds. (1969). Das große Arbeitshandbuch ist das 13bändige Städtebuch, Hdb. städt. Gesch., hg. v. E. KEYSER. 1. Nordostdtld. (1939), 2. Mitteldtld. (1941), 3,1 Niedersächs. Städtebuch (1952), 3,2 Westfäl. Städtebuch (1954), 3,3 Rhein. Städtebuch (1956), 4,1 Hess. Städtebuch (1957), 4,2 a Bad. Städtebuch (1959), 4,2 b Württ. Städtebuch (1962), 4,3 Rheinland-Pfalz und Saarland (1964), 5,1–2 Bayer. Städtebuch (im Druck). Auf das Städtebuch und die Bibliographie muß hier generell verwiesen werden, es folgen deshalb nur wenige Anmerkungen.

[1] H. CONRAD, Die verfassungsrechtl. Bedeutung d. Reichsstädte im Dt. Reich etwa 1500–1806, Stud. Gen. 16 (1963); O. BRUNNER, Souveränitätsproblem u. Sozialstruktur in den dt. Reichsstädten d. frühen NZ, in dess. Neue Wege d. Verf.- u. Soz.gesch. ([2]1968); für die Gesch. d. Reichsstädte liegt in den Esslinger Studien (seit 1951) ein Jb. vor, das Literaturberichte bringt.

[2] E. NAUJOKS, Obrigkeitsgedanke, Zunftverf. u. Reformation. Studien zur VG um Ulm, Esslingen u. Schwäbisch Gmünd (1958).

[3] Zuletzt A. LAUFS, Verf. u. Verwaltung d. Stadt Rottweil 1650–1806 (1963); G. NEUSSER, Das Territorium d. Reichsstadt Ulm im 18. Jh. (1964); G. WUNDER, Das Straßburger Gebiet (1965); ders., Das Straßburger Landgebiet (1967).

[4] Dt. Patriziat 1430–1740, hg. v. H. RÖSSLER (1968).

[5] H. STEFFAHN, Die Hamburger Bürgerschaft im 15. u. 16. Jh. (Diss. Hamburg 1958); G. RÜCKLEBEN, Rat u. Bürgerschaft in Hamburg 1595–1686 (Diss. Marburg 1969); H. RÜCKLEBEN, Die Niederwerfung der hamburg. Ratsgewalt im ausgehenden 17. Jh. (1970).

[6] J. ASCH, Rat u. Bürgerschaft in Lübeck 1598–1669 (1961).

[7] I. BÁTORI, Die Reichsstadt Augsburg im 18. Jh., Verf., Finanzen u. Reformversuche (1969); W. ZORN, Augsburg (1955).

[8] H. STOOB, Über frühneuzeitl. Städtetypen, in: Festschr. K. v. Raumer (1966) mit Lit.; F. STEINBACH – E. BECKER, Geschichtl. Grundlagen der kommunalen Selbstverw. in Dtld. (1932).

[9] H. BOTT, Beiträge z. Gründungsgesch. d. Neustadt Hanau, Hanauer Gesch.bll. 18 (1962); ders., Gründung u. Anfänge der Neustadt Hanau 1596–1620 (1970–71).

[10] O. BRUNNER, Städtische Selbstregierung u. neuzeitl. Verwaltungsstaat in Österreich, Österr. Zs. f. öff. Recht 6 (1954).

[11] O. HINTZE, Behördenorganisation u. allg. Verwaltung in Preußen um 1740, Acta Borussica VI, 1 (1901), S. 239 ff.; G. SCHMOLLER, Das Städtewesen unter Friedr. Wilh. I., in: Dt. Städtewesen in älterer Zeit (1922).

[12] F. TERVEEN, Gesamtstaat u. Retablissement (1954), S. 39 ff. für die 14 Städtegründungen auf ostpreuß. Domanium; C. HAASE, Die Entstehung der westfäl. Städte ([2]1965), S. 178 ff. (19

Gründungen), S. 180ff. Begriffsbildung ›Akzisestädte‹.

[13] W. Mertineit, Fridericianische Städtepolitik in Ostpreußen, Zs. f. Ostforsch. 8 (1959); J. Ziekursch, Das Ergebnis d. friderizianischen Städteverwaltung u. die Städteordnung Steins am Beispiel d. schles. Städte (1909), sehr kritisch.

[14] Hierzu die Einleitungen d. Dt. Städtebuchs (s. o.); H. Mauersberg, Wirtschafts- u. Sozialgesch. zentraleurop. Städte in neuerer Zeit. Basel, Frankfurt a. M., Hamburg, Hannover u. München (1960), Kap. 2.

[15] Ziekursch (s. Anm. 13).

[16] W.-H. Struck, Städtepolitik im Ständestaat. Die mecklenburg. Steuer-, Polizei- u. städt. Kämmerei-Kommission 1763–1827, Ostdt. Wissenschaft 5 (1958) mit Vorgesch.

[17] K. Friedland, Der Kampf der Stadt Lüneburg mit ihren Landesherren im 16. Jh. (1953); H. Heuer, Lüneburg im 16. u. 17. Jh. u. seine Eingliederung in den Fürstenstaat (Diss. Hamburg 1969); H. J. Querfurth, Die Unterwerfung der Stadt Braunschweig im Jahre 1671 (1953), dort auch S. 25 ff. Übersicht über den allg. Kampf gegen Bremen, Münster, Erfurt, Magdeburg, Köln, Hamburg nach dem 30jähr. Krieg; W. Spiess, Gesch. d. Stadt Braunschweig im Nachmittelalter 1491–1671 (1966), eine der wenigen guten Stadtgeschichten für unseren Zeitraum.

[18] H. Mohnhaupt, Die Göttinger Ratsverf. vom 16. bis 19. Jh. (1965).

[19] D. Albrecht, Städte u. Bürger 1500–1745, in: Hdb. d. bayer. Gesch. 2 (1969).

Übersicht über die Reichsstände
bearbeitet von *G. Oestreich* und *E. Holzer*

I. Die Reichsstände nach der Matrikel von 1521 mit vergleichenden Angaben für 1755

Vorbemerkung: Die Reichsmatrikel von 1521 ist gedruckt in: Dt. Reichstagsakten J. R. 2 (1896), Nr. 56, S. 424–442 und bei K. ZEUMER, Quellensammlung zur Gesch. d. dt. Reichsverfassung (²1913), Nr. 181, S. 313–317. Die Numerierung innerhalb der Ständegruppen ist hier vom Bearbeiter hinzugefügt. Mit + oder — wird vermerkt, welche Stände noch enthalten sind oder fehlen in der offiziös informierten Zusammenstellung von Christian August Beck für Erzherzog Joseph 1755, gedruckt in: Recht u. Verfassung des Reiches in der Zeit Maria Theresias, hg. v. H. CONRAD (1964), S. 530–537. Die Angaben über Veränderungen zwischen 1521 und 1755 beruhen vornehmlich auf Joh. Heinr. ZEDLER, Großes Universallexikon (Halle u. Leipzig 1732 bis 1754), auf Joh. Jac. MOSER, Von denen Teutschen Reichs-Ständen, der Reichsritterschaft, auch denen übrigen unmittelbaren Reichsgliedern (Frankfurt/M. 1767 = [Neues] Teutsches Staatsrecht, Bd. 4), auf Joh. Steph. PÜTTER, Institutiones iuris publici (Göttingen ⁵1792), §§ 83–104, und ders., Historische Entwicklung der heutigen Staatsverfassung des Teutschen Reiches (3 Bde. Göttingen 1786–1787). Vgl. auch die Übersicht über die Reichsteile (1521 und 1792) bei A. TILLE, Die deutschen Territorien, in: Gebhardt, Hdb. d. dt. Gesch. (⁷1931), Bd. 2. S. 194ff. – Eine spezifizierte Übersicht mit kritischen Einzelnachweisen soll gesondert erscheinen.

Lfd. Nr. 1521		1755	Bemerkungen
	Kurfürsten		
1	Mainz	+	
2	Trier	+	
3	Köln	+	
4	Böhmen	+	1708 voll readmittiert
5	Pfalz	+	
6	Sachsen	+	
7	Brandenburg	+	
	Bis 1755 neu:		
8	Bayern		1623/1648
9	Hannover (Kur-Braunschweig)		1692/1708
	Fürsten		
	a. Erzbischöfe		
1	Magdeburg	+	Weltl. (Brandenburg)
2	Salzburg	+	
3	Besançon	+	
4	Bremen mit der Stadt	+	Weltl. (1648 Schweden, 1719 Hann.); vgl. Reichsstädte Nr. 86

Lfd. Nr.	1521		1755	Bemerkungen
	b. Bischöfe			
5	Bamberg	+		
6	Würzburg	+		
7	Worms	+		
8	Speyer	+		
9	Straßburg	+		
10	Eichstätt	+		
11	Augsburg	+		
12	Konstanz	+		
13	Hildesheim	+		
14	Paderborn	+		
15	Chur	+		Territorium 1648 eidgenössisch; Bischof Reichsstand ohne unmittelbares Land
16	Halberstadt		+	Weltl. (Brandenburg)
17	Verden		+	Weltl. (Schweden, 1719 Hannover)
18	Münster	+		
19	Osnabrück	+		
20	Passau	+		
21	Freising	+		
22	Chiemsee	—		Landsässig (Salzburg)
23	Gurk	—		Landsässig (Österreich)
24	Seckau	—		Landsässig (Österreich)
25	Lavant	—		Landsässig (Österreich)
26	Basel	+		
27	Wallis (Sitten)	—		Eidgenössisch
28	Regensburg	+		
29	Meißen	—		Kursächsisch
30	Naumburg	—		Kursächsisch
31	Minden		+	Weltl. (Brandenburg)
32	Lübeck		+	Mit evang. Bischöfen aus dem Hause Holstein-Gottorp
33	Utrecht	—		Von Spanien eximiert, später niederländisch
34	Kammin		+	Weltl. (1648 Brandenburg)
35	Schwerin		+	Weltl. (Mecklenburg)
36	Genf	—		Eidgenössisch
37	Cambrai	—		1678 französisch
38	Verdun	—		1552 französisch
39	Lausanne	—		Eidgenössisch
40	Metz	—		1552 französisch
41	Toul	—		1552 französisch
42	Lüttich	+		
43	Trient	+		
44	Brixen	+		
45	Merseburg	—		Kursächsisch
46	Lebus	—		Landsässig (Brandenburg), 1598 aufgehoben
47	Brandenburg	—		Landsässig (Brandenburg), 1544 aufgehoben

Lfd. Nr.	1521	1755	Bemerkungen
48	Ratzeburg	+	Weltl. (1648 Mecklenburg-Schwerin, 1701 Mecklenburg-Strelitz)
49	Schleswig	—	Laut Urteil des Reichskammergerichts irrtümlich in die Reichsmatr. aufgenommen, gehörte zu Dänemark
50	Havelberg	—	Landsässig (Brandenburg), 1548 aufgehoben

c. Weltliche Fürsten

51	König von Dänemark für die zum Reich gehörenden Länder	+	Haus Oldenburg: Holstein; s. auch Grafen Nr. 93
52	Bayern (mehrere Linien)	+	Seit 1623 auch Kurfürstenrat
53	Österreich	+	
54	Burgund	+	
55	Sachsen	+	Stimmen ruhten wegen Streites zwischen Kursachsen, Kurbrandenburg und Pfalz-Neuburg
56	Jülich und Berg	—	
57	Kleve und Mark	—	
58	Brandenburg (fränk. Linie)	+	
59	Braunschweig (versch. Linien)	+	1692 auch Kurfürstenrat
60	Pommern	+	Vorpommern: Schweden, Hinterpommern: Brandenburg
61	Mecklenburg	+	
62	Lauenburg	+	1689 Braunschweig-Lüneburg
63	Holstein	+	Holstein-Gottorp
64	Lothringen	—	1735/1766 französisch; s. Nr. 88
65	Hessen	+	
66	Württemberg	+	
67	Baden (verschiedene Linien)	+	
68	Nota: Des Herzogtums Geldern zu gedenken	—	1543 Burgund; nördl. Teil später niederländisch, südl. Teil spanisch, 1713 preußisch
69	Leuchtenberg	+	1648/1717 Bayern
70	Anhalt	+	
71	Henneberg	+	

d. Welsche Fürsten

72	Herzog von der Maas	—	Vermutlich Herzogtum Bar, 1431 Lothringen
73	Savoyen	+	
74	Châlon	—	1237 Burgund

Bis 1755 neu:

a. Geistliche Fürsten

75	Hoch- und Deutschmeister		1529; s. Prälaten Nr. 9
76	Fulda		16.Jh. (?), 1752 Bistum; s. Prälaten Nr. 1

Lfd. Nr.		Bemerkungen
77	Kempten	1524; s. Prälaten Nr. 3
78	Ellwangen	s. Prälaten Nr. 8
79	Murbach ⎫	s. Prälaten Nr. 14
80	Lüders ⎭	
81	Johannitermeister	1546; s. Prälaten Nr. 10
82	Berchtesgaden	1559; s. Prälaten Nr. 57
83	Weißenburg	s. Prälaten Nr. 5
84	Prüm	s. Prälaten Nr. 64
85	Stablo	s. Prälaten Nr. 42
86	Corvey	spätestens 1582; s. Prälaten Nr. 20

	b. Weltliche Fürsten	
87	Hersfeld	Hessen-Kassel; s. Prälaten Nr. 2
88	Nomeny	Lothringen; Territorium französisch, Stimme 1736 für das Haus L. eingeführt als Entschädigung für den Verlust Lothringens
89	Mömpelgard	Württemberg, seit 1559
90	Aremberg	Seit Maximilian II.
91	Hohenzollern	1653; s. Grafen Nr. 21
92	Eggenberg	1653, 1717 erloschen
93	Lobkowitz	1653
94	Salm	1654; s. Grafen Nr. 114
95	Dietrichstein	1686; s. Grafen Nr. 144; Land unter österr. Landeshoheit, nur Tarasp für unmittelbar erklärt
96	Nassau (2 Linien)	1654; s. Grafen Nr. 40–44
97	Auersberg	1654; Land unter österr. Landeshoheit, nur Tengen (Vorderösterreich) für unmittelbar erklärt; s. Grafen Nr. 67
98	Ostfriesland	1667; s. Grafen Nr. 90/91
99	Fürstenberg	1667; s. Grafen Nr. 7
100	Schwarzenberg	1670; s. Grafen Nr. 34
101	Liechtenstein	1723; s. auch Grafen Nr. 148
102	Thurn und Taxis	1754, Herrschaft Eglingen; s. Grafen Nr. 153
103	Schwarzburg	1754; s. Grafen Nr. 80–82

		Prälaten	
	1521	1755	
	a. Äbte und Pröpste		
1	Fulda	—	Reichsfürstenrat, seit 1752 Bistum
2	Hersfeld	—	1606/48 säkularisiert, weltl. Fürstentum des Hauses Kassel
3	Kempten	—	1524 Reichsfürstenrat
4	Reichenau	—	Dem Hochstift Konstanz inkorporiert, verlor nach 1548 Reichsstandschaft

Lfd. Nr.	1521	1755	Bemerkungen
5	Weißenburg	—	Reichsfürstenrat
6	St. Gallen	—	Eidgenössisch
7	Saalfeld	—	Von Mansfeld säkularisiert, später sächsisch
8	Ellwangen	—	Reichsfürstenrat
9	Deutschmeister	—	1529 Reichsfürstenrat
10	Johannitermeister	—	1546 Reichsfürstenrat
11	Weingarten	+	
12	Salmannsweiler	+	
13	Kreuzlingen	—	Eidgenössisch
14	Murbach	—	Reichsfürstenrat. – Seit 1648 faktisch franz., aber jurist. noch Reichsstand, unt. d. Reichsfürsten aufgerufen. Mit Murbach verbunden war Lüders.
15	Walkenried	—	Säkularisiert, später an Braunschweig-Wolfenbüttel
16	Schöttern	—	Im 15. Jh. von Österreich landsässig gemacht
17	Weißenau	+	
18	St. Blasien	—	Im 15. Jh. von Österreich landsässig gemacht; s. auch Grafen Nr. 151
19	Maulbronn	—	Von Württemberg säkularisiert
20	Corvey	—	Spätestens 1582 Reichsfürstenrat
21	Schussenried	+	
22	Beckenried	—	Eidgenössisch
23	Riddagshausen	—	Seit 1567 Landstand (Braunschweig-Wolfenbüttel)
24	Stein am Rhein	—	Eidgenössisch
25	Schaffhausen	—	Von der Stadt eingezogen, dann eidgenössisch
26	Waldsassen (Opf.)	—	Von Kurpfalz, später Bayern eximiert
27	Einsiedeln	—	Eidgenössisch
28	Roggenburg	+	
29	Ochsenhausen	+	
30	Selz	—	Von Kurpfalz in der Reformationszeit eingezogen
31	St. Ägidien zu Nürnberg	—	Von der Stadt eximiert, was 1567 durch ein RKG-Urteil gebilligt wurde, da der Fiskal keine Dokumente über die Reichsstandschaft vorlegen konnte
32	St. Maximin	—	Im 16. Jh. von Kurtrier eximiert, konnte im 17. Jh. sporadisch Reichsstandschaft wahrnehmen
33	Hynoltshusen (nach Tille: Honnecourt bei Cambrai)	—	Moser, S. 779: »Honolzhausen«: »ist nicht zu erfragen«. Honnecourt: französisch
34	Rechenhausen (Recklinghausen)	—	Abtei Essen übte Landeshoheit aus
35	St. Johann im Turital (Kanton St. Gallen)	—	Eidgenössisch
36	Gengenbach	+	

Lfd. Nr.	1521	1755	Bemerkungen
37	Königsbronn	—	Von Württemberg säkularisiert
38	Roth = Nr. 59 (München-	+	Falls 38 = 59
	roth) oder: Roth in Bayern	—	Vom Fiskal als unmittelbar ange-
			sehen, aber günstiges Urteil für Bayern
39	Marchtal	+	
40	St. Peter im Schwarzwald	—	Von Österreich zu breisgauischem
			Landstand gemacht
41	Odenheim	+	
42	Stablo	—	Reichsfürstenrat
43	Disentis	—	Eidgenössisch
44	Rockenhausen (nach Tille: bei	—	Moser, S. 780: Soll bei Schaffhausen
	Kaiserslautern)		liegen; »man sucht es aber vergeb-
			lich«. Zedler (Bd. 32, Sp. 200): R.
			bei Kaiserslautern, Abtei nicht er-
			wähnt. Hdb. d. hist. St. erwähnt Abtei
			ebenfalls nicht
45	Kitzingen	—	Moser: nicht erwähnt. Zedler (15,
			845–849): würzburgisch, Reichsstand-
			schaft nicht erwähnt
46	Elchingen	+	
47	Irsee	+	
48	Blankenburg	—	Moser, S. 777: Soll in Lothr. ·sein,
			französisch (vgl. Blankenberg, Grafen
			Nr. 130). Nach Tille in Oldenburg;
			nach Zedler (4, 35) war in B. bei Ol-
			denburg eine Frauenabtei, Reichs-
			standschaft aber nicht erwähnt
49	Isny	+	
50	Pfäfers	—	Eidgenössisch
51	St. Johann	—	Moser: nicht erwähnt. Nach Tille im
			Elsaß. Zedler (14, 1061) erwähnt kein
			Kloster St. J. im Elsaß, wohl aber ein
			weiteres (außer Nr. 35) in der Schweiz
			im Kanton Bern = St. Johannis-Insel.
			Reichsstandschaft nicht erwähnt
52	Petershausen zu Konstanz	+	
53	Brunnen (Landstraß in Krain)	—	Über Reichsstandschaft nichts auszu-
			machen
54	Comburg	—	Von Württemberg eximiert, 1587
			durch RKG-Urteil gebilligt
55	Kaisersheim	+	
56	St. Emmeram	+	
57	Berchtesgaden	—	1559 Reichsfürstenrat
58	Münster im St. Gregoriental	—	Französisch
59	Münchenroth	+	
60	Kornelimünster	+	
61	Werden	+	
62	Herrnalb	—	Von Württemberg säkularisiert
63	Urspring (Ursberg)	+	
64	Prüm	—	Reichsfürstenrat
65	Echternach	—	Von Burgund (Österreich) eximiert

	b. Äbtissinnen		
66	Quedlinburg	+	
67	Essen	+	
68	Herford	+	
69	Niedermünster	+	
70	Thorn (Maas)	+	
71	Obermünster	+	
72	Kaufungen	—	Landsässig in Hessen-Kassel
73	Lindau	+	Moser, S. 748: Das Stift hat mit den Kollegien der Reichsprälaten nichts zu tun. Matrikel 1755 also falsch
74	Gernode	+	Stimme von Anhalt geführt
75	Buchau	+	
76	Rottmünster	+	
77	Heggbach	+	
78	Gutenzell	+	
79	Baindt	+	
	c. Balleien (des Deutschen Ordens)		
80	Koblenz	+	
81	Elsaß und Burgund	+	
82	Österreich	—	⎫ Von Österreich zu Landstand ge-
83	An der Etsch	—	⎭ macht
	Bis 1755 neu:		
84	Wettenhausen		Im 16. Jh. noch Glied der schwäbischen Reichsritterschaft
85	Zwiefalten		Von Württemberg bis 1750 als Landstand behandelt; nach Vergleich Aufnahme ins Prälatenkollegium
86	St. Ulrich und Afra in Augsburg		Bis 1644 wegen Streit um Reichsstandschaft mit dem Bt. Augsburg Reichsstandschaft nicht wahrgenommen
87	Burscheid		Moser, S. 742: Ist Reichsstand, steht aber in keiner Matrikel; gehört keinem Reichskreis an
88	Gandersheim		Keine reichsunmittelbaren Güter. Braunschweig-W. hat bis 1709 Landeshoheit behauptet, beanspruchte sie weiter
	Bis 1792 neu:		
89	Neresheim		Prozeß um Reichsstandschaft mit Öttingen bis nach 1760
90	Söflingen		Moser, S. 1483, weiß nicht, ob S. Reichsstand ist

Übersicht über die Reichsstände

Grafen und Herren

Lfd. Nr.		1755	Bemerkungen
1	Helfenstein	+	Seit 1643/1753 von Bayern vertreten
2	Kirchberg	+	Seit 1530 Fugger
3	Dießen	—	Erloschen, bereits 1326 (!) bayerisch
4	Werdenberg (und Heiligenberg)	+	Seit 1530 von Fürstenberg vertreten
5	Lupfen	—	1582 erloschen
6	Montfort	+	
7	Fürstenberg	+	Nach 1760 nur noch Reichsfürstenrat
8	Zimmern	—	Im 16. Jh. erloschen
9	Stöffeln und Justingen	—	Seit 1751 von Württemberg vertreten, Angabe 1755 falsch
10	Gundelfingen	—	Im 15. Jh. (!) erloschen
11	Eberstein	+	Seit 1660 von Baden-Baden vertreten
12	Hohengeroldseck (u. Kronberg)	+	Seit 1692 von Grafen von der Leyen vertreten
13	Öttingen	+	
14	Heideck	—	Seit 1471 (!) bayerisch
15	Rappoltstein	—	1673 erloschen, vorher von Österreich eximiert
16	Stauf-Ehrenfels	—	Sitz 1567 erloschen
17	Staufen	—	1602 erloschen
18	Tierstein und Hohenkönigsberg	—	Nach 1500 erloschen
19	Hohenfels und Reipoltskirchen	—	1602 erloschen
20	Sulz (und Klettgau)	+	Seit 1687 von Schwarzenberg vertreten
21	Hohenzollern	—	Nach 1653 Reichsfürstenrat
22	Brandis	—	1508 erloschen
23	Inhaber Sonnenbergsgüter	—	Von Österreich eximiert, im 15. Jh. österreichisch
24	Reichserbtruchsessen v. Waldburg	+	
25	Castell	+	
26	Wertheim	+	Seit 1574 von Löwenstein vertreten
27	Rieneck	+	Seit 1674 von Nostitz vertreten
28/29	Hohenlohe	+	
30	Inhaber Weinsberg	—	Im 16. Jh. erloschen, württ.
31/32	Limpurg	+	Seit 1690 bzw. 1713 von verschiedenen Allodialerben vertreten
33	Erbach	+	
34	Schwarzenberg	—	1670 Reichsfürstenrat
35/36	Leiningen	+	
37/39	Hanau-Münzenberg	—	1736 erloschen
38	Hanau-Lichtenberg	—	1736 erloschen
40–44	Nassau	+	
45	Königstein und Eppstein	—	1535 erloschen; Sitz bei Nr. 76 zusätzlich
46	Isenburg	+	
47	Nieder-Isenburg	—	1664 erloschen
48	Matsch	—	Tiroler Landsassen, 1505 erloschen
49	Polheim	—	Österreichische Landsassen
50	Virneburg	+	Seit 1554 von Löwenstein vertreten

Lfd. Nr.	1521	1755	Bemerkungen
51	Rheineck	+	Seit 1654 von Sinzendorf vertreten
52/53	Solms	+	
54	Winneburg	+	Inhaber Grafen Metternich
55	Mörs	—	1702 brandenburgisch
56	Aarburg	—	An Kanton Bern
57	Finstingen (Fénétrange, Lothr.)	—	1458 (!) erloschen
58	Saarwerden und Lahr	—	Im 16. Jh. erloschen
59	Wild- und Rheingrafen	+	
60/61	Oberstein	—	1682 erloschen
62	Neuenahr	—	1600 erloschen
63	Hoorn	—	1586 erloschen, Territorium an Lüttich
64	Sayn	+	Seit 1606 von Brandenburg-Ansbach, Wittgenstein und Kirchberg vertreten
65/66	Bitsch	—	1570 erloschen
67	Tengen	—	1592 erloschen
68	Ruppin	—	1524 erloschen, brandenburgisch
69	Hardeck	—	Von Österreich eximiert
70/71	Hohenstein	—	1593 erloschen
72	Wolckenstein	—	Güter im 17. Jh. verkauft, vorher von Österreich eximiert
73	Schaumberg (Oberösterreich)	—	1559 erloschen
74	Sargans	—	Im 14. Jh. (!) erloschen, eidgenössisch
75	Mansfeld	—	Reichsgräfl. Besitz von Sachsen eximiert oder verpfändet
76	Stolberg	+	
77	Beuchlingen	—	1560 erloschen
78	Barby und Mühlingen	+	Seit 1659 von Kursachsen vertreten
79	Gleichen	—	1569 bzw. 1631 erloschen
80–82	Schwarzburg	+	1754 Reichsfürstenrat
83	Gera	—	1550 erloschen
84	Plesse	—	1571 erloschen
85	Reuß u. Plauen	+	
86	Wied u. Runkel	+	
87	Löwenstein	—	Von Württemberg eximiert
88	Regenstein	+	Seit 1670 von Brandenburg vertreten
89	Friesland	—	1524 habsburgisch, 1579/1648 niederländisch
90/91	Ostfriesland (= Emden)	—	1667 Reichsfürstenrat
92	Lippe	+	
93	Oldenburg	+	(Dänemark)
94	Hoya	+	Seit 1583 von (Kur-)Braunschweig vertreten
95	Leiningen-Westerburg	+	
96	Waldeck	+	1686 Reichsfürstenrat
97	Losenstein	—	Von Österreich eximiert, 1629 erloschen
98	Diepholz	+	Seit 1585 von (Kur-)Braunschweig vertreten
99	Schenken von Landsberg	—	Vermutlich sächsische Landsassen
100	Steinfurt	+	Besitzer Grafen von Bentheim

Übersicht über die Reichsstände

Lfd. Nr.	1521	1755	Bemerkungen
101	Bentheim	+	Seit 1753 an Kur-Braunschweig verpfändet
102	Bronkhorst	—	1719 erloschen
103	Wittgenstein	+	
104	Spiegelberg	+	Seit 1557 von (Kur-)Braunschweig vertreten
105	Reichenstein	+	Seit 1698 von Nesselrode vertreten
106	Tecklenburg	+	Seit 1707 von Preußen vertreten
107	Schaumburg und Gemen	+	Gemen seit 1640 von Limburg-Stirum, Schaumburg von Hessen-Kassel und Lippe (-Bückeburg) vertreten
108	Wunstorf	—	1533 erloschen
109	Ortenburg	+	
110	Rietberg	+	Seit 1692 von Kaunitz vertreten
111	Haag	—	1567 erloschen, bayerisch
112	Leißnigk	—	1538 erloschen, sächsisch
113	Bergen (Prov. Zutphen)	—	1581 niederländisch, 1654 wieder im Grafenkollegium, 1712 erloschen
114	Salm	—	1654 Reichsfürstenrat
115	Falkenstein (Kr. Rottweil?)	—	Erloschen, seit 15.Jh. bei Österreich landsässig
116	Iselstein	—	Niederländisch, vorher von Burgund eximiert
117	Schönburg	+	
118	Degenberg	—	1602 erloschen, bayerisch
119	Inhaber Someruff (= Summerau?)	—	Kein Beleg für Reichsstandschaft
120–122	Manderscheid	—	1546 von Habsburg mediatisiert
123	Salm-Reifferscheidt	+	
124	Egmont und Iselstein	—	1548 bzw. 1707 erloschen, 1648 niederländisch
125	Bergen und Walen (= Bergen op Zoom)	—	1567/1648 niederländisch
126	Heben (= Hohenhewen)	—	1570 erloschen
127	Wildenfels	—	1593 erloschen
128	Schenken von Tautenberg und Vargula	—	1640 erloschen, sächsisch
129	Tübingen	—	1631 erloschen
130	Blankenberg	—	1542 lothringisch
131	Kriechingen	—	1697 erloschen, seit 1765 wieder Stimme, vertreten von Wied-Runkel
132	Rogendorf	—	Nach 1600 österreichisch
133/134	Königsegg zu Aulendorf	+	
135	Meersburg (Elsaß)	—	Im 16.Jh. österreichisch
136	Brandenstein-Rönis	—	Seit 15.Jh. von sächsischen Häusern eximiert
137	Pyrmont	+	Seit 1625 von Waldeck vertreten
138–140	Ritterschaften St. Georgenschild im Hegau, Friedberg, Gelnhausen	—	Steuerpflichtig, aber keine Reichsstände

Lfd. Nr. 1521		1755 Bemerkungen
141	Görz	— 1501 erloschen, österreichisch
142	= 132	—
143	= 133	—
144	Dietrichstein	— Seit 1686 Reichsfürstenrat
145	Ungnade von Weißenwolf	— 1654 ins Grafenkollegium aufgenommen, mangels reichsunmittelbarer Güter bald wieder ausgeschlossen
	Bis 1755 neu:	
146	Für Alschhausen	der Landkomtur der Deutsch-Ordensballei Elsaß u. Burgund
147	Hohenems	Seit 1759 von Österreich vertreten
148	Für Vaduz	der Fürst v. Liechtenstein seit 1699
149	Für Iller-Aichheim	Grafen von Rechberg, später Limburg-Stirum; als reichsritterschaftlich wieder ausgeschlossen
150	Für Eglof	Grafen von Traun seit 1668
151	Für Bonndorf	Abt von St. Blasien seit 1613
152	Für Thannhausen	Graf von Stadion seit 1708
153	Für Eglingen	Fürst von Taxis seit 1723
154	Für Hohen-Waldeck und Maxlrain	Kurfürst von Bayern. Bayern nahm Stimme nur auf Kreistagen, nicht im Grafenkollegium wahr
155	Für Seinsheim	Fürst von Schwarzenberg
156	Wolfsteinische Allodialerben	Fürst von Hohenlohe-Kirchberg, Graf von Giech
157	Für Reichsberg und Wiesentheid	Grafen von Schönborn
158	Grafen von Windischgrätz	Personalisten (= Reichsstände ohne reichsunmittelbares Land)
159	Grafen Ursin von Rosenberg	Personalisten
160	Grafen von Starhemberg	Personalisten
161	Grafen von Wurmbrand	Personalisten
162	Grafen von Giech	Personalisten
163	Grafen von Grävenitz	Personalisten
164	Grafen von Pückler	Personalisten
165	Grafen von Gronsfeld	Seit 1719 von Törring-Jettenbach vertreten
166	Graf zu Wartenberg	Seit 1707, 1739 ausgeschlossen
167	Für Reckum (Rekheim bei Tongern, Belgien)	Graf von Aspremont seit 1623
168	Für Anholt	Fürst von Salm
169	Für Holzappel	Fürst von Anhalt-Bernburg-Hoym
170	Für Blankenheim u. Geroldstein	Grafen von Manderscheid-Blankenheim, seit 1780 Grafen von Sternberg
171	Für Wittem	Grafen von Plettenberg
172	Für Gimborn-Neustadt	Fürst von Schwarzenberg, nach 1760 Graf von Wallmoden
173	Für Wykradt	Graf von Quadt

Lfd. Nr.		Bemerkungen
174	Für Myllendonk	Grafen von Ostein
175	Für Schleiden	Grafen zu der Mark
176	Für Kerpen-Lommersum	Graf von Schaesberg
177	Für Sassenburg (d. i. Saffen-burg)	Grafen zu der Mark
178	Für Hallermund (Haller-münde)	Grafen von Platen seit 1706

Bis 1792 neu:

179	Äbtissin zu Buchau	
180	Grafen von Khevenhüller	Personalisten
181	Grafen von Kufstein	Personalisten
182	Fürsten von Colloredo	Personalisten
183	Grafen von Harrach	Personalisten
184	Grafen von Sternberg	Personalisten
185	Grafen von Neipperg	Personalisten
186	Für Dyck	Grafen zu Salm-Reifferscheidt

Sonstige:

187	Für Ehrenfels	Kurpfalz, 1766 aufgenommen, nahm Stimme nicht wahr

		Reichsstädte	
	1521	1755	
1	Regensburg	+	
2	Nürnberg	+	
3	Rothenburg/Tauber	+	
4	Weißenburg/Nordgau	+	
5	Schwäbisch Wörth (Donau-wörth)	—	1607/08 an Bayern; 1705–1714 noch-mals Reichsstadt
6	Windsheim	+	
7	Schweinfurt	+	
8	Wimpfen	+	
9	Heilbronn	+	
10	Schwäbisch Hall	+	
11	Nördlingen	+	
12	Dinkelsbühl	+	
13	Ulm	+	
14	Augsburg	+	
15	Giengen/Brenz	+	
16	Bopfingen	+	
17	Aalen	+	
18	Schwäbisch Gmünd	+	
19	Eßlingen	+	
20	Reutlingen	+	
21	Weil der Stadt	+	
22	Pfullendorf	+	
23	Kaufbeuren	+	

Lfd. Nr.	1521	1755	Bemerkungen
24	Überlingen	+	
25	Wangen	+	
26	Isny	+	
27	Leutkirch	+	
28	Memmingen	+	
29	Kempten	+	
30	Buchhorn (Friedrichshafen)	+	
31	Ravensburg	+	
32	Biberach	+	
33	Lindau	+	
34	Konstanz	—	1548 an Österreich
35	Basel	—	1501 in die Eidgenossenschaft aufgenommen, seit 1531 nicht mehr auf Reichstagen
36	Straßburg	—	1681 französisch
37	Kaisersberg	—	Landvogtei Hagenau, 1648/73/79 an Frankreich
38	Colmar	—	Landvogtei Hagenau (s. Nr. 37)
39	Schlettstadt	—	Landvogtei Hagenau (s. Nr. 37)
40	Mülhausen/Elsaß	—	1515/1648 eidgenössisch
41	Rottweil	+	
42	Hagenau	—	Landvogtei Hagenau (s. Nr. 37)
43	Weißenburg/Elsaß	—	Landvogtei Hagenau (s. Nr. 37)
44	Oberehnheim (Obernai)	—	Landvogtei Hagenau (s. Nr. 37)
45	Rosheim	—	Landvogtei Hagenau (s. Nr. 37)
46	Speyer	+	
47	Worms	+	
48	Frankfurt/Main	+	
49	Friedberg	+	
50	Gelnhausen	+	1349 verpfändet. Die Pfandschaft kam durch Kauf u. Vererbung 1436 an Kurpfalz u. Hanau (später: Hessen-Kassel). 1549 begann ein Reichskammergerichtsprozeß, der 1734 mit der Bestätigung der Reichsstandschaft endete. Die Stadt mußte sich 1745 den Pfandherrschaften völlig unterwerfen. 1746 wurde der kurpfälzische Anteil an Hessen-Kassel verkauft
51	Wetzlar	+	
52	Köln	+	
53	Aachen	+	
54	Metz	—	1552/1648 an Frankreich
55	Toul	—	1552/1648 an Frankreich
56	Verdun	—	1552/1648 an Frankreich
57	Offenburg	+	
58	Landau	—	Landvogtei Hagenau; 1648/73/79 an Frankreich, 1714 bestätigt
59	Gengenbach	—	1755 vergessen. Die Reichsstandschaft war unbestritten
60	Zell am Harmersbach	+	

149

Übersicht über die Reichsstände

Lfd. Nr.	1521	1755	Bemerkungen
61	Schaffhausen	—	1501/1648 eidgenössisch
62	Kaufmanns-Saarbrücken (Saarburg/Lothringen)	—	Vom Bistum Metz eximiert, von Metz an Lothringen, 1661 französisch
63	Besançon	—	Von Burgund eximiert, 1651 an Burgund abgetreten, 1674/1679 mit der Franche-Comté an Frankreich
64	Lübeck	+	
65	Hamburg	+	Anm.: Nicht in Aktivität. – 1618 bestätigte das RKG die Reichsstandschaft. H. konnte Sitz und Stimme auf dem Reichstag erst seit 1770 führen
66	Dortmund	+	
67	Niederwesel (Wesel)	—	Von Jülich eximiert, RKG-Prozeß ohne Ergebnis
68	Mühlhausen/Thüringen	+	
69	Nordhausen	+	
70	Goslar	+	
71	Soest	—	Von Jülich-Kleve eximiert, RKG-Prozeß unerledigt, Brandenburg im Besitz der Landesherrschaft
72	Brakel	—	Vom Bt. Paderborn eximiert, RKG-Prozeß ohne Ergebnis
73	Warburg	—	Vom Bt. Paderborn eximiert, RKG-Prozeß erfolglos
74	Lemgo	—	Von der Grafschaft Lippe eximiert, fiskalischer Prozeß wirkungslos
75	Türkheim	—	Landvogtei Hagenau; 1648/73/79 an Frankreich
76	Verden	—	Vom Bt. Verden eximiert, RKG-Prozeß ohne Ergebnis; Landeshoheit bei Hannover
77	Münster im St. Gregoriental	—	Landvogtei Hagenau; 1648/73/79 an Frankreich
78	Düren	—	Bereits 1242 an Jülich verpfändet und nicht eingelöst, aber noch 1548 in der Reichsmatrikel geführt
79	Herford	—	Von der Abtei Herford eximiert, 1547 an Jülich; 1548 RKG-Prozeß angestrengt, 1631 im Urteil als Reichsstadt bestätigt; 1647 und 1652 von Brandenburg erobert und gegen alle RKG-Mandate (1632–1643 u. öfter) behalten
80	Kammerich (Cambrai)	—	Von Burgund eximiert; nach Moser S. 1108 in alten Reichsmatrikeln enthalten, verlor nach und nach die Freiheit; 1678 französisch
81	Duisburg		Von Jülich-Kleve eximiert, 1563 vergeblich fiskalischer Prozeß
82	Danzig	—	1454 selbständig
83	Elbing	—	1457 polnisch

Lfd. Nr.		Bemerkungen
84	St. Gallen	— 1454/1648 eidgenössisch
85	Göttingen	— Keine Reichsstadt, steht fälschlich in alten Matrikeln

Bis 1755 neu:

86	Bremen	Bis 1639 Auseinandersetzungen über die Reichsstandschaft mit dem Ebt. Bremen; seit 1640 wieder Einladungen zu den Reichstagen. 1521 unter Ebt. Bremen geführt
87	Buchau am Federsee	Wurde vermutlich vergessen. Die Reichsstandschaft war unbestritten. B. unterschrieb die Reichsabschiede von 1530, 1548, 1555, 1559, 1566, 1567, 1570, 1582 usw, übte also die Reichsstandschaft aus.

II. Die Reichsstände im Jahre 1792

Vorbemerkung: Die Angaben für 1792 sind nach PÜTTER zusammengestellt von F. SALOMON bei ZEUMER, Quellensammlung (²1913), Nr. 220, S. 552–555. – Die eingeklammerten Zahlen verweisen auf die Numerierung der Matrikel von 1521.

1. Kurfürstenkolleg

1. Erzbischof von Mainz (1)
2. Erzbischof von Trier (2)
3. Erzbischof von Köln (3)
4. König von Böhmen (4)
5. Pfalzgraf bei Rhein (5)
6. Kurfürst von Sachsen (6)
7. Kurfürst von Brandenburg (7)
8. Herzog von Braunschweig-Lüneburg (9)

2. Reichsfürstenrat

a. Geistliche Bank

1. Herzog von Österreich (53)
2. Herzog von Burgund (54)
3. Erzbischof von Salzburg (2)
4. Erzbischof von Besançon (3)
5. Hoch- und Teutschmeister (75)

Bischof von

6. Bamberg (5)
7. Würzburg (6)
8. Worms (7)
9. Eichstätt (10)

10. Speyer (8)
11. Straßburg (9)
12. Konstanz (12)
13. Augsburg (11)
14. Hildesheim (13)
15. Paderborn (14)
16. Freising (21)
17. Regensburg (28)
18. Passau (20)
19. Trient (43)
20. Brixen (44)

Übersicht über die Reichsstände

21. Basel (26)
22. Münster (18)
23. Osnabrück (19)
24. Lüttich (42)
25. Lübeck (32)
26. Chur (15)
27. Fulda (76)

28. Abt von Kempten (77)
29. Propst von Ellwangen (78)

30. Johanniter-Meister (81)
31. Propst von Berchtesgaden (82)
32. Propst von Weißenburg (83)

Abt von
33. Prüm (84)
34. Stablo (85)
35. Corvey (86)
36. Schwäbische Prälaten
37. Rheinische Prälaten

36 und 37 sind Kuriatstimmen, die gemeinschaftlich geführt werden, und zwar:

36. Schwäbische Prälaten:

1. Salmannsweiler (12)
2. Weingarten (11)
3. Ochsenhausen (29)
4. Elchingen (46)
5. Irsee (47)
6. Urspring (63)
7. Kaisersheim (55)
8. Roggenburg (28)
9. Roth (38)
10. Weißenau (17)
11. Schussenried (21)
12. Marchtal (39)
13. Petershausen (52)
14. Wettenhausen (84)
15. Zwiefalten (85)
16. Gengenbach (36)
17. Neresheim (89)
18. Heggbach (77)
19. Gutenzell (78)
20. Rottmünster (76)
21. Baindt (79)
22. Söflingen (90)
23. St. Jörgen zu Isny (49)

37. Rheinische Prälaten:

1. Kaisersheim (55)
2. Ballei Koblenz (80)
3. Ballei Elsaß und Burgund (81)
4. Odenheim und Bruchsal (41)
5. Werden (61)
6. St. Ulrich und St. Afra in Augsburg (86)
7. St. Georg in Isny (49)
8. St. Kornelimünster (60)
9. St. Emmeram zu Regensburg (56)
10. Essen (67)
11. Buchau (75)
12. Quedlinburg (66)
13. Herford (68)
14. Gernrode (74)
15. Niedermünster in Regensburg (69)
16. Obermünster daselbst (71)
17. Burscheid (87)
18. Gandersheim (88)
19. Thorn (70)

b. Weltliche Bank

1. Bayern (52)
2. Magdeburg (1)
3. Pfalz-Lautern
4. Pfalz-Simmern } (Kurf. 5, Fürsten 52)
5. Pfalz-Neuburg
6. Bremen (4)
7. Pfalz-Zweibrücken } (Kurf. 5, Fürsten 52)
8. Pfalz-Veldenz
9. Sachsen-Weimar
10. Sachsen-Eisenach
11. Sachsen-Coburg } (Kurf. 6, Fürsten 55)
12. Sachsen-Gotha
13. Sachsen-Altenburg

14. Brandenburg-Ansbach } (58)
15. Brandenburg-Kulmbach
16. Braunschweig-Zell
17. Braunschweig-Kalenberg } (59)
18. Braunschweig-Grubenhagen
19. Braunschweig-Wolfenbüttel
20. Halberstadt (16)
21. Vorpommern } (60)
22. Hinterpommern
23. Verden (17)
24. Mecklenburg-Schwerin } (61)
25. Mecklenburg-Güstrow
26. Württemberg (66)

27. Hessen-Kassel ⎫ (65)
28. Hessen-Darmstadt ⎭
29. Baden-Baden ⎫
30. Baden-Durlach ⎬ (67)
31. Baden-Hochberg ⎭
32. Holstein-Glückstadt (51)
33. Sachsen-Lauenburg (62)
34. Minden (31)
35. Holstein-Oldenburg (63)
36. Savoyen (73)
37. Leuchtenberg (69)
38. Anhalt (70)
39. Henneberg (71)
40. Schwerin (35)
41. Kammin (34)
42. Ratzeburg (48)
43. Hersfeld (87)
44. Nomeny (88)
45. Mömpelgard (89)

46. Aremberg (90)
47. Hohenzollern (91)
48. Lobkowitz (93)
49. Salm (94)
50. Dietrichstein (95)
51. Nassau-Hadamar ⎫ (96)
52. Nassau-Dillenburg ⎭
53. Auersberg (97)
54. Ostfriesland (98)
55. Fürstenberg (99)
56. Schwarzenberg (100)
57. Liechtenstein (101)
58. Thurn u. Taxis (102)
59. Schwarzburg (103)
60. Wetterauische Grafen
61. Schwäbische Grafen
62. Fränkische Grafen
63. Westfälische Grafen

60–63 sind Kuriatstimmen, die gemeinschaftlich geführt werden, und zwar:

60. Wetterauische Grafen:

1. Nassau-Usingen ⎫
2. Nassau-Weilburg ⎬ (40–44)
3. Nassau-Saarbrücken ⎭
4. Solms-Braunfels ⎫
5. Solms-Lich ⎪
6. Solms-Hohensolms ⎬ (52/53)
7. Solms-Rödelheim ⎪
8. Solms-Laubach ⎭
9. Isenburg-Birstein
10. Isenburg-Büdingen-Meerholz- ⎫ (46)
    Wächtersbach ⎭
11. Stolberg-Gedern-Ortenberg ⎫
12. Stolberg-Stolberg ⎬ (76)
13. Stolberg-Wernigerode ⎭

14. Sayn-Wittgenstein-Berleburg ⎫ (64/103)
15. Sayn-Wittgenstein-Wittgenstein ⎭
16. Wild- und Rheingraf zu Grumbach ⎫ (59)
17. dgl. zu Rheingrafenstein ⎭
18. Leiningen-Hartenburg
19. Leiningen-Heidesheim und ⎫ (35/36)
    Leiningen-Guntersblum ⎭
20. Westerburg, Christoph. Linie ⎫ (95)
21. Westerburg, Georg. Linie ⎭
22. Reußen und Plauen (85)
23. Schönburg (117)
24. Ortenburg (109)
25. Kriechingen (131)

61. Schwäbische Grafen:

1. Fürst zu Fürstenberg als Graf zu Heiligenberg und Werdenberg (4)
2. Gefürstete Äbtissin zu Buchau (179)
3. Komtur der Ballei Elsaß und Burgund als Komtur zu Alschhausen (146)
4. Fürsten und Grafen zu Öttingen (13)
5. Österreich wegen der Grafschaft Menthor (Montfort) (6)
6. Kurf. in Bayern wegen der Grafschaft Helfenstein (1)
7. Fürst von Schwarzenberg wegen der Landgrafschaft Klettgau und der Grafschaft Sulz (20)
8. Grafen von Königsegg (133/134)
9. Truchsessen von Waldburg (24)
10. Markgraf von Baden-Baden wegen der Grafschaft Eberstein (11)

11. Graf von der Leyen wegen Hohen-Geroldseck (12)
12. Grafen Fugger (2)
13. Österreich wegen der Grafschaft Hohenems (147)
14. Grafen von Traun wegen der Herrschaft Eglof (150)
15. Fürst u. Abt zu St. Blasien wegen der gefürsteten Grafschaft Bonndorf (151)
16. Graf von Stadion wegen Thannhausen (152)
17. Fürst von Taxis wegen der Herrschaft Eglingen (153)
18. Grafen von Khevenhüller; Personalisten (180)
19. Grafen von Kufstein (181)
20. Fürst von Colloredo; Personalist (182)

21. Grafen von Harrach (183)
22. Grafen von Sternberg (184)
23. Graf von Neipperg (185)

24. Grafen von Hohenzollern (21)
    (fälschlich aufgenommen, s. Weltliche Bank
    Nr. 47)

62. Fränkische Grafen:

1. Fürsten und Grafen von Hohenlohe (28/29)
2. Grafen von Castell (25)
3. Grafen zu Erbach (33)
4. Fürsten und Grafen von Löwenstein wegen der Grafschaft Wertheim (26)
5. Die gräfl. Limpurgischen Allodialerben (31/32)
6. Grafen von Nostitz wegen der Grafschaft Rieneck (27)
7. Fürst von Schwarzenberg wegen der Herrschaft Seinsheim oder der gefürsteten Grafschaft Schwarzenberg (155)
8. Gräfl. Wolfsteinische Allodialerben, nämlich Fürst von Hohenlohe-Kirchberg und Graf von Giech (156)
9. Grafen von Schönborn wegen der Herrschaft Reichsberg ⎱
10. Dieselben wegen der Herrschaft Wiesentheid ⎰ (157)
11. Grafen von Windischgrätz; Personalisten (158)
12. Grafen Ursin von Rosenberg; desgl. (159)
13. Ältere Linie der Grafen von Starhemberg; desgl. (160)
14. Grafen von Wurmbrand; desgl. (161)
15. Graf von Giech; desgl. (162)
16. Graf von Grävenitz (163)
17. Grafen von Pückler; Personalisten (164)

63. Westfälische Grafen:

1. Markgraf von Ansbach wegen Sayn-Altenkirchen ⎱
2. Burggraf von Kirchberg wegen Sayn-Hachenburg ⎰ (64)
3. König in Preußen wegen der Grafschaft Tecklenburg (106)
4. Wied-Runkel wegen der Obern Grafschaft Wied ⎱
5. Fürst zu Wied-Neuwied (Direktor dieses Kollegiums) ⎰ (86)
6. Landgraf von Hessen-Kassel u. Graf zu Lippe-Bückeburg wegen der Grafschaft Schaumburg ⎱ (107)
7. Herzog zu Holstein-Gottorp-Oldenburg (93)
8. Grafen von der Lippe (92)
9. Graf von Bentheim (Sitz für Steinfurt) (100)
10. König von England wegen der Grafschaft Hoya (94)
11. Derselbe wegen der Grafschaft Diepholz (98)
12. Derselbe wegen der Grafschaft Spiegelberg (104)
13. Fürst und Grafen von Löwenstein wegen Virneburg (50)
14. Fürst von Kaunitz wegen Rietberg (110)
15. Fürst von Waldeck wegen der Grafschaft Pyrmont (137)
16. Graf von Törring wegen der Grafschaft Cronsfeld (165)
17. Graf von Aspremont wegen der Grafschaft Reckheim oder Reckum (167)
18. Fürsten zu Salm wegen der Grafschaft Anholt (168)
19. Grafen von Metternich wegen der Herrschaft Winneburg und Beilstein (54)
20. Fürst zu Anhalt-Bernburg-Schaumburg wegen der Grafschaft Holzappel (169)
21. Grafen von Sternberg wegen der Grafschaft Blankenheim und Geroldstein (170)
22. Grafen von Plettenberg wegen Wittem (171)
23. Grafen von Limburg-Stirum wegen der Herrschaft Gemen (107)
24. Graf von Wallmoden wegen der Herrschaft Gimborn und Neustadt (172)
25. Graf von Quadt wegen der Herrschaft Wykradt (173)
26. Grafen von Ostein wegen der Herrschaft Mylendonk (174)
27. Grafen von Nesselrode wegen der Herrschaft Reichenstein (105)
28. Grafen zu der Mark wegen der Grafschaft Schleiden (175)
29. Grafen von Schaesberg wegen der Grafschaft Kerpen und Lommersum (176)
30. Grafen zu Salm-Reifferscheidt wegen der Herrschaft Dyck (186)
31. Grafen zu der Mark wegen Sassenburg (177)
32. Grafen von Platen wegen Hallermünde (178)
33. Grafen von Sinzendorf wegen Reineck (51)

3. Kollegium der Städte

a. Rheinische Bank

1. Köln (52)
2. Aachen (53)
3. Lübeck (64)
4. Worms (47)
5. Speyer (46)
6. Frankfurt a. M. (48)
7. Goslar (70)

8. Bremen (86)
9. Hamburg (65)
10. Mühlhausen (68)
11. Nordhausen (69)
12. Dortmund (66)
13. Friedberg (49)
14. Wetzlar (51)

b. Schwäbische Bank

1. Regensburg (1)
2. Augsburg (14)
3. Nürnberg (2)
4. Ulm (13)
5. Eßlingen (19)
6. Reutlingen (20)
7. Nördlingen (11)
8. Rothenburg ob der Tauber (3)
9. Schwäbisch Hall (10)
10. Rottweil (41)
11. Überlingen (24)
12. Heilbronn (9)
13. Schwäbisch Gmünd (18)
14. Memmingen (28)
15. Lindau (33)
16. Dinkelsbühl (12)
17. Biberach (32)
18. Ravensburg (31)
19. Schweinfurt (7)

20. Kempten (29)
21. Windsheim (6)
22. Kaufbeuren (23)
23. Weil (21)
24. Wangen (25)
25. Isny (26)
26. Pfullendorf (22)
27. Offenburg (57)
28. Leutkirch (27)
29. Wimpfen (8)
30. Weißenburg im Nordgau (4)
31. Giengen (15)
32. Gengenbach (59)
33. Zell am Harmersbach (60)
34. Buchhorn (30)
35. Aalen (17)
36. Buchau (87)
37. Bopfingen (16)

Deutsche Kirchenprovinzen und Bistümer

Ebt. *Mainz,* im 2.–4. Jh. gegr., 782–1802 Ebt., 1802 zu Ebt. Mecheln, 1821 zu Ebt. Freiburg

Bistümer:
Straßburg, um 4. Jh. gegr., 795 (zu Ebt. Mainz) – 1802 (zu Ebt. Besançon)
Worms, um 4. Jh. gegr., 747 (zu Ebt. Mainz) – 1806 (aufgehoben)
Speyer, um 4. Jh. gegr., 747 (zu Ebt. Mainz) – 1802, 1817 zu Ebt. Bamberg
Chur, um 5. Jh. gegr., 843 (von Ebt. Mailand) – 1803 (exemt)
Augsburg, um 5.–6. Jh. gegr., 798 (früher Ebt. Mailand?) – 1802, 1821 zu Ebt. München-Freising
Konstanz, um 610 gegr., 795 (von Ebt. Besançon) – 1802, 1821 aufgelöst
Büraburg, 741/42 (gegr.) – um 765 (erloschen)
Erfurt, 741/42 (gegr.) – um 752 (erloschen)
Würzburg, 741/42 (gegr.) – 1802, 1821 zu Ebt. Bamberg
Eichstätt, 741/48 (gegr.) – 1802, 1821 zu Ebt. Bamberg
Verden, um 787 (gegr.) – 1631/48 (erloschen)
Paderborn, um 800/805 (gegr.) – 1802, 1821 zu Ebt. Köln
Hildesheim, um 800/815 (gegr.) – 1802, 1824 exemt, 1929 zu Ebt. Paderborn
Halberstadt, um 827 (gegr.) – 1648 (erloschen)
Brandenburg, 948 (gegr.) – 968 (zu Ebt. Magdeburg)
Havelberg, 948 (gegr.) – 968 (zu Ebt. Magdeburg)
Prag, 973 (gegr.) – 1344 (eigenes Ebt.)
Olmütz, um 976/1063 (gegr.) – 1344 (zu Ebt. Prag)
Bamberg, 1007 (gegr.) – 1802, 1817 eigenes Ebt.
Fulda, 1752 als exemtes Bt. gegr., 1755 (zu Ebt. Mainz) – 1802, 1821 zu Ebt. Freiburg

Ebt. *Köln,* im 2.–4. Jh. gegr., seit 795 Ebt.

Bistümer:
Lüttich, 4. Jh. in Tongern gegr., 6. Jh. nach Maastricht, 8. Jh. nach Lüttich verlegt, 795 (zu Ebt. Köln) – 1802 (zu Ebt. Mecheln)
Utrecht, 695/96 gegr., 795 (zu Ebt. Köln) – 1559 (eigenes Ebt.)
Osnabrück, um 772 gegr., 795 (zu Ebt. Köln) – 1802, bis 1929 exemt, dann wieder zu Ebt. Köln
Minden, um 780 gegr., 795 (zu Ebt. Köln) – 1634/48 (erloschen)
Bremen, um 787 gegr., 795 (zu Ebt. Köln) – 848 (mit Hamburg eigenes Ebt.)
Münster, seit etwa 800 (gegr.)
Paderborn, 1821 (von Ebt. Mainz) –1929 (eigenes Ebt.)
Trier, seit 1821 (zuvor eigenes Ebt.)
Aachen, 1802 gegr. unter Ebt. Mecheln, 1821 aufgehoben, seit 1929 (neugegr. unter Ebt. Köln)
Limburg, seit 1929 (von Ebt. Freiburg)
Essen, gegr. 1958

Ebt. *Trier*, im 1.–4. Jh. gegr., um 800–1802 Ebt., dann zu Ebt. Mecheln, 1821 zu Ebt. Köln

Bistümer:
  Metz, 3.–4. Jh. gegr., um 800 (zu Ebt. Trier) – 1801 (zu Ebt. Besançon)
  Toul, 4.–5. Jh. gegr., um 800 (zu Ebt. Trier) – 1801 (aufgehoben)
  Verdun, 4.–6. Jh. gegr., um 800 (zu Ebt. Trier) – 1801, 1822 zu Ebt. Besançon

Ebt. *Salzburg*, 6. Jh. gegr., 739 reorg., seit 798 Ebt.

Bistümer:
  Säben (seit c. 1000 Sitz *Brixen*), c. 5.–6. Jh. gegr., 798 (früher Patr. Aquileia?) – 1921 (exempt)
  Passau, vor 739 gegr., 798 (zu Ebt. Salzburg) – 1821 (zu Ebt. München-Freising)
  Regensburg, vor 739 gegr., 798–1821 (zu Ebt. München-Freising)
  Freising, c. 724/39 gegr., 798–1821 (eigenes Ebt.)
  Gurk (seit 1787 Sitz Klagenfurt), seit 1072 (gegr.)
  Chiemsee, 1215 (gegr.) – 1807 (aufgelöst)
  Seckau (seit 1786 Sitz Graz), seit 1218 (gegr.)
  Lavant (seit 1859 Sitz Marburg/Drau), 1225/28 (gegr.) – 1924 (exempt)
  Leoben, 1786 (gegr.) – 1859 (erloschen)

Ebt. *Hamburg-Bremen*, Bremen um 787 gegr. unter Ebt. Köln; Hamburg 831 gegr., Ebt. Hamburg-Bremen 848–1566/1648

Bistümer:
  Schleswig, 947/48 (gegr.) – 1104 (zu Ebt. Lund)
  Ripen, 947/48 (gegr.) – 1104 (zu Ebt. Lund)
  Aarhus, 947/48 (gegr.) – 1104 (zu Ebt. Lund)
  Oldenburg (seit 1160 Sitz Lübeck), 948/68 (gegr.) – 1586 (erloschen)
  Mecklenburg (seit 1160 Sitz Schwerin), um 992/1158 (gegr.) – 1555 (erloschen)
  Ratzeburg, nach 1062/1154 (gegr.) – 1554/1648 (erloschen)
  Riga, 1201 (gegr.) – 1255 (eigenes Ebt.)

Ebt. *Magdeburg*, 968 (gegr.) – 1551/1680 (erloschen)

Bistümer:
  Brandenburg, 968 (von Ebt. Mainz) – 1539/65 (erloschen)
  Havelberg, 968 (von Ebt. Mainz) – 1548/65 (erloschen)
  Merseburg, 968/1004 (gegr.) – 1543/61 (erloschen)
  Meissen, 968 (gegr.) – 1365/99 (exempt, 1581 erloschen, 1921 neugegr., exempt)
  Zeitz (seit etwa 1030 Sitz Naumburg), 968 (gegr.) – 1564 (erloschen)

Ebt. *Gnesen*, seit 1000 (gegr.)

Bistümer:
  Posen, um 968 gegr., um 1000 (zu Ebt. Gnesen) – 1821 (mit Gnesen vereinigt)
  Krakau, um 984 gegr., um 1000 (zu Ebt. Gnesen) – 1880 (exempt, seit 1925 eigenes Ebt.)

Breslau, um 1000 (gegr.) – 1821 (exemt, seit 1929 eigenes Ebt.)
Kolberg, um 1000 (gegr.) – 1017 (erloschen)
Lebus, um 1123/24 (gegr.) – 1556/98 (erloschen)
Kulm (seit 1821 Sitz Pelplin), seit 1466 (von Ebt. Riga)

Exemtes Bt. *Wollin,* 1140 gegr., seit 1176/88 Sitz Kammin, 1544/1648 erloschen

Ebt. *Riga,* 1201 gegr. unter Ebt. Hamburg-Bremen, 1255 Ebt., 1563/66 erloschen, 1918 als Bt. neugegr.

Bistümer:
   Dorpat, 1211/24 gegr., 1255 (von Ebt. Lund) – 1558 (erloschen)
   Kurland (Sitz Pilten), um 1219 gegr., 1255 (zu Ebt. Riga) – 1560 (erloschen)
   Ösel-Wiek, 1228 gegr., 1255 (zu Ebt. Riga) – 1560/82 (erloschen)
   Pomesanien (Sitz Riesenburg), 1243 gegr., exemt, 1255 (zu Ebt. Riga) – 1525 (er-loschen)
   Kulm (Sitz Löbau), 1243 gegr., exemt, 1255 (zu Ebt. Riga) – 1466 (zu Ebt. Gnesen)
   Samland (Sitz Fischhausen), 1243 gegr., exemt, 1255 (zu Ebt. Riga) – 1525 (er-loschen)
   Ermland (Sitz Heilsberg), 1243 gegr., exemt, 1255 (zu Ebt. Riga) – 1566, dann exemt, dann 1929 (zu Ebt. Breslau)

Ebt. *Prag,* 973 gegr. unter Ebt. Mainz, seit 1344 Ebt.

Bistümer:
   Olmütz, 1344 (von Ebt. Mainz) – 1777 (eigenes Ebt.)
   Leitomischl (seit 1660/64 Sitz Königgrätz), seit 1344 (gegr.)
   Budweis, seit 1785/89 (gegr.)

Ebt. *Wien,* 1468/79 gegr., exemt, seit 1722 Ebt.

Bistümer:
   Wiener Neustadt, 1468/76 gegr., exemt, 1722 (zu Ebt. Wien) – 1785 (aufgehoben)
   Linz, seit 1784 (gegr.)
   St. Pölten, seit 1784 (gegr.)

Ebt. *Olmütz,* um 976/1063 gegr. unter Ebt. Mainz, 1344 zu Ebt. Prag, seit 1777 eigenes Ebt.

Bistum
   Brünn, seit 1777 (gegr.)

Ebt. *München-Freising,* 724/39 gegr. unter Ebt. Mainz, 798 zu Ebt. Salzburg, seit 1817/21 eigenes Ebt.

Bistümer:
   Augsburg, seit 1817/21 (von Ebt. Mainz)
   Regensburg, seit 1817/21 (von Ebt. Salzburg)
   Passau, seit 1817/21 (von Ebt. Salzburg)

Ebt. *Bamberg*, 1007 gegr. unter Ebt. Mainz, seit 1817/21 eigenes Ebt.

Bistümer:
    Eichstätt, seit 1817/21 (von Ebt. Mainz)
    Speyer, seit 1817/21 (von Ebt. Mainz)
    Würzburg, seit 1817/21 (von Ebt. Mainz)

Ebt. *Freiburg*, seit 1821 (gegr.)

Bistümer:
    Rottenburg, seit 1821/27 (gegr.)
    Mainz, seit 1821 (vorher eigenes Ebt.)
    Limburg, 1821/27 (gegr.) – 1929 zu (Ebt. Köln)
    Fulda, 1821 (von Ebt. Mainz) – 1929 (zu Ebt. Paderborn)

Exemtes Bt. *Danzig*, seit 1925 (gegr.)

Ebt. *Breslau*, um 1000 gegr. unter Ebt. Gnesen, seit 1821 exemt, seit 1929 eigenes Ebt.

Bistümer:
    Berlin, seit 1930 (gegr.)
    Ermland, seit 1929 (vorher exemt, zuvor unter Ebt. Riga)

Ebt. *Paderborn*, um 800/805 gegr. unter Ebt. Mainz, 1821 zu Ebt. Köln, seit 1929 eigenes Ebt.

Bistümer:
    Fulda, seit 1929 (von Ebt. Freiburg)
    Hildesheim, seit 1929 (vorher exemt, zuvor bei Ebt. Mainz)

Deutsche Universitäten

(Jahr der Gründung bzw. Auflösung in Klammern; bis 1972)

Prag (1348)
Wien (1365)
Heidelberg (1386)
Köln (1388–1798, 1919 neugegr.)
Erfurt (1392–1816)
Würzburg (1402–1411, 1582 neugegr.)
Leipzig (1409)
Rostock (1419)
Greifswald (1456)
Freiburg im Breisgau (1457)
Basel (1459)
Ingolstadt (1472–1800, nach Landshut verlegt)
Trier (1473–1798); 1970: Univ. Trier-Kaiserslautern
Mainz (1476–1797, 1946 neugegr.)
Tübingen (1477)
Frankfurt/Oder (1498/1506–1811, mit Breslau vereinigt)
Wittenberg (1502–1817, mit Halle vereinigt)
Marburg (1527)
Königsberg (1544)
Dillingen (1551–1804)
Jena (1558)
Helmstedt (1576–1809)
Olmütz (1576–1782)
Herborn (1584–1817)
Graz (1586)
Gießen (1607)
Paderborn (1614–1808); 1972: Gesamthochschule
Molsheim bei Straßburg (1618–1701)
Straßburg (1621–1792, 1872 neugegr.)
Rinteln (1621–1809)
Salzburg (1622–1810, 1963 neugegr.)
Altdorf (1623–1809)
Osnabrück (1630–1633)
Kassel (1632–1652); 1972: Gesamthochschule
Dorpat (1632–1656, 1798/1802–1893, 1918 neugegr.)
Bamberg (1648–1803); 1972: Gesamthochschule
Duisburg (1655–1818); 1972: Gesamthochschule
Kiel (1665)
Innsbruck (1673–1810, 1826 neugegr.)
Halle (1694)
Breslau (1702)

Fulda (1734–1805)
Göttingen (1736)
Erlangen (1743); seit 1961: Erlangen-Nürnberg
Bützow (1760–1789)
Münster (1780–1818, 1902 neugegr.)
Stuttgart (1781–1794 u. seit 1967; TH seit 1890)
Lemberg (1784–1871)
Bonn (1786–1798, neugegr. 1818)
Landshut (1802–1826, nach München verlegt)
Aschaffenburg (1808–1814)
Berlin (1810, nach 1945 Humboldt-Univ.)
München (1826, aus Landshut verlegt)
München, Technische Univ. (1970; seit 1868 TH)
Frankfurt/Main (1914)
Hamburg (1919)
Berlin, Freie Universität (1948)
Berlin, Technische Univ. (1946, seit 1879 TH)
Saarbrücken (1947)
Bochum (1962/65)
Regensburg (1962/67)
Konstanz (1966)
Düsseldorf (1965, seit 1907 Med. Akad.)
Mannheim (1967, seit 1946 Wirtschafts-Hochschule)
Karlsruhe (1967; TH seit 1865)
Ulm (1967)
Bielefeld (1967)
Dortmund (1968)
Braunschweig, Technische Univ. (1968; seit 1877 TH)
Clausthal, Technische Univ. (1968; seit 1864 Bergakademie)
Hannover, Technische Univ. (1968; seit 1879 TH)
Hohenheim (1968; seit 1847 Land- und Forstwirtsch. Akademie, seit 1904 Landwirtsch. Hochschule)
Augsburg (1970)
Bremen (1971)

Technische Hochschulen: Aachen (1870) und Darmstadt (1877)
Weitere Gesamthochschulen (1972): Eichstätt, Essen, Siegen, Wuppertal

Hilfsmittel, Quellensammlungen und allgemeine Darstellungen

Ergänzungen für die neuere Geschichte im Anschluß an die entsprechende Bibliographie am Schluß der Bände 1 bis 7.

Bibliographie (außer DAHLMANN-WAITZ): K. SCHOTTENLOHER (= SCHOT), Bibliographie zur dt. Gesch. im Zeitalter der Glaubensspaltung 1517–1587 (6 Bde. 1933 bis 1940, Ndr. 1956–1958), Bd. 7: Das Schrifttum von 1928–1960, bearb. v. V. THÜRAUF (1966); Bibliographie de la Réforme (1450–1648), ouvrages parus 1940 á 1955, ed. Commission internat. d'hist. ecclés. comparée, Fasc. 1: Allemagne, bearb. v. G. FRANZ (³1964); Modern European history 1494 to 1788, a select bibliography (Helps for students of hist. 55, ed. Historical Association London 1953); beste jährl. Bibliographie in RHE; vgl. den umfassenden Forschungsbericht von G. RITTER, Leistungen, Probleme u. Aufgaben der internat. Geschichtsschreibung zur neueren Gesch. (16.–18. Jh.) in: X. Congresso internaz. di scienze storiche, Relazioni 6 (1955).

Quellenkunde: G. WOLF, Einführung in das Studium der neueren Gesch. (1910); ders., Quellenkunde der dt. Reformationsgesch. (3 Bde. 1915–1923); zur Historiographie s. Bd. 1–7 (GOLLWITZER, SCHNABEL, FUETER, v. SRBIK).

Quellensammlungen: J. G. LÜNIG, Teutsches Reichsarchiv (24 Tle. 1710–1722); Neue und vollständige Sammlung der Reichsabschiede, hg. v. H. Chr. v. SENCKENBERG (bis 1736, 4 Tle., anonym auch unter E. KOCH 1747); K. ZEUMER, Quellensammlung zur Gesch. der dt. Reichsverfassung in MA u. Neuzeit (⁴1926); P. JOACHIMSEN, Der dt. Staatsgedanke von s. Anfängen bis auf Leibniz u. Friedrich d. Gr. (1921, Ndr. 1967); Quellen zur neueren Gesch., hg. vom Histor. Seminar d. Univ. Bern (1944ff.).

Histor.-biograph. *Lexika* s. Bde. 1–7, dazu Mennonitisches Lexikon, hg. v. Chr. HEGE u. Chr. NEFF (3 Bde. 1913–1951); W. KOSCH, Das kathol. Dtld., biograph.-bibliograph. Lexikon (3 Bde. 1933–1938); Evangel. Kirchenlexikon, hg. v. H. BRUNOTTE u. O. WEBER (4 Bde. 1956–1961); Evangel. Staatslexikon, hg. v. H. KUNST u. S. GRUNDMANN (1966); Staatslexikon der Görresgesellschaft (⁵1926–1932); A. BERTHOLET, Wörterbuch der Religionen (1952); Tusculum-Lexikon der griech. u. lat. Literatur vom Altertum bis z. Neuzeit (1948).

Allgemeine Darstellungen bes. der neueren Gesch.: L. v. RANKE, Über die Epochen der neueren Gesch. (1854, hg. v. A. DOVE 1888, neu hg. v. H. HERZFELD 1949), krit. Ausgabe aufgrund der Stenogramme der Berchtesgadener Vorträge Rankes vor Kg. Max I. v. Bayern, hg. v. Th. SCHIEDER, in: L. v. Ranke, Aus Werk u. Nachlaß 2 (1970); E. v. BEZOLD, E. GOTHEIN u. R. KOSER, Staat u. Gesellschaft der neueren Zeit, in: Kultur der Gegenwart II 5 (1908); W. NÄF, Die Epochen der neueren Gesch., Staat u. Staatengemeinschaft vom Ausgang des MA bis z. Gegenwart (2 Bde. 1945); H. RÖSSLER, Größe u. Tragik des christl. Europa, Europ. Gestalten u. Kräfte der dt. Gesch. vom SpätMA bis z. Gegenwart (1955); L. DEHIO, Gleichgewicht oder Hegemonie, Betrachtungen über ein Grundproblem der neueren Staatengesch. (1948). – A. J. GRANT, A Hist. of Europe from 1494 to 1610 (Methuen's Hist. of Medieval and Modern Europe 5, ²1938); W. C. ABBOTT, The Expansion of Europe, A Hist. of the Foundation of the Modern World (2 Bde. ²1938); W. LANGER (Hg.), The Rise of Modern Europe, A Survey of European Hist. in its Political, Economic and Cultural Aspects from the End of the Middle Ages to the Present (²1951); Hist. gén. des civilisations, hg. v. M. CROUZET, Bd. 4; R. MOUSNIER, Le XVIe et XVIIe siècle, Les progrès de la civilisation européenne et le déclin de l'Orient 1492–1715 (³1961), Bd. 5: R. MOUSNIER–E. LABROUSSE, Le XVIIIe siècle, Révolution intellectuelle,

technique et politique 1715–1815 (1953); Peuples et civilisations, hg. v. L. Halphen
u. Ph. Sagnac, Bd. 8: H. Hauser u. A. Renaudet, Les débuts de l'âge moderne
(²1946), Bd. 9: H. Hauser, La prépondérance espagnole 1569–1660 (⁴1948), Bd. 102
Ph. Sagnac u. A. de Saint-Léger, Louis XIV, 1661–1715 (³1949), Bd. 11: P. Muret,
La prépondérance anglaise 1715–1763 (1949), Bd. 12: Ph. Sagnac, La fin de l'Ancien
Régime et la Révolution Américaine 1763–1789 (²1951). – J. W. Thompson, Lectures
on Foreign Hist. 1494–1789 (²1948); W. Windelband, Die auswärtige Politik der
Großmächte in d. Neuzeit 1494–1919 (1922), bis z. Gegenwart fortgeführt v. K.
Flügge (⁵1964); D. J. Hill, A Hist. of Diplomacy in the Internat. Developments of
Europe (4 Bde. 1905–1914); D. P. Heatley, Diplomacy and the Study of Inter-
national Relations (1919); Sir Ch. Petrie, Earlier Diplomatic History 1492–1713
(1949); W. P. Potjomkin, Gesch. der Diplomatie 1 (dt. 1946); Hist. des relations
internationales, hg. v. P. Renouvin, Bd. 2: G. Zeller, Les temps modernes, De Chr.
Colomb à Cromwell (1953), Bd. 3: ders., De Louis XIV à 1789 (1955); A. Mayer,
Annals of European Civilisation 1501–1900, with a preface by G. P. Gooch (1950).

Politische Ideengeschichte: F. Meinecke, Die Idee der Staatsräson in der neueren
Gesch. (1924 = Werke 1, hg. v. W. Hofer 1957); P. Mesnard, L'essor de la philo-
sophie politique au XVIe siècle (²1952); G. H. Sabine, A Hist. of Political Theory
(³1961); E. Wolf, Große Rechtsdenker der dt. Geistesgesch. (⁴1963); E. v. Vietsch,
Das europ. Gleichgewicht, Idee u. staatsmännisches Handeln (1942); K. v. Raumer,
Ewiger Friede. Friedensrufe und Friedenspläne seit der Renaissance (1953); H. Kohn,
The Idea of Nationalism 1 (1945, dt.: Die Idee des Nationalismus 1950, dazu R.
Wittram, HZ 174, 1952); E. Lemberg, Gesch. des Nationalismus in Europa (1950);
E. Rosenstock-Huessy, Die europ. Revolutionen u. der Charakter der Nationen
(1931, neu bearb. 1951, ³1961); P. Hazard, La crise de la conscience européenne
1680–1715 (1935, dt.: Die Krise des europ. Geistes 1939); ders., La pensée europ.
au XVIIIe siècle de Montesquieu à Lessing (1946, dt.: Die Herrsch. d. Vernunft 1949).

Kirchengeschichte: Hist. de l'église, hg. v. A. Fliche u. E. Jary, Bd. 16–19 (1948–1955,
16.–18. Jh.); J. v. Walter, Gesch. des Christentums II 1: Die Reformation (²1949),
II 2: Die Neuzeit (²1950); K. D. Schmidt, Grundriß der Kirchengesch. 3/4 (¹²1964);
W. v. Loewenich, Die Gesch. der Kirche 2: Von d. Ref. zur Neuzeit (Tb. 1964);
Hdb. d. Kirchengesch., hg. v. H. Jedin, Bd. 4: Reformation, Kathol. Reform u. Gegenreformation (1967); E. G. Leonard, Hist. gén. du Protestantisme (Bd. 1/2 1961).
– *Papsttum:* Schot 4, 40607ff. u. 5, 52012ff.; L. v. Ranke, Die röm. Päpste in den
letzten 4 Jhh. (1834–1836 = Sämtl. Werke Bd. 37–39, neu hg. v. F. Baethgen, 1953
u. ö.); L. v. Pastor, Gesch. der Päpste seit d. Ausgang des MA (16 Bde. 1885 bis
1930 u. ö.); F. X. Seppelt, Gesch. d. Päpste, Bd. 4: SpätMA u. Renaissance (²1957),
Bd. 5 (²1959).

Recht, Verfassung, Wirtschaft: s. Bd. 7, S. 13; DW⁹ 10998ff.; F. Hartung, Dt.
Verfassungsgesch. vom 15. Jh. bis z. Gegenwart (⁸1964); A. Zycha, Dt. Rechts-
gesch. der Neuzeit (²1949); H. Conrad, Dt. Rechtsgesch., Bd. 1: MA (²1962), Bd. 2:
Neuzeit bis 1806 (1966); F. Wieacker, Privatrechtsgesch. der Neuzeit (1953); E.
Döhring, Gesch. der dt. Rechtspflege seit 1500 (1953); H. E. Feine, Kirchl. Rechts-
gesch. 1: Die kathol. Kirche (1954). – H. Bechtel, Wirtschaftsgesch. Dtlds. 2: Vom
Beginn d. 16. bis zum Ende d. 18. Jh. (1952); H. Hausherr, Wirtschaftsgesch. d.
Neuzeit vom Ende d. 14. bis zur Höhe d. 19. Jh. (³1960); M. L. Elsas, Umriß einer
Gesch. der Löhne u. Preise in Dtld. vom ausgeh. MA bis z. Beginn d. 19. Jh. (3 Bde.
1936–1950); W. Vogel, Die Deutschen als Seefahrer, Kurze Gesch. des dt. Seehandels
u. Seeverkehrs, hg. v. G. Schmölders (1949); P. E. Schramm, Dtld. u. Übersee,
Der dt. Handel mit d. Kontinenten, insbes. Afrika, von Karl V. bis zu Bismarck
(1950).

Literatur-Nachtrag 1975

Bibliographie : H. U. SCUPIN u. U. SCHEUNER (Hg.), D. WYDUCKEL (Bearb.), Althusius-Bibliographie. Bibliographie zur polit. Ideengesch. und Staatslehre, zum Staatsrecht und zur VG des 16. bis 18. Jhs. (2 Bde. 1973); grundlegend, über 18 000 Titel!

Darstellungen : F. WALTER, Österr. Verfassungs- und Verwaltungsgeschichte von 1500 bis 1955 (1972).

Sammlungen : H. RAUSCH (Hg.), Die geschichtl. Grundlagen der modernen Volksvertretung 2: Reichsstände und Landstände (1974).

Kapitel 1 : W. MAGER, Zur Entstehung des modernen Staatsbegriffs, Abh. d. Akad. d. Wiss., geistes- u. sozialwiss. Kl. Mainz (1968); in der Romania. H. HOFMANN, Repräsentation. Studien zur Wort- und Begriffsgesch. von der Antike bis ins 19. Jh. (1974). G. FRANZ (Hg.), Beamtentum und Pfarrerstand 1400–1800 (1972).

Kapitel 2 : G. WOLF (Hg.), Luther und die Obrigkeit (1972). E. REIBSTEIN, Volkssouveränität und Freiheitsrechte. Texte u. Studien zur polit. Theorie des 14. bis 18. Jhs. (2 Bde. 1972). H. DREITZEL, Protestantischer Aristotelismus und absoluter Staat. Die ›Politik‹ des Henning Arnisaeus (1970).

Kapitel 3 : H. KOLLER, Kaiserl. Politik und die Reformpläne des 15. Jhs., in: Heimpel-Festschr. II (1972). A. SCHRÖCKER, Unio atque concordia. Reichspolitik Bertholds von Henneberg, 1484 bis 1504 (Diss. Würzburg 1970). A. LAUFS, Reichsstädte und Reichsreform, ZRG GA 86 (1967).

Kapitel 4 : H. RABE, Reichsbund und Interim. Die Verf.- u. Religionspolitik Karls V. und der RT von Augsburg 1547/48 (1971). G. OESTREICH, Zur parlamentarischen Arbeitsweise der dt. RT unter Karl V., MÖStA 25 (1972), auch in H. RAUSCH (Hg.), Grundlagen der modernen Volksvertretung 2 (1974). W. STEGLICH, Die Reichstürkenhilfe in der Zeit Karls V., Militärg. M. 10 (1972). A. LAUFS, Der Schwäbische Kreis. Studien über Einigungswesen und Reichsverf. im dt. Südwesten zu Beginn der Neuzeit (1972). A. KOHLER, Die Sicherung des Landfriedens im Reich. Das Ringen um eine Exekutionsordnung des Landfriedens 1554/55, MÖStA 24 (1971).

Kapitel 5 : D. HELLSTERN, Der Ritterkanton Neckar-Schwarzwald 1560–1805. Unters. über die Korporationsverf., die Funktionen des Ritterkantons und die Mitgliedsfamilien (1971).

Kapiel 6 : K. BIERTHER, Der Regensburger Reichstag von 1640/41 (1971). K. SCHLAICH, Corpus Evangelicorum und Corpus Catholicorum, Der Staat 11 (1972).

Kapitel 8 : H. WENKBACH, Bestrebungen zur Erhaltung der Einheit des Heil. Röm. Reichs in den Reichsbeschlüssen von 1663 bis 1806 (1970).

Kapitel 10 : A. LAUFS, Rechtsentwicklungen in Deutschland (1973). W. SELLERT, Über die Zuständigkeitsabgrenzung von Reichshofrat und Reichskammergericht (²1965). W. BECKER, Der Kurfürstenrat (1973). CH.-P. STORM, Der Schwäbische Kreis als Feldherr. Unters. zur Wehrverf. des Schwäb. Reichskreises in der Zeit von 1648 bis 1732 (1974). B. SICKEN, Der fränkische Reichskreis. Seine Ämter und Einrichtungen im 18. Jh. (1970). W. V. STETTEN, Die Rechtsstellung der unmittelbar freien Reichsritterschaft, ihre Mediatisierung und ihre Stellung in den neuen Landen. Kanton Odenwald (1973).

Kapitel 11 : R. HANSEN, Die Anfänge des frühmodernen Staates in Schleswig-Holstein-Gottorf, in: Festschr. K. Jordan (1972). K. G. KRAUSE, Pfandherrschaft als verfassungsgesch. Problem, Der Staat 9 (1970).

Kapitel 12 : H. LIEBERICH, Die Anfänge der Polizeigesetzgebung des Herzogtums Baiern, in: Festschr. M. Spindler (1969). H. W. KRUMWIEDE, Zur Entstehung des Landesherrl. Kirchenregiments in Kursachsen und Braunschweig-Wolfenbüttel (1967). G. SCHNATH, Das Schicksal des Klosterguts in den frühen Welfenlanden und seine besondere Rechtsstellung im heutigen Land Niedersachsen, Bl. dt. LG 109 (1973).

Kapitel 13: Allgemein: G. OESTREICH u. I. AUERBACH, Ständische Verfassung, in: Sowjetsystem und demokratische Gesellschaft VI (1972). − *Literatur:* P. BLICKLE, Landschaften im Alten Reich. Die staatl. Funktion des gemeinen Mannes in Oberdtld. (1973). K. KÖHLE, Landesherr und Landstände in der Oberpfalz 1400–1585, Miscell. Bavaria Monac. 16 (1969). I.-M. PETERS, Der Ripener Vertrag und die Ausbildung der landständ. Verf. in Schleswig-Holstein, Bl. dt. LG 109, 110 (1973, 1974). K. v. MOLTKE, Sigmund von Dietrichstein. Die Anfänge ständ. Institutionen und das Eindringen des Protestantismus in die Steiermark z. Z. Maximilians I. und Ferdinands I. (1970). J. GUT, Die Landschaft auf den Landtagen der markgräfl. badischen Gebiete (1970). A. v. REDEN, Landständ. Verf. und fürstl. Regiment in Sachsen-Lauenburg 1543–1689 (1974).

Kapitel 14: V. PRESS, Calvinismus und Territorialstaat. Regierung und Zentralbehörden der Kurpfalz 1559–1619 (1970). W. SCHULZE, Landesdefension und Staatsbildung. Studien zum Kriegswesen des innerösterr. Territorialstaates 1564–1619 (1973). G. THIES, Territorialstaat und Landesverteidigung in Hessen-Kassel 1592–1627 (1973).

Kapitel 15: H. QUARITSCH, Staat und Souveränität 1: Grundlagen (1970). W. HUBATSCH (Hg.), Absolutismus (1973). E. STRAUB, Zum Herrscherideal im 17. Jh. vornehml. nach dem »Mundus Christiano Bavaro Politicus«, Zs. bayr. LG 32 (1969).

Kapitel 16: J. BÜCKING, Frühabsolutismus und Kirchenreform in Tirol 1565–1665 (1972). A. WANDRUZKA, Maria Theresia und der österr. Staatsgedanke, MIÖG 76 (1968).

Kapitel 17: R. A. DORWART, The Prussian Welfare State before 1740 (1971) W. HUBATSCH, Friedrich d. Gr. und die preußische Verwaltung (1973).

Kapitel 18: B. WUNDER, Die Sozialstruktur der Geheimratskollegien in den süddt. protestant. Fürstentümern 1660–1720, VSWG 58 (1971).

Kapitel 20: E. ENNEN u. M. v. REY, Probleme der frühneuzeitlichen Stadt, vorzüglich der Haupt- und Residenzstädte, Westf. Forsch. 25 (1973). F. GAUSE, Die Geschichte der Stadt Königsberg in Preußen (2 Bde. 1966–68). E. MASCHKE u. J. SYDOW (Hg.), Verwaltung und Gesellschaft in der südwestdt. Stadt im 17. und 18. Jh. (1969).

(Die Zahlen in Klammern bei den Personennamen geben bei weltlichen und geistlichen Fürsten die Regierungszeit, sonst die Lebensdaten an.)

169

Register zur Übersicht über die Reichsstände

Bezeichnungen in ( ) sind dem Text entnommen, in ⟨ ⟩ anderweitig festgestellt; Titel jedoch, die in direktem Zusammenhang mit dem Namen im Text stehen, sind ohne Klammern gegeben.
Bei den Grafen und Herren sowie den Prälaten, die zwischen 1521 und 1755 in den Reichsfürstenstand aufrückten, sind zunächst die laufende Nr. der Matrikel von 1521 angeführt, dann die übrigen Erwähnungen nach den Seitenzahlen (z. B. Fulda A. 140 Präl. 1; 139 Fn. gstl. 76; 152 RFR. gstl. Bank 27).

Register:

Register zur Übersicht über die deutschen Kirchenprovinzen und Bistümer

Bistümer werden nicht gekennzeichnet. Ausnahme: diejenigen, die aus einem Erzbistum umgewandelt oder in ein Erzbistum erhoben worden sind.

Havelberg 156 (Ebt. Mainz) 157 (Ebt. Magdeburg)
Heilsberg s. Ermland
Hildesheim 156 (Ebt. Mainz); 159

Kammin s. Wollin
Klagenfurt s. Gurk
Kolberg 158 (Ebt. Gnesen)
Köln Ebt. 156
Königsgrätz s. Leitomischl
Konstanz 156 (Ebt. Mainz)
Krakau 157 (Ebt. Gnesen)
Kulm (Sitz Pelplin) 158 (Ebt. Gnesen); 158 (Ebt. Riga)
Kurland 158 (Ebt. Riga)

Lavant (Sitz Marburg a. d. Drau) 157 (Ebt. Salzburg)
Lebus 158 (Ebt. Gnesen)
Leitomischl (Sitz Königsgrätz) 158 (Ebt. Prag)
Leoben 157 (Ebt. Salzburg)
Limburg 156 (Ebt. Köln)
Lübeck s. Oldenburg
Limburg 159 (Ebt. Freiburg)
Linz 158 (Ebt. Wien)
Lund Ebt. 157 (s. Ebt. Hamburg-Bremen, Schleswig, Ripen, Aarhus); 158 s. Dorpat
Lüttich 785 (Ebt. Köln)

Maastricht s. Lüttich
Magdeburg Ebt. 157
Mailand Ebt. 156 (s. Augsburg, Chur)
Mainz Ebt. 156 vgl. auch 157 (Ebt. Magdeburg); 158 (Ebt. Prag, Ebt. Olmütz, Ebt. Bamberg, Ebt. Freiburg, Ebt. Paderborn)
– Bt. 158 (Ebt. Freiburg)
Marburg a. d. Drau s. Lavant
Mecheln Ebt. 156 (s. Ebt. Mainz, Ebt. Köln: Lüttich, Aachen); 157 (s. Ebt. Trier)
Mecklenburg (Sitz Schwerin) 157 (Ebt. Hamburg – Bremen)
Meißen 157 (Ebt. Magdeburg)
Merseburg 157 (Ebt. Magdeburg)
Metz 157 (Ebt. Trier)
Minden 156 (Ebt. Köln)
München-Freising Ebt. 158
Münster 156 (Ebt. Köln)

Naumburg s. Zeitz

Olmütz Bt. 156 (Ebt. Mainz); 158 (Ebt. Prag)
– Ebt. 158
Ösel-Wieck 158 (Ebt. Riga)
Osnabrück 156 (Ebt. Köln)
Oldenburg (Sitz Lübeck) 157 (Ebt. Hamburg–Bremen)

Paderborn Bt. 156 (Ebt. Mainz, Ebt. Köln)
– Ebt. 159
Passau 157 (Ebt. Salzburg) 158 (Ebt. München-Freising)
Pelplin s. Kulm
Pomesanien (Sitz Riesenburg) 158 (Ebt. Riga)
Prag Bt. 156 (Ebt. Mainz)
– Ebt. 156

Ratzeburg 157 (Ebt. Hamburg–Bremen)
Regensburg 157 (Ebt. Salzburg); 157 (Ebt. München-Freising)
Riesenburg s. Pomesanien
Riga Bt. 157 (Ebt. Hamburg–Bremen)
– Ebt. 157 f.
Ripen 157 (Ebt. Hamburg–Bremen)
Rottenburg 159 (Ebt. Freiburg)

Säben (Sitz Brixen) 157 (Ebt. Salzburg)
Salzburg Ebt. 157; (s. 159 Ebt. München-Freising)
Samland (Sitz Fischhausen 158 (Ebt. Riga)
Sankt-Pölten 158 (Ebt. Wien)
Schleswig 157 (Ebt. Hamburg–Bremen); Schwerin s. Mecklenburg
Seckau (Sitz Graz) 157 (Ebt. Salzburg)
Speyer 156 (Ebt. Mainz); 159 (Ebt. Bamberg)
Straßburg 156 (Ebt. Mainz)

Tongern s. Lüttich
Toul 157 (Ebt. Trier)
Trier Bt. 156 (Ebt. Köln)
– Ebt. 157

Utrecht 156 Bt. (Ebt. Köln)
– Ebt. 156 (s. Ebt. Köln)

Übersicht der Taschenbuchausgabe des Gebhardt

Die erste Auflage des ›Handbuchs der deutschen Geschichte‹, herausgegeben von dem Berliner Realschullehrer Bruno Gebhardt (1858–1905) in Zusammenarbeit mit elf Gymnasiallehrern, Bibliothekaren und Archivaren, erschien 1891/92 in zwei Bänden. Von der zweiten bis zur siebenten Auflage wurde das Handbuch unter seinen Herausgebern Ferdinand Hirsch, Aloys Meister und Robert Holtzmann unter immer stärkerer Heranziehung von Universitätslehrern jeweils nach dem erreichten Forschungsstand überarbeitet und ergänzt und fand im wachsenden Maße bei Lehrenden und Lernenden an den Universitäten Verwendung. Nach dem Zweiten Weltkrieg nahm Herbert Grundmann mit neuen Autoren eine völlige Neugestaltung des ›Gebhardt‹ in Angriff, und auf diese in den Jahren 1954 bis 1960 in vier Bänden erschienene achte Auflage geht die nun vorliegende, wiederum überarbeitete und ergänzte, 1970 bis 1973 erschienene neunte Auflage zurück.

Um das bewährte Studien- und Nachschlagewerk vor allem den Studenten leichter zugänglich zu machen, haben sich der Originalverlag und der Deutsche Taschenbuch Verlag im Einvernehmen mit den Autoren zu dieser Taschenbuchausgabe entschlossen. Das Handbuch erscheint ungekürzt und, von kleinen Korrekturen abgesehen, unverändert in folgender Bandaufteilung:

1. Ernst Wahle: Ur- und Frühgeschichte im mitteleuropäischen Raum
2. Heinz Löwe: Deutschland im fränkischen Reich
3. Josef Fleckenstein und Marie Bulst-Thiele: Begründung und Aufstieg des deutschen Reiches
4. Karl Jordan: Investiturstreit und frühe Stauferzeit (1056 bis 1197)
5. Herbert Grundmann: Wahlkönigtum, Territorialpolitik und Ostbewegung im 13. und 14. Jahrhundert (1198–1378)
6. Friedrich Baethgen: Schisma und Konzilszeit, Reichsreform und Habsburgs Aufstieg
7. Karl Bosl: Staat, Gesellschaft, Wirtschaft im deutschen Mittelalter
8. Walther Peter Fuchs: Das Zeitalter der Reformation
9. Ernst Walter Zeeden: Das Zeitalter der Glaubenskämpfe (1555–1648)
10. Max Braubach: Vom Westfälischen Frieden bis zur Französischen Revolution
11. Gerhard Oestreich: Verfassungsgeschichte vom Ende des Mittelalters bis zum Ende des alten Reiches
12. Wilhelm Treue: Wirtschaft, Gesellschaft und Technik in Deutschland vom 16. bis zum 18. Jahrhundert
13. Friedrich Uhlhorn und Walter Schlesinger: Die deutschen Territorien
14. Max Braubach: Von der Französischen Revolution bis zum Wiener Kongreß
15. Theodor Schieder: Vom Deutschen Bund zum Deutschen Reich
16. Karl Erich Born: Von der Reichsgründung bis zum Ersten Weltkrieg
17. Wilhelm Treue: Gesellschaft, Wirtschaft und Technik Deutschlands im 19. Jahrhundert.

Es ist vorgesehen, die Taschenbuchausgabe in angemessenem zeitlichen Abstand nach Erscheinen des vierten Bandes des Handbuchs, der die deutsche Geschichte seit 1914 behandelt, weiterzuführen.